教育部高等学校道路运输与工程教学
指导分委员会"十三五"规划教材

隧道结构计算与分析

高　峰　周元辅　谭绪凯　编著

人民交通出版社股份有限公司
北京

内 容 提 要

本教材教育部高等学校道路运输与工程教学指导分委员会"十三五"规划教材。全书介绍了隧道围岩与支护结构的相互作用原理、与隧道结构计算有关的有限元基本理论、荷载-结构法数值模拟方法、隧道施工过程的二维平面和三维空间问题的数值模拟、扩容隧道的计算分析等内容。本教材突出了有限元软件在隧道工程中的应用,采用大量的算例详细介绍了隧道施工数值模拟的过程、结果分析及应注意的问题。

本教材可作为隧道工程专业本科生及土木工程大类研究生的教材,亦可供从事隧道工程科研、设计和施工的技术人员参考。

本教材部分图片有高清彩色版本,请扫描封面二维码免费获取。

图书在版编目(CIP)数据

隧道结构计算与分析 / 高峰,周元辅,谭绪凯编著
. — 北京:人民交通出版社股份有限公司,2023.8
ISBN 978-7-114-18788-9

Ⅰ.①隧… Ⅱ.①高… ②周… ③谭… Ⅲ.①隧道工程—结构计算 Ⅳ.①U452

中国国家版本馆 CIP 数据核字(2023)第 083959 号

教育部高等学校道路运输与工程教学指导分委员会"十三五"规划教材
Suidao Jiegou Jisuan yu Fenxi

书　　名:	隧道结构计算与分析
著 作 者:	高　峰　周元辅　谭绪凯
责任编辑:	李　瑞　陈虹宇
责任校对:	孙国靖　宋佳时
责任印制:	张　凯
出版发行:	人民交通出版社股份有限公司
地　　址:	(100011)北京市朝阳区安定门外外馆斜街 3 号
网　　址:	http://www.ccpcl.com.cn
销售电话:	(010)59757973
总 经 销:	人民交通出版社股份有限公司发行部
经　　销:	各地新华书店
印　　刷:	北京虎彩文化传播有限公司
开　　本:	787×1092　1/16
印　　张:	21
字　　数:	460 千
版　　次:	2023 年 8 月　第 1 版
印　　次:	2023 年 8 月　第 1 次印刷
书　　号:	ISBN 978-7-114-18788-9
定　　价:	59.00 元

(有印刷、装订质量问题的图书,由本公司负责调换)

前言

隧道作为埋置于围岩中的结构物,它的受力变形与周边围岩地质环境密切相关,隧道结构与围岩作为一个统一的受力体系相互约束、相互作用。这种作用对隧道结构计算起着决定性的作用,如何正确反映隧道结构与围岩相互作用的力学特征,正是隧道结构计算需要解决的重要问题。

随着对隧道设计与施工技术的深入研究,特别是以新奥法为基础的支护结构技术使得隧道结构计算的基础理论进一步发展,同时,有限元与其他连续介质分析软件的出现大大提高了计算速度,隧道结构计算日益受到重视。但由于隧道结构所处环境的复杂性,当前设计仍以工程类比和工程经验为主,隧道结构计算的准确性有待进一步提高。如何使隧道结构计算更好地发挥其应有作用,是隧道专业各界人士努力的方向。

本教材正是基于这种现状与背景,在总结大量教学与实际工程经验的基础上,介绍了隧道结构计算分析的原理、方法及应用,包括:围岩与支护结构相互作用原理、隧道结构计算相关的有限元理论、荷载-结构法、地层-结构法等内容;介绍了有限元软件 ANSYS,用大量的实例详细介绍了计算过程及计算结果分析等内容。力求读者在理解和掌握理论的基础上,能够应用有限元软件进行隧道结构计算和分析。

全书共分为9章。第1章、第2章由高峰、韩风雷编写;第3章、第4章由周元辅编写;第5章由刘礼标编写;第6章、第7章由高峰编写,周元辅参加了部分例题的编写;第8章、第9章由谭绪凯编写。硕士研究生冉飞、黄磊、石龙飞参加了部分计算和文字处理工作。

本教材可作为隧道工程专业本科生及土木工程大类研究生的教材,亦可供从事隧道工程科研、设计和施工的技术人员参考。

由于作者水平有限,本教材可能存在一些疏漏与不足,欢迎专家与同行指正。

编　者
2023 年 6 月

目录

第1章 绪论 ········· 001
 1.1 隧道结构的组成及其计算特性 ········· 001
 1.2 隧道结构计算的意义 ········· 003
 1.3 隧道结构计算的力学模型 ········· 004
 本章习题 ········· 009

第2章 围岩与支护结构 ········· 010
 2.1 隧道应力分布概述 ········· 010
 2.2 隧道开挖后的应力状态假定及力学效应 ········· 011
 2.3 围岩应力与位移的线弹性分析 ········· 011
 2.4 围岩应力与位移的弹塑性分析 ········· 016
 2.5 围岩与支护结构的相互作用 ········· 024
 本章习题 ········· 028

第3章 平面问题的有限元理论 ········· 029
 3.1 两类平面问题 ········· 029
 3.2 平面问题的离散化 ········· 033
 3.3 单元分析 ········· 033
 3.4 单元位移模式 ········· 034
 3.5 单元应变 ········· 038
 3.6 单元应力 ········· 039
 3.7 单元刚度矩阵 ········· 040
 3.8 结构刚度矩阵 ········· 044

3.9　静力平衡方程的求解 ··· 051
本章习题 ··· 066

第 4 章　杆系结构有限元法 ··· 069
4.1　平面梁单元 ·· 069
4.2　坐标转换 ··· 075
4.3　结构刚度矩阵及刚度方程 ·· 077
4.4　结构荷载 ··· 080
4.5　静力平衡方程的求解 ··· 082
本章习题 ··· 089

第 5 章　有限元软件 ANSYS 简介及隧道计算常用单元 ························· 091
5.1　ANSYS 软件概述 ··· 091
5.2　隧道计算常用单元类型 ·· 092
5.3　ANSYS 有限元分析基本过程 ··· 111
本章习题 ··· 120

第 6 章　荷载-结构法数值模拟 ·· 121
6.1　荷载-结构法概述 ·· 121
6.2　隧道结构荷载 ··· 122
6.3　基于围岩分级的围岩压力计算 ·· 124
6.4　围岩弹性抗力的处理方法 ·· 128
6.5　计算实例与分析 ·· 130
本章习题 ··· 153

第 7 章　隧道施工过程的二维数值模拟 ·· 154
7.1　二维数值模拟概述 ·· 154
7.2　掌子面的空间效应 ·· 154
7.3　支撑荷载 ··· 155
7.4　隧道施工过程数值模拟要点 ··· 158
7.5　台阶法施工过程模拟 ··· 159
7.6　注浆加固模拟 ··· 188
7.7　初期支护钢拱架的等效模拟 ··· 205
7.8　隧道支护闭合对其受力状态的影响分析 ···································· 225
本章习题 ··· 236

第8章　隧道施工过程的三维数值模拟 ··· 237
 8.1　区间隧道施工过程的三维模拟 ··· 237
 8.2　二次衬砌施作时机与围岩稳定状态的关系 ································· 251
 8.3　交叉隧道近接建筑物的模拟分析 ·· 260
 本章习题 ·· 301

第9章　扩容隧道数值模拟 ·· 302
 9.1　概述 ··· 302
 9.2　新建隧道与原位改扩建隧道的形式 ··· 303
 9.3　原位扩容隧道数值模拟 ·· 304
 本章习题 ·· 327

参考文献 ·· 328

第1章 绪论

1.1 隧道结构的组成及其计算特性

1970年OECD(经济合作与发展组织)隧道会议从技术方面将隧道定义为:以任何方式修建,最终使用于地面以下的条形建筑物,其空洞内部净空断面在$2m^2$以上者。

1.1.1 隧道结构的组成

隧道结构是由围岩和支护结构共同构成的,其中围岩是承载结构的主体,支护结构起着辅助围岩承载的作用。通常情况下,支护结构是必不可少的;在某些情况下,支护结构也作为主要承载单元。隧道的支护结构要按照现代岩体力学原则进行设计。

隧道结构和地面结构物,如房屋、桥梁、水坝等一样,都是一种结构体系,但二者在赋存环境、力学作用机理等方面存在着明显的差异。地面结构一般由上部结构和基础组成,地基只在地面结构底部起约束或支承作用,除了自重外,荷载都来自结构外部,如人群、设备、列车、水力等。隧道结构是埋入岩土中的,四周与围岩紧密接触,支护结构能够阻止围岩的变形,使其达到稳定的状态。围岩与支护结构共同作用的机理与地面结构是完全不同的。除在坚固、完整而又不易风化的稳定岩层中可以不需要支护外,其他围岩中的隧道都需要修建支护结构(衬砌)。支护结构有两个最基本的使用要求:一是满足结构强度、刚度要求,以承受诸如水、土压力以及一些有特殊使用要求的外荷载;二是能提供一个满足使用要求的工作环境,以便保持隧道内部的干燥和清洁。这两个要求是彼此密切相关的。

隧道荷载主要来自隧道开挖后因周围围岩的变形和坍塌而产生的力。因此,隧道围岩既是承载结构的基本组成部分,又是形成荷载的主要来源。由于隧道结构周围的围岩千差万别,隧道是否稳定不仅取决于岩石强度,还取决于围岩的完整程度。相比之下,周围围岩的完整性对隧道稳定影响更大。各类岩土围岩在隧道开挖之后,都具有一定程度的自稳能力,而隧道结构的安全性首先取决于隧道结构周围的围岩能否保持持续稳定。因此,应充分利用和更好地发挥围岩的承载能力。围岩自稳能力很强时,可以不需要支护,围岩即为隧道承载结构体系,如我国的石门隧道;围岩自稳能力较强时,隧道结构将不受或受小部分围岩压力的荷载;围岩自稳能力较弱时,隧道结构将承受较大的围岩压力;极端情况下,围岩无自稳能力,隧道结构独立承受全部荷载。

1.1.2 隧道结构的计算特性

隧道结构所处的环境和受力条件与地面结构有很大不同,沿用地面结构的设计理论和方法来解决隧道问题,显然不能正确解释隧道结构的各种力学现象,当然也不可能由此做出合理的支护设计。

隧道结构不同于地面结构的工作特性反映在计算模型中,大致可归纳成如下几点:

(1)必须充分认识地质环境对隧道结构设计的影响。

隧道在自然状态下的岩土地质体内开挖,地质体在围岩的初始应力(原岩应力)作用下参与工作,并处于相对平衡状态,因而隧道的地质环境对支护结构设计有着决定性意义。隧道上的荷载取决于原岩应力,而原岩应力很难预先确定。地质体力学参数很难通过测试手段准确获得,不仅不同地段差别很大,而且隧道开挖会引起原有初始荷载的应力释放,改变围岩中原有的平衡状态,从而改变围岩的工程性质,如由弹性体变为塑性体。因为这一变化过程与最终形成稳定的工程结构体系的类型及过程有很大关系,它不能简单地用一个力学模型来概括。因此,对隧道工程来说,只有正确认识地质环境对支护结构体系的影响,才能正确地进行支护结构的设计。

(2)隧道结构周围的地质体既是工程材料、承载结构,又是荷载来源。

隧道结构周围的地质体不仅会对支护结构产生荷载,同时它本身又是一种承载结构。我们既不能选择,也不能极大地影响它的力学性质。作用在地质体上的荷载是由地质体本身和支护共同来承受的。作用在支护结构上的压力除了与原岩应力有关外,还与地质体强度、支护时间、支护形式与尺寸及隧道形状等因素有关,是由支护结构和周围岩体之间的相互作用决定的,并且很大程度上取决于周围岩体的稳定性,它不是事先能给定的参数。充分发挥地质体自身的承载力是隧道支护结构设计的一个根本出发点。

(3)隧道结构施工因素和时间因素会极大地影响结构体系的安全性。

与其他结构相比,隧道结构在修筑阶段,即施工阶段,其荷载、变形和安全性远远没有确定,因此计算中应尽量反映这些中间状态对结构体系安全性的影响。与地面结构不同,作用在隧道支护结构上的荷载受到施工方法和施工时机的影响。某些情况下,即使选用的支护结构尺寸已经足够大,但由于施工时机和施工方法不当,支护结构仍然会遭受破坏。如矿山法施工过程中,若开挖方法不当,会引起隧道周围岩体的坍塌;若支护结构施加的时间过早,会造成结构内力过大;支护结构施加的时间过晚,会造成围岩过度的松弛以至坍塌;若衬砌与围岩之间回填不密实或由于地下水造成衬砌背后空洞,也会降低结构后期的安全性等。

(4)隧道支护结构安全与否取决于隧道支护结构承载力和围岩稳定性两个方面。

支护结构的承载力可通过支护材料强度来判断,但围岩是否失稳至今没有成熟的判断准则,一般都按经验来确定。

(5)隧道支护结构设计的关键问题在于充分发挥围岩自承力。

要做到这点,就必须要求围岩在一定范围内进入塑性状态。但当围岩进入塑性状态后,其本构关系很复杂,本构模型选用不当会影响计算的精度。可见,隧道结构的力学模型比地面结构复杂得多。

1.2 隧道结构计算的意义

岩土介质力学特性受多种随机因素影响,例如非均匀性和各向异性、地质构造和结构面、应力-应变的非线性本构关系、初始地应力、地下水等。准确掌握这些因素及其变化规律非常困难,因而隧道结构的解析解(封闭解)仅限于几何形状简单、材料性质均匀且各向同性、荷载及边界条件简单的少数情况,对于复杂情况,往往进行简化分析得到近似解。因此,以往隧道工程被认为是以经验为主的学科,也有人认为隧道工程是一种"工艺"而不是一种"科学"。

随着隧道设计理论及施工方法的发展和推广,人们发现,用科学的方法指导隧道结构设计和施工不但是必要的,而且是可行的。电子计算机的普及,岩土本构关系研究的深入和以有限元法为主的数值分析方法的广泛应用,试验和测试技术的巨大进步,都为隧道结构设计理论的发展提供了有利条件。隧道结构目前正朝着"信息设计、信息施工"的目标迈进。在隧道工程由"经验"到"科学"的转变过程中,隧道结构计算分析起着重要作用。

隧道结构计算分析的主要内容是研究隧道的力学状态及其变化规律。随着交通、水利、市政工程的发展,各种类型隧道在世界各地大量兴建,作为隧道设计理论基础的隧道结构计算分析日益显示出其重要性。随着隧道结构理论的不断完善,隧道结构计算分析在工程建设中的指导作用日益明显,应用前景广阔。

1.3 隧道结构计算的力学模型

鉴于以上分析,隧道从开挖、支护,直到形成稳定的隧道结构体系所经历的力学过程中,岩体的地质、施工过程等因素对围岩结构体系终极状态的安全性影响极大。为了尽可能准确地将这些因素反映到计算模型中,隧道结构的力学模型必须符合下述条件:

(1)尽可能与实际工作状态一致,能反映围岩的实际状态,以及围岩与支护结构的接触状态。

(2)荷载假定应与在修建隧道过程(各施工阶段)中荷载产生的情况基本一致。

(3)计算出的应力状态要与经过长时间使用的结构所发生的应力变化和破坏现象基本一致。

(4)材料性质和数学表达要等价。

显然,隧道支护体系的力学模型与所采用的支护结构的构造及其材料性质、岩体内发生的力学过程和现象,以及支护结构与岩体相互作用的规律等有关。

近年来,各国学者在发展隧道结构计算理论的同时,还致力于研究设计隧道结构的正确途径,着手建立适用于隧道结构设计的计算模型。

从隧道结构设计实践来看,目前用于隧道结构的计算模型有两类:一类以支护结构为承载主体,围岩作为荷载的来源,同时考虑围岩对支护结构的变形约束作用,称为荷载-结构模型;另一类则相反,以围岩为承载主体,支护结构起到约束围岩向隧道内变形的作用,称为地层-结构模型。

1.3.1 荷载-结构计算模型

荷载-结构计算模型认为围岩对结构的作用只是作用在隧道结构上的荷载,包括主动的围岩压力和由于围岩约束结构变形而形成的弹性抗力,计算衬砌在荷载作用下产生的内力和变形的方法称为荷载-结构法。其设计原理是按围岩分级或由实用公式确定围岩压力,围岩对支护结构变形的约束作用是通过弹性支撑来体现的,而围岩的承载能力则在确定围岩压力和弹性支撑的约束能力时间接地考虑。围岩的承载能力越高,它给予支护结构的压力越小,弹性支撑约束支护结构变形的弹性抗力越大,相对来说,支护结构所起的作用越小。

荷载-结构计算模型是我国目前广泛采用的隧道结构计算模型。虽然荷载-结构计算模型都是以承受岩体松动、崩塌而产生的竖向和侧向主动压力为主要特征,但围岩与支护结构相互作用可分为以下几种处理方式:

1) 主动荷载模型

主动荷载模型不考虑围岩与支护结构的相互作用,支护结构在主动荷载作用下可以自由变形。和地面结构一样,这种模型主要适用于围岩与支护结构的"刚度比"较小,或是软弱围岩对结构变形的约束能力较差,或是衬砌与围岩间的空隙回填、灌浆不密实等情况,围岩没有"能力"去约束刚性衬砌的变形[图1-1a)]。

2) 主动荷载加围岩弹性约束模型

主动荷载加围岩弹性约束模型认为围岩在对支护结构施加主动荷载的同时,由于围岩与支护结构的相互作用,还对支护结构施加被动的弹性抗力。在非均匀分布的主动荷载作用下,支护结构的一部分将发生向围岩方向的变形,只要围岩具有一定的刚度,就必然会对支护结构产生反作用力来抵制它的变形,这种反作用力即为弹性抗力,属于被动性质。而支护结构的另一部分则背离围岩向隧道内变形,这不会引起弹性抗力,从而形成"脱离区"。支护结构就是在主动荷载和围岩的被动弹性抗力同时作用下工作的[图1-1b)]。

3) 实地量测荷载模型

实地量测荷载模型是当前正在发展的一种模型,它是主动荷载模型的亚型,以实地量测荷载代替主动荷载。实地量测的荷载值是围岩与支护结构相互作用的综合反映,它包含了围岩的主动压力和弹性抗力。在支护结构与围岩牢固接触时(如锚喷支护),实地量测不仅能量测到径向荷载,而且还能量测到切向荷载[图1-1c)]。切向荷载的存在可以减小荷载分布的不均匀程度,从而大大减小结构的弯矩。但在结构与围岩松散接触时(如具有回填层的模筑混凝土衬砌),就只能量测到径向荷载。应该指出,实地量测的荷载值除了与围岩特性有关,还与支护结构的刚度以及支护结构背后回填层的质量有关。因此,实地量测荷载只适用于量测条件相同的情况。

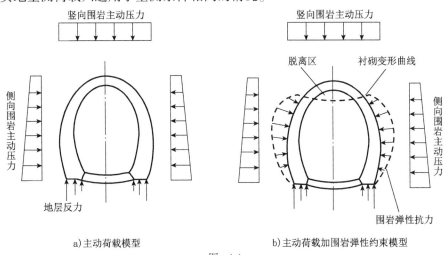

a) 主动荷载模型　　b) 主动荷载加围岩弹性约束模型

图 1-1

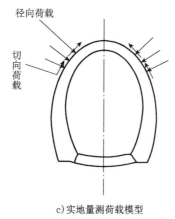

c）实地量测荷载模型

图 1-1　荷载-结构计算模型

荷载-结构计算模型主要适用于围岩因过分变形而发生松弛和崩塌，以及支护结构主动承担围岩"松动"压力的情况。由于此类模型概念清晰，计算简便，易于被工程师接受，故至今仍很通用，尤其是对模筑衬砌隧道。

对于主动荷载模型，只要确定了作用在支护结构上的主动荷载，其余问题用结构力学的一般方法即可解决，常用的有弹性连续框架（含拱形）法，如力法、位移法等。

对于主动荷载加围岩弹性约束模型，除了上述的主动荷载外，尚需解决围岩的弹性抗力问题。弹性抗力就是指由于支护结构发生向围岩方向的变形而引起的反力。在围岩上引起的弹性抗力的大小，可以用局部变形理论[图 1-2a)]或共同变形理论[图 1-2b)]计算。目前常用的是以温克尔（Winkler）假定（温氏假定）为基础的局部变形理论，围岩的弹性抗力与围岩在该点的变形成正比，用公式表示为：

$$\sigma_i = k\delta_i \tag{1-1}$$

式中：σ_i——围岩在同一点所产生的弹性抗力；

　　　k——比例系数，称为围岩的弹性抗力系数；

　　　δ_i——围岩表面上任意一点 i 的压缩变形。

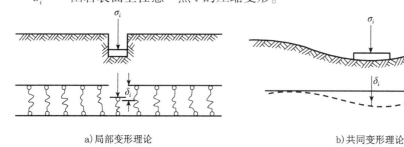

a）局部变形理论　　　　　　　　　　b）共同变形理论

图 1-2　弹性抗力计算

温氏假定相当于把围岩简化成一系列彼此独立的弹簧，某弹簧受到压缩时所产生的反作用力只与该弹簧有关，与其他弹簧无关。这个假定虽然与实际情况不符，但简单明了,且满足了一般工程设计需要的精度,应用较多。

共同变形理论[图1-2b)]假定地基为弹性半无限体,作用在地基上某一点的力,不仅引起该点地基的变位,也会引起一定范围内其他点的变位。同理认为,围岩某一点的变位不仅与该点的作用荷载有关,而且与其他点作用的荷载有关,是一种叠加效应。基于共同变形理论的计算方法有弹性地基梁法(如弹性地基上的闭合框架、直边墙拱形衬砌的计算等)。该理论较符合实际情况,但计算公式的理论推导比较烦琐,在实际应用过程中,是根据荷载类型和弹性地基梁的相对刚度,整理出对应的计算表格,使用起来较为方便。

弹性抗力的大小和分布形态取决于支护结构的变形,而支护结构的变形又和弹性抗力有关。因此,按主动荷载加围岩弹性约束模型计算支护结构的内力属于非线性问题,必须采用迭代解法或某些线性化的假定。例如,假定弹性抗力分布形状已知(即假定弹性抗力图形法),或采用弹性地基梁(含曲梁和圆环)理论,或用弹性支撑代替弹性抗力等计算结构内力。因此,支护结构内力分析问题就是运用普通结构力学方法求解超静定体系的内力和位移。

对于荷载-结构计算模型既可用解析法求解,也可用数值法求解。近年来,随着计算软件的不断完善,数值法的运用越来越多。

1.3.2 地层-结构计算模型

地层-结构计算模型(图1-3)按连续介质力学原理及变形协调条件计算衬砌和围岩的受力特性,并据此判定围岩的稳定性和进行结构截面设计。地层-结构模型又称为现代岩体力学模型,它是将支护结构与围岩视为一个整体,作为共同承载的隧道结构体系,故也称复合整体模型。在这个模型中,围岩是直接的承载单元,支护结构是镶嵌在围岩孔洞上的承载环,只是用来约束和限制围岩的变形,两者共同作用使支护结构体系达到平衡状态。

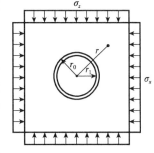

图1-3 地层-结构计算模型

地层-结构计算模型是目前隧道结构体系设计中力求采用的且正在发展的模型,因为它符合当前的施工技术水平,特别适用于新奥法施工的支护结构——锚喷支护和复合式衬砌。

在地层-结构计算模型中,可以考虑各种几何形状、围岩和支护材料的非线性特性、开挖面空间效应所形成的三维状态,以及地质体中的不连续结构面等。地层-结构计算模型有以下几种解法:

1) 弹塑性理论解析法

弹塑性理论解析法是根据所给定的边界条件,对问题的平衡方程、几何方程和物理方程直接求解的方法。目前,该方法仅对圆形隧道结构的地层-结构模型取得了精确的解析解,如圆形隧道的弹性力学解[基尔西(G. Kirsch)公式]和圆形隧道的弹塑性解(芬纳-塔洛布公式),对于其他隧道模型因数学上的困难必须依赖数值方法求解。

2) 弹塑性理论数值法

目前常用的数值计算法以有限元法(FEM)为主。该方法把围岩和支护结构都划分为若干单元,根据能量原理建立单元刚度矩阵,并形成整个系统的总体刚度矩阵,从而求出系统上各个节点的位移和单元的应力。数值计算法不但可以模拟各种施工过程和支护效果,还可以考虑复杂的围岩情况(如断层、节理等地质构造以及地下水等)和材料非线性特性等,能较好地进行隧道稳定性分析。

3) 收敛-约束法

收敛-约束法严格地说也属于连续介质力学计算方法。其原理是按弹塑-黏性理论等推导公式后,在以洞周位移为横坐标、支护阻力为纵坐标的坐标平面内绘出表示围岩受力变形特征的洞周收敛曲线,并按结构力学原理在同一坐标平面内绘出表示衬砌结构受力变形特征的支护约束曲线,得出两条曲线的交点[图1-4a)],根据交点处表示的支护阻力值进行衬砌结构设计[图1-4b)]。软岩隧道、大跨度隧道和特殊洞形隧道的设计宜采用收敛-约束法。然而,由于收敛-约束法的计算原理尚待进一步研究和完善,目前一般按照量测的周边收敛值进行反馈和监控,以指导隧道结构的设计与施工。因为围岩变形能够综合反映影响隧道结构受力的各种因素,可以预见,收敛-约束模型今后将获得很快的发展。

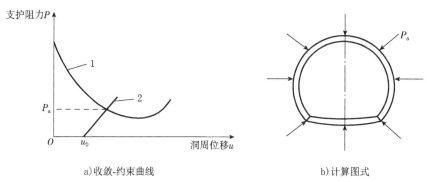

a) 收敛-约束曲线　　　　　　b) 计算图式

图1-4　收敛-约束模型
1-洞周收敛曲线;2-支护约束曲线

我国工程界对隧道结构的设计较为注重理论计算,除了确有经验可供类比的工程外,在隧道结构设计过程中一般都进行了受力计算分析。各种设计模型或方法各有其适用的场合,也有其自身的局限性。由于隧道结构的设计受各种复杂因素的影响,即使受力分析采用了比较严密的理论计算,其计算结果往往也需要用经验类比来加以判断和补充。以测试为主的实用设计方法为现场人员所欢迎,因为它能通过直观的材料试验,更确切地估计围岩和隧道结构的稳定性和安全性。理论计算方法可用于进行无经验可循的新型工程设计,因而基于结构力学模型和连续介质力学模型的计算理论成为一种特定的计算手段为人们所重视。当然,工程技术人员在设计隧道结构时往往要同时进行多种设计方法的比较,以做出相对经济合理的设计。

1. 为什么要进行隧道结构计算?
2. 隧道结构与围岩是什么关系?
3. 隧道结构的计算模型有哪些?它们有何区别?
4. 数值计算的主要内容是什么?

第2章

围岩与支护结构

2.1 隧道应力分布概述

经过长期的实践和理论研究,尤其是近代岩体力学、工程地质力学的发展,我们对隧道开挖后在围岩中产生的物理力学现象有了较为明确的认识。例如,我们认识到隧道开挖后将会引起一定范围内的围岩应力重新分布和局部地壳残余应力的释放(第一阶段);在重新分布的应力作用下,一定范围内的围岩产生位移,形成松弛,与此同时也会使围岩的物理力学性质劣化(第二阶段);在这种条件下隧道围岩将在薄弱处产生局部破坏(第三阶段);局部破坏继续发展,造成整个隧道的崩塌(第四阶段)。一般认为这四个阶段正确地反映了隧道从开挖到破坏的力学动态。这个过程从力学状态上也可划分为:隧道开挖前岩土体处于初始应力状态,谓之一次应力状态;隧道开挖后由于应力重新分布,隧道围岩处于二次应力状态,这种状态受到开挖方式(爆破、非爆破)和方法(全断面开挖、分部开挖等)的强烈影响;如果二次应力状态满足隧道稳定的要求,则可不加任何支护,隧道即可自稳,如果隧道不能自稳就必须施加支护措施加以控制,促使其稳定,这就是三次应力状态,显然这种状态与支护措施的类型、方法以及施作时间等有关。三次应力状态满足稳定要求后就会形成一个稳定的隧道结构体系,隧道施工的力学过程才宣告结束。

我们必须认识到,在隧道工程中发生的一切力学现象,如应力重分布、断面收敛、围岩失稳等都是一个连续的、统一的力学过程的产物,它始终与时间、施工技术息息相关。

2.2 隧道开挖后的应力状态假定及力学效应

隧道开挖前后围岩分别处在不同的应力状态之中,前者谓之初应力状态或一次应力状态,后者谓之二次应力状态和三次应力状态。

影响二次和三次应力状态的因素很多,如围岩的初应力状态,岩土体的构造因素(结构面、岩块组合形态等),岩土体的强度和稳定性、隧道形状、尺寸和埋深以及隧道施工技术等,但目前研究隧道开挖后应力状态的理论解多是基于以下假定:

(1) 假定围岩为均质、各向同性的连续介质;
(2) 只考虑自重造成的初应力场;
(3) 隧道形状以规则的圆形为主;
(4) 隧道位于一定深度,简化为无限体中的孔洞问题。

隧道开挖后周围岩土体中的应力、位移,视围岩屈服强度可分为两种情况:一种是开挖的围岩仍处在弹性状态,此时,隧道围岩除产生稍许松弛外(由于爆破造成的),是稳定的;一种是开挖后的应力状态超过围岩的屈服强度,此时,隧道围岩的一部分处于塑性甚至松弛状态,隧道围岩将产生塑性滑移、松弛或破坏。下面分别就这两种情况加以介绍。

2.3 围岩应力与位移的线弹性分析

为简单计算无支护隧道围岩的应力状态,我们设初应力状态以 λ 表示,即 $\lambda = \sigma_x/\sigma_y$,则如图 2-1 所示,在围岩中开挖半径为 a 的圆形隧道,其二次应力状态可近似用下式表达。

径向应力 σ_r:

$$\sigma_r = \frac{\sigma_y}{2}[(1-\alpha^2)(1+\lambda) + (1-4\alpha^2+3\alpha^4)(1-\lambda)\cos2\varphi]$$

切向应力 σ_t:

$$\sigma_t = \frac{\sigma_y}{2}[(1+\alpha^2)(1+\lambda) - (1+3\alpha^4)(1-\lambda)\cos2\varphi]$$

剪应力 τ_{rt}:

$$\tau_{rt} = -\frac{\sigma_y}{2}(1-\lambda)(1+2\alpha^2-3\alpha^4)\sin2\varphi$$

(2-1)

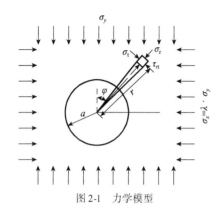

图2-1 力学模型

式中：r、φ——围岩内任意一点的极坐标，如图2-1所示；

α——系数，$\alpha = a/r$；

σ_y——初始地应力。

下面分析式(2-1)所表达的圆形隧道二次应力状态的特征。

1) 隧道周边的应力状态

首先，研究隧道周边$[r=a(\alpha=1)]$的应力状态。

当$r=a(\alpha=1)$时，式(2-1)变成：

径向应力：　　　$\sigma_r = 0$

切向应力：　　　$\sigma_t = \sigma_y[(1-2\cos2\varphi) + \lambda(1+2\cos2\varphi)]$ 　　(2-2)

即沿隧道周边只存在切向应力σ_t，径向应力σ_r变为0。这说明隧道的开挖使隧道周边的围岩从二向(或三向)应力状态变成单向(或二向)应力状态。沿隧道周边的应力值及其分布主要取决于λ值。

分别以不同的λ值($\lambda=0$、$1/3$、0.5、1)代入式(2-2)，则切向应力σ_t沿隧道周边的分布如图2-2所示。

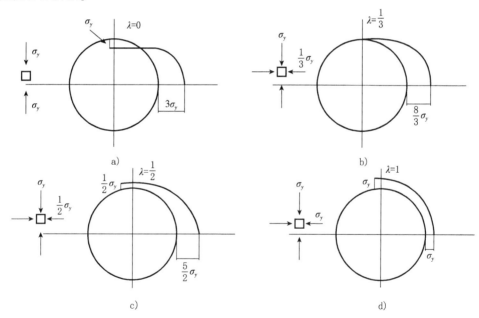

图2-2 圆形隧道围岩周边切向应力σ_t分布

由图2-2可知：

(1) $\lambda=0$时(即只有初始垂直应力时)，拱顶出现最大切向拉应力，并分布在拱顶一定范围内。

由式(2-1)知,拱顶处的最大拉应力 σ_t 为:
$$\sigma_t = -\sigma_y$$
其相当于初始垂直应力值。在拱顶受拉范围内为:
$$\sigma_t = \sigma_y(1 - 2\cos2\varphi) = 0$$
故
$$\cos2\varphi = \frac{1}{2}$$
所以
$$2\varphi = 60°$$
即最大切向拉应力出现在与垂直轴成30°角的范围内。

(2)随着 λ 的增加,拱顶切向拉应力值及其范围逐渐减小。当 $\lambda = 1/3$ 时,拱顶切向拉应力等于0[图2-2b)]。λ 大于1/3后,整个隧道周边的切向应力皆为压应力。这说明,λ 在0~1/3时,隧道拱顶可能发生局部掉块和落石,但不会造成整个隧道的破坏。当 $\lambda > 1/3$ 后,隧道则逐渐变得稳定。

(3)在侧壁范围内,λ 值变化在0~1.0时,周边切向应力总是压应力,而且总比拱顶范围的应力值大。这说明,侧壁处于较大的应力状态。例如当 $\lambda = 0$ 时,侧壁中点($\varphi = 90°$)的最大压力为:
$$\sigma_t = 3\sigma_y$$
随着 λ 值的增大,侧壁中点的压应力逐渐减小,当 $\lambda = 1$ 时,其值变成 $\sigma_t = 2\sigma_y$。

侧壁处于较大的压应力作用下是造成侧壁剪切破坏或岩爆(分离破坏)的主要原因之一。而且,这常常是整个隧道失稳的主要原因,应予以足够重视。

(4)从图2-2可知,当 $\lambda = 1$(即初始垂直应力与初始水平应力相等)时,隧道围岩的应力状态是回转对称的,各点的应力皆相同,即为一常数值 $\sigma_t = 2\sigma_y$,这种应力状态对圆形隧道稳定很有利。

(5)通常围岩的水平应力系数 λ 在0.2到0.5范围内变动。在这个范围内,隧道周边切向应力(σ_t)都是压应力。要十分注意切向应力的变化,它是造成隧道破坏的主要原因之一。

2)围岩应力向深处变化的规律

现在进一步分析围岩应力向深处变化的规律。

根据式(2-1),将围岩应力沿隧道水平轴断面($\varphi = 90°$)及沿隧道垂直轴断面($\varphi = 0°$)的分布示于图2-3。由图2-3可以看出(图中只绘出 $\lambda = 0$、$\lambda = 1$ 的两种情况,其他情况在两者之间变化):

(1)侧壁中点($\varphi = 90°$),在 $\lambda = 0 \sim 1.0$ 时,隧道周边的切向应力 σ_t 都为正值(正压力)。最大值为 $3\sigma_y(\lambda = 0)$,最小值为 $2\sigma_y(\lambda = 1)$。

随着 r 的增加,即离隧道周边越远,围岩切向应力 σ_t 越小,并趋于初应力状态的 σ_y 值。当 $\lambda = 0$ 时,围岩径向应力 σ_r 在隧道周边等于0,随着 r 的增加而增大,但继续增大则减小,最后趋于0(初应力状态的水平应力值)。

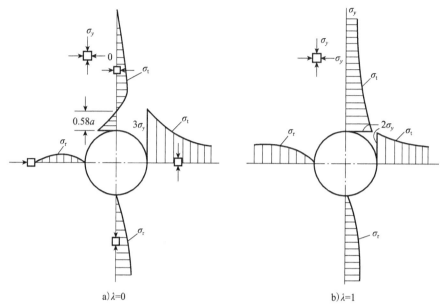

图 2-3　沿圆形隧道围岩水平、竖直轴上应力分布

(2) 拱顶处 ($\varphi = 0°$)，在隧道周边的 σ_t 值由 $-\sigma_y$ ($\lambda = 0$) 变到 $2\sigma_y$ ($\lambda = 1$)。当 $\lambda = 1/3$ 时，$\sigma_t = 0$。

随着 r 的增加，当 $\lambda = 0$ 时，σ_t 趋近于 0；当 $\lambda = 1$ 时，σ_t 趋近 σ_y；即都逐渐趋近于初始的应力状态。

σ_r 在 $\lambda = 0$ 和 $\lambda = 1$ 时，变化大致相同，即由 0 逐渐增加到 σ_y 值。

由此可见，隧道开挖后的二次应力分布范围很有限，视 λ 值其范围大致在 5~7 倍隧道半径左右（λ 越大范围越大）。在此之后，围岩仍处在初应力状态。这说明隧道开挖对围岩的影响（扰动）有限。

(3) 在拱顶处的拉应力深入围岩内部的范围约为 $0.58a$ ($\lambda = 0$)，而后转变为压应力。这也说明，隧道围岩内的拉应力区域是有限的（图 2-4）。而且只在 λ 小于 $1/3$ 时的情况下出现。前面已指出，拉应力区的存在对造成围岩的局部破坏（松弛、掉块、落石）是有影响的，尤其是在大跨度隧道的情况下。

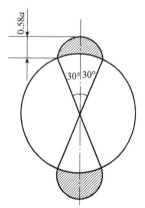

图 2-4　隧道围岩拱顶(底)的拉应力区

上述的应力状态主要针对围岩属于弹性的、各向同性的、均质的介质，且隧道结构是圆形的，其表面平整。实际围岩力学状态、隧道形态较为复杂，因而，二次应力状态也会有所不同。例如超挖（图 2-5）或欠挖，使隧道表面变得极不平整，于凹凸处形成局部应力高度集中的弱点。有实验指出，欠挖处的应力可达初始应力值的十几倍，常常造成隧道围岩的局部破坏。因此，如何消除这种应力集中现象是现代隧道施工技术研究的重要内容之一，这也促使了光面爆破及喷射混凝土

支护等多项技术的发展。

还应该指出,隧道的二次应力状态即使是弹性的,但由于爆破开挖的影响,也会使隧道周围岩体松动、破碎,使其强度减弱。在采用光面爆破时可以大大减小爆破的影响,受到爆破震动影响的隧道需要进行局部支护或轻型支护。

在未进行初期支护前,围岩长期暴露在空气、水等各种外界条件下会逐渐风化剥蚀,从而降低隧道围岩的强度。因此,即使在弹性应力状态下隧道是稳定的,进行一定的饰面防护也是必要的。

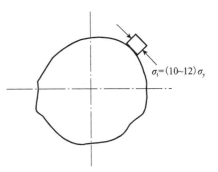

图 2-5 超挖的影响

3) 拱顶下沉及侧壁水平位移状态

下面我们讨论隧道拱顶下沉及侧壁水平位移状态。

在平面应变问题中,应力-应变方程为:

$$\varepsilon_r = \frac{1+\mu}{E}[\sigma_r(1-\mu) - \mu\sigma_t] \tag{2-3}$$

由此出发,半无限弹性体中圆孔周围的位移 u 为:

$$u = \int_r^\infty \varepsilon_r \cdot dr = \frac{1+\mu}{E}\int_r^\infty (\sigma_r(1-\mu) - \mu\sigma_t) \cdot dr \tag{2-4}$$

由前述得知,在 $\lambda = 1$ 时,隧道周围岩体中的应力分别为:

$$\sigma_r = (1-\alpha^2)\sigma_y$$
$$\sigma_t = (1+\alpha^2)\sigma_y \tag{2-5}$$

代入上式得:

$$u = \frac{1+\mu}{E}\int_r^\infty [(1-\mu)(1-\alpha^2)\sigma_y - \mu(1+\alpha^2)\sigma_y]dr$$

$$= \frac{1+\mu}{E}\int_r^\infty [(1-2\mu) - \alpha^2]\sigma_y \cdot dr \tag{2-6}$$

这个位移减去开挖前存在的位移 u_0,即为由开挖所引起的位移 u_r。

开挖前存在的位移 u_0 为:

$$u_0 = \frac{1+\mu}{E}\int_r^\infty (1-2\mu)\sigma_r dr \tag{2-7}$$

由式(2-6)减去式(2-7)得:

$$u_r = u - u_0 = \frac{1+\mu}{E} \cdot \frac{a^2}{r} \cdot \sigma \tag{2-8}$$

当 $r = a$ 时,即得隧道周边位移 u_a:

$$u_{\mathrm{a}} = \frac{1+\mu}{E} a \cdot \sigma_y \tag{2-9}$$

从上式可求出沿隧道周边各点的位移 u_{a}。当 λ 值不同时,u_{a} 值也不同,此时径向周边位移可由下式决定：

$$u_{\mathrm{a}} = \frac{1+\mu}{E} \cdot \frac{\sigma_y}{2} a [1 + \lambda - (3-4\mu)(1-\lambda)\cos 2\theta] \tag{2-10}$$

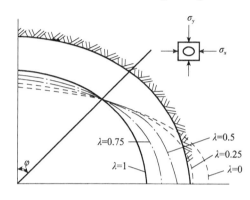

图 2-6　不同 λ 值情况下圆形隧道围岩周边位移分布

在不同的 λ 值条件下,将开挖后的断面收敛状态示于图 2-6。当 $\lambda = 1$ 时,隧道断面是均匀缩小的,随着 λ 值的减小,隧道上、下顶点继续向隧道内挤入,水平直径处 λ 则减小,而变成扁平的断面形状。

隧道位移状态说明,隧道开挖后,围岩基本上是向隧道内移动的,只是在一定的 λ 值条件下($\lambda \leqslant 0.25$),在隧道水平直径处围岩有向两侧扩张的趋势。而且在多数情况下,拱顶位移(即拱顶下沉)均大于侧壁(水平直径处)位移。

2.4　围岩应力与位移的弹塑性分析

在深埋隧道或埋深较浅但围岩强度较低时,上述应力状态可能超过围岩的屈服强度。此时隧道或发生如岩爆、剥离(坚硬、脆性、整体的围岩中)等脆性破坏,或在隧道附近围岩内形成塑性应力区域,发生塑性剪切滑移或塑性流动。

塑性应力区域是由于围岩的塑性特性造成的。塑性指材料应力超过一定值后产生塑性变形的性质。材料达到塑性后,应力即使不增加,变形仍将继续。当围岩内部的应力超过围岩的屈服强度后,围岩发生塑性变形,并迫使塑性变形的围岩向隧道内滑移。塑性区围岩变得松弛,其物理力学性质(c、φ 值)也发生变化。

在分析塑性区内的应力状态时,需要解决下述三个问题：确定形成塑性变形的塑性判据或破坏准则；确定塑性区内的应力应变状态；确定塑性区范围。

(1)确定形成塑性变形的塑性判据或破坏准则

在许多弹塑性分析中,多数假定发生塑性条件的应力圆包络线是一条直线(即莫尔-库仑假定)。它取决于围岩的单轴抗压强度 R_{b} 和内摩擦角 φ。

设塑性区内的径向应力为 σ_{rp},切向应力为 σ_{tp},则其破坏准则为：

$$\sigma_{tp} - \xi \cdot \sigma_{rp} - R_b = 0 \qquad (2\text{-}11)$$

$$\xi = \frac{1 + \sin\varphi}{1 - \sin\varphi}$$

式(2-11)亦可写成：

$$\sigma_{tp}(1 - \sin\varphi) - \sigma_{rp}(1 + \sin\varphi) - 2c \cdot \cos\varphi = 0 \qquad (2\text{-}12)$$

式(2-11)或式(2-12)为目前通常采用的求解隧道围岩塑性区的塑性判据。它假定隧道围岩出现塑性区后岩性没有变化，即 c、φ 值不变。实际上岩石在开挖后由于爆破、应力重分布等影响已被破坏，其 c、φ 值皆有变化。设以岩体的残余黏结力 c_r 和残余内摩擦角 φ_r 表示改变后的岩体特性，则式(2-11)、式(2-12)可写成：

$$\sigma_t^r - \xi_r \cdot \sigma_t^r - R_b^r = 0 \qquad (2\text{-}13)$$

或

$$\sigma_t^r(1 - \sin\varphi_r) - \sigma_r^r(1 + \sin\varphi_r) - 2c_r \cdot \cos\varphi_r = 0 \qquad (2\text{-}14)$$

式中，带角标"r"者，皆指破碎岩体的残余特性。

(2) 确定塑性区内的应力应变状态

如图 2-7 所示，已知塑性区内的应力平衡方程为：

$$\frac{d\sigma_{rp}}{dr} + \frac{\sigma_{rp} - \sigma_{tp}}{r} = 0$$

或

$$\sigma_{tp} - \sigma_{rp} = r \cdot \frac{d\sigma_{rp}}{dr} \qquad (2\text{-}15)$$

式中：σ_{rp}、σ_{tp}——塑性区的径向应力和切向应力。

将式(2-11)的塑性判据代入式(2-15)，得：

$$\xi\sigma_{rp} + R_b - \sigma_{rp} = r\frac{d\sigma_{rp}}{dr}$$

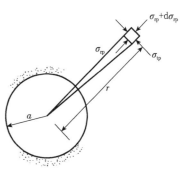

图 2-7　围岩单元体的受力状态

整理后写成：

$$\frac{dr}{r} = \frac{d\sigma_{rp}}{\sigma_{rp}(\xi - 1) + R_b}$$

积分得：

$$\ln r + c = \frac{1}{\xi - 1}\ln[\sigma_{rp}(\xi - 1) + R_b]$$

引入边界条件，当 $r = a$ 时，$\sigma_{rp} = 0$，则求出积分常数 C。

$$C = \frac{1}{\xi - 1}\ln R_b - \ln a$$

代入上式并整理得：

$$(\xi - 1)\ln\frac{r}{a} = \ln\left[\frac{\sigma_{rp}(\xi - 1)}{R_b} + 1\right]$$

由此得:
$$\left(\frac{r}{a}\right)^{\xi-1} = \frac{\sigma_{rp}(\xi-1)}{R_b} + 1$$

结合式(2-11)可求得:
$$\left.\begin{aligned}\sigma_{rp} &= \frac{R_b}{\xi-1}\left[\left(\frac{r}{a}\right)^{\xi-1} - 1\right] \\ \sigma_{tp} &= \frac{R_b}{\xi-1}\left[\left(\frac{r}{a}\right)^{\xi-1}\xi - 1\right]\end{aligned}\right\} \quad (2\text{-}16)$$

式(2-16)即为塑性区内应力状态。

(3)确定塑性区范围

前已指出,$\lambda=1$ 时距隧道围岩某一距离的各点应力皆相同,因此形成的塑性区也是圆形的(图2-8)。下面说明在这种条件下,塑性区范围 r_0 是怎样确定的。

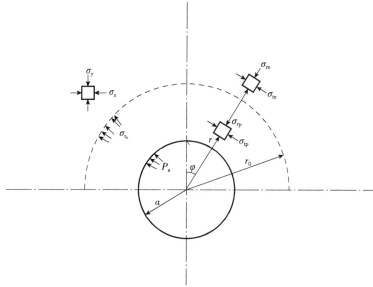

图 2-8 弹、塑性区交界处的径向应力

由图 2-8 可知,在塑性区域外的弹性区域内,其应力状态由初应力状态及由塑性区提供的径向应力 σ_{r_0} 决定。

从式(2-5)知,当 $\lambda=1$ 时,弹性区域的应力分别为:
$$\left.\begin{aligned}\sigma_{re_1} &= \sigma_y\left(1 - \frac{a^2}{r^2}\right) \\ \sigma_{te_1} &= \sigma_y\left(1 + \frac{a^2}{r^2}\right)\end{aligned}\right\} \quad (2\text{-}17)$$

在半径为 a 的圆形隧道围岩边界上作用有径向应力 σ_a 时,弹性区域的应力则为:
$$\left.\begin{aligned}\sigma_{re_2} &= \sigma_a\frac{a^2}{r^2} \\ \sigma_{te_2} &= -\sigma_a\frac{a^2}{r^2}\end{aligned}\right\} \quad (2\text{-}18)$$

将式(2-17)和式(2-18)两式相加,得:

$$\left.\begin{aligned}\sigma_{re} &= \sigma_{re_1} + \sigma_{re_2} = \sigma_y\left(1 - \frac{a^2}{r^2}\right) + \sigma_a\frac{a^2}{r^2} \\ \sigma_{te} &= \sigma_{te_1} + \sigma_{te_2} = \sigma_y\left(1 + \frac{a^2}{r^2}\right) - \sigma_a\frac{a^2}{r^2}\end{aligned}\right\} \quad (2\text{-}19)$$

在塑性区边界上($r = r_0$)应有:

$$\sigma_{r_0} = \sigma_{rp} = \sigma_{re} \text{ 及 } \sigma_{tp} = \sigma_{te}$$

由此得:

$$\left.\begin{aligned}\frac{R_b}{\xi - 1}\left[\left(\frac{r_0}{a}\right)^{\xi-1} - 1\right] &= \sigma_{r_0} \\ \frac{R_b}{\xi - 1}\left[\left(\frac{r_0}{a}\right)^{\xi-1}\xi - 1\right] &= 2\sigma_y - \sigma_{r_0}\end{aligned}\right\} \quad (2\text{-}20)$$

把式(2-20)中的两式相加消去σ_{r_0},得出下式:

$$\left(\frac{r_0}{a}\right)^{\xi-1}(\xi + 1) = \frac{2\sigma_y(\xi - 1)}{R_b} + 2$$

由此,决定塑性区边界的r_0为:

$$r_0 = a\left[\frac{2}{\xi + 1} \cdot \frac{\sigma_y(\xi - 1) + R_b}{R_b}\right]^{\frac{1}{\xi-1}} \quad (2\text{-}21)$$

式(2-21)指出,塑性区边界r_0与围岩的初应力状态σ_y、围岩本身的物理力学性质R_b、ξ及隧道围岩开挖尺寸a等有关。隧道半径越大,围岩越差,初始应力越大,塑性区域也越大。

例2-1 设围岩的单轴抗压强度$R_b = 12\text{MPa}$,黏聚力$c = 3.0\text{MPa}$,内摩擦角$\varphi = 36.9°$,初始应力$\sigma_y = 31.2\text{MPa}$,$\lambda = 1$,圆形隧道开挖半径$a = 2.0\text{m}$,试求塑性区域的半径$r_0$及其应力状态。

解:将有关数值代入式(2-21),已知:

$$\xi = \frac{1 + \sin\varphi}{1 - \sin\varphi} = \frac{1 + 0.6004}{1 - 0.6004} = 4$$

则塑性区半径r_0为:

$$r_0 = a\left[\frac{2}{\xi + 1} \cdot \frac{\sigma_y(\xi - 1) + R_b}{R_b}\right]^{\frac{1}{\xi-1}} = 2.0 \times \left[\frac{2}{4 + 1} \cdot \frac{312 \times (4 - 1) + 120}{120}\right]^{\frac{1}{4-1}}$$
$$= 2.0 \times 3.52^{\frac{1}{3}} = 2.0 \times 1.52$$
$$= 3.04(\text{m})$$

所以塑性区的范围为3.04m。

由式(2-16)可求出塑性区内各点的应力,列于表2-1。

塑性区各点应力					表2-1
$r(\text{m})$	2.0	2.5	3.0	3.04	
$\sigma_{rp}(\text{MPa})$	0	3.810	9.50	10.047	
$\sigma_{tp}(\text{MPa})$	12.0	27.250	50.00	52.088	

弹性区内各点的应力可由式(2-19)求出,列于表2-2。

弹性区各点应力							表2-2
$r(\text{m})$	3.04	4	5	6	7	8	10
$\sigma_{re}(\text{MPa})$	10.0	18.79	23.2	25.77	27.29	28.15	29.62
$\sigma_{te}(\text{MPa})$	52.4	49.2	42.8	39.2	37.2	35.7	33.2

根据上述计算绘制隧道围岩应力分布,如图2-9所示。

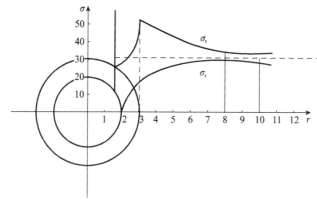

图2-9 圆形隧道围岩应力分布

显然,当 $\lambda = 1$ 时,塑性区是圆形。当 $\lambda \neq 1$ 时塑性区的形状和范围有很大的变化。下面我们讨论在弹性岩体中当 $\lambda \neq 1$ 时的塑性区范围。

前面已述及确定塑性区范围的基本条件:是否满足莫尔-库仑破坏准则。在 $\lambda \neq 1$ 时,隧道围岩中某一点的径向和切向应力 σ_r 和 σ_t 并不是主应力,还存在剪应力 τ_{rt}。在这种条件下,莫尔-库仑的表达式为:

$$(\sigma_r - \sigma_t)^2 + 4\tau_{rt}^2 \leq [(\sigma_r + \sigma_t) + 2c\cot\varphi]^2 \sin^2\varphi \quad (2-22)$$

为了便于运算,我们引进符号:

$$\xi_1 = \frac{1-\lambda}{2} \qquad \xi_2 = \frac{1+\lambda}{2}$$

则式(2-1)可写成:

$$\left.\begin{aligned}\sigma_r &= \xi_2\left(1 - \frac{1}{r^2}\right) + \xi_1\left(1 + \frac{3}{r^4} - \frac{4}{r^2}\right)\cos2\theta \\ \sigma_t &= \xi_2\left(1 + \frac{1}{r^2}\right) + \xi_1\left(1 + \frac{3}{r^4}\right)\cos2\theta \\ \tau_{rt} &= -\xi_1\left(1 - \frac{3}{r^4} + \frac{2}{r^2}\right)\sin2\theta\end{aligned}\right\} \quad (2-23)$$

应注意式(2-23)是用无量纲表示的。
由此知：

$$\left.\begin{aligned}\frac{\sigma_r + \sigma_t}{2} &= \xi_2 - 2\xi_1 \frac{1}{r^2}\cos 2\theta \\ \frac{\sigma_r - \sigma_t}{2} &= -\xi_2 \frac{1}{r^2} + \xi_1 \left(1 + \frac{3}{r^4} - \frac{2}{r^2}\right)\cos 2\theta\end{aligned}\right\} \quad (2-24)$$

而表示破坏准则的式(2-22)可改写成：

$$\left(\frac{\sigma_r - \sigma_t}{2}\right)^2 + \tau_{rt}^2 = \left(\frac{\sigma_r + \sigma_t}{2} + \tilde{c}\cos\varphi\right)\sin^2\varphi \quad (2-25)$$

注意，式中 $\tilde{c} = \dfrac{c}{\sigma_y} = \dfrac{c}{\gamma \cdot h}$。

将式(2-23)和式(2-24)代入，得：

$$r^8 a_1 + r^6 a_2 + r^4 a_3 + r^2 a_4 + b = 0 \quad (2-26)$$

式中，$a_1 = \xi_1^2 - \xi_2 \sin\varphi(\xi_2 \sin\varphi + 2\tilde{c}\cos\varphi) - \tilde{c}\cos^2\varphi$

$a_2 = 4\xi_1^2(2\sin^2 2\theta - 1) + 2\xi_1\xi_2\cos 2\theta(2\sin^2\varphi - 1) + 4\tilde{c}\cos 2\theta \cdot \cot\varphi \cdot \sin^2\varphi$

$a_3 = \xi_2^2 + 4\xi_1^2 - 6\xi_1^2(2\sin^2 2\theta - 1) + 4\xi_1\xi_2\cos 2\theta - 4\xi_1^2\cos^2 2\theta\sin^2\varphi$

$a_4 = -6\xi_1(2\xi_1 + \xi_2\cos 2\theta)$

$b = 9\xi_1^2$

解式(2-26)即可求出塑性区的范围，宜用计算机求解。

显然，当 $\lambda = 1$，即 $\xi_1 = 0, \xi_2 = 1$ 时：

$$a_1 = -(1 + \tilde{c}\cot\varphi)^2 \sin^2\varphi$$
$$a_2 = 0; a_3 = 1; a_4 = 0; b = 0$$

则式(2-26)变为：

$$r^8 a_1 + r^4 = 0$$

由此得：

$$\left.\begin{aligned}r^2 &= \frac{1}{(1 + \tilde{c}\cot\varphi)\sin\varphi} \\ r &= -\frac{a}{\sqrt{\left(1 + \dfrac{c}{\sigma_y} \cdot \cot\varphi\right)\sin\varphi}}\end{aligned}\right\} \quad (2-27)$$

这是按弹性岩体求出的圆形隧道的塑性区范围，显然，它是一个圆形的区域。与式(2-21)比较，该式求出的塑性区范围偏小，因此只能用于定性的分析。

塑性区的范围、形状主要受 λ 值、埋深(σ_y)和隧道形状三个因素的影响。

(1) λ 值对塑性区范围、形状的影响。

已知 $c = 25\text{MPa}, \varphi = 30°, h = 600\text{m}, \sigma_y = 15\text{MPa}$。当 λ 分别为 0、0.2、0.3、0.5、0.75 和 1.0 时，得到的塑性区域边界示于图 2-10。

图 2-10 表明：对于圆形隧道，$\lambda = 0.5$ 时，塑性区基本上出现在侧壁，呈月牙形；$\lambda =$

0.3 时,塑性区变成耳形,也集中在侧壁范围;$\lambda=0.2$ 时,塑性区变成向围岩深部扩展的 X 形。不管何种情况,在隧道围岩侧壁,塑性区域显著集中,这一点对研究隧道围岩破坏有重要的意义。

马蹄形隧道也有类似情况。图 2-11 是用有限元法计算的几个实例,计算时假定初应力 $\sigma_y=1\mathrm{MPa}$,黏结力 $c=0.2\mathrm{MPa}$,摩擦角 $\varphi=35°$。当 $\lambda=1$ 时,马蹄形隧道塑性区主要在距洞壁等距离的范围内产生,洞壁两侧略大些;当 $\lambda=0.25$ 时,塑性区主要在洞壁范围内;$\lambda=0.1$ 时,塑性区呈 X 形。

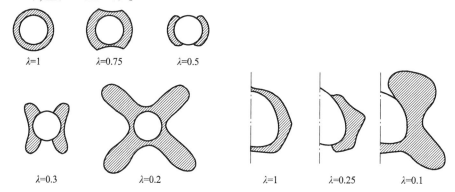

图 2-10　不同 λ 值下圆形隧道围岩塑性区形状和范围　　图 2-11　马蹄形隧道塑性区范围示意

(2) 埋深(即 σ_y)对塑性区范围、形状的影响。

随着埋深的增加,围岩受力条件逐渐恶化,其塑性区将扩大并呈不同的形状,当以无量纲值 $c/(\gamma \cdot h)$ 表示埋深影响时,其塑性区的变化大致如图 2-12 所示。由图可见,随着埋深的增加,支护结构的参数也应有所变化。

(3) 隧道形状对塑性区的影响。

不同隧道形状下隧道围岩塑性区如图 2-13 所示。从图中可以看出隧道形状对塑性区范围、形状也有很大影响。

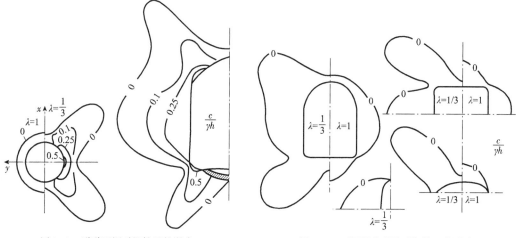

图 2-12　隧道埋深对塑性区的影响　　图 2-13　不同隧道形状对塑性区的影响

在塑性区域内的径向位移是基于塑性区域内的岩体不可压缩的假定求得的。设弹性区域边界上的径向位移为 u_{r_0}，其值可由下式决定：

$$u_{r_0} = \frac{1}{2K}(\sigma_y - \sigma_{r_0})r_0 \tag{2-28}$$

式中，$K = \dfrac{E}{2(1+\mu)}$。

根据塑性区内体积变形等于 0 的假定，即认为塑性区内岩体在变形过程中体积保持不变的假定，隧道周边位移 u_a 近似等于：

$$u_a = u_{r_0} \frac{r_0}{a} \tag{2-29}$$

即：

$$u_a = \frac{1}{2K}(\sigma_y - \sigma_{r_0}) \frac{r_0^2}{a} \tag{2-30}$$

式中：σ_{r_0}、r_0——塑性区边界上的径向应力及塑性区范围，其值见式(2-16)和式(2-21)。

部分学者认为，塑性区内岩体的体积增量并不等于零，而是个变量，因而隧道周边的径向位移 u_c 为：

$$u_c = a - [a^2(1+k) - b^2 k - 2bu_b + u_b^2]^{\frac{1}{2}} \tag{2-31}$$

式中：k——体积膨胀系数。

当位移与隧道半径相比很小时，式(2-31)可简化为：

$$u_a = \frac{b}{a}u_b + \frac{k(b^2 - a^2)}{2a} \tag{2-32}$$

当 $k = 0$ 时，式(2-32)即为式(2-29)。

将式(2-28)代入式(2-32)后，即得考虑塑性区内体积增量为常数时的隧道周边位移计算式。

综上所述，隧道开挖后如果不加支护，隧道围岩将会经过应力集中→形成塑性区→发生向隧道内位移→塑性区进一步扩大→隧道围岩松弛、崩坍、破坏等过程，但并不是所有隧道破坏都会经过上述几个阶段，例如在整体、坚硬的脆性岩体中可能形成自稳隧道，在松散岩体中隧道会迅速崩坍等。隧道围岩的施工力学发展过程基本上决定了围岩压力的性质以及隧道失稳破坏的方式。

以上分析主要以圆形隧道结构为基础，当隧道结构形状不是圆形时，相应的计算公式将发生变化，此时可用有限元数值分析法进行求解。但在初步设计中，亦可采用将不同形状隧道变换成当量的圆形隧道的方法近似分析，或直接以隧道跨度代替公式中的隧道直径，但并不是所有的隧道形状都可以这样做。根据计算分析，各种形状隧道顶点(A点)和侧壁中点(B点)的切向应力可用下式表述：

顶点：$\quad\sigma_{tA} = \sigma_y(A \cdot \lambda - 1)$

侧壁中点：$\quad\sigma_{tB} = \sigma_y(B - \lambda)$ $\qquad(2-33)$

式中：λ——侧压力系数；

A、B——隧道形状所对应的周边应力计算系数，其值列于表2-3。

隧道形状所对应的周边应力计算系数　　　　表2-3

序号	1	2	3	4	5	6	7	8	9
形状	(A/B竖椭圆)	(A/B拱顶方)	(A/B拱顶方)	(A/B马蹄)	(A/B五边)	(A/B圆)	(A/B横椭圆)	(A/B方)	(A/B长圆)
A	5.0	4.0	3.9	3.2	3.1	3.0	2.0	1.9	1.8
B	2.0	1.5	1.8	2.3	2.7	3.0	5.0	1.9	3.9

由表2-3可知，编号4、5、6的隧道，基本上都可以按圆形隧道来处理，不会造成很大误差。对铁路隧道来说，单、双线隧道断面可以直接采用圆形断面的求解公式。

2.5　围岩与支护结构的相互作用

2.5.1　围岩特征曲线

隧道体系是由围岩和支护结构共同构成的，围岩和支护结构之间通过相互作用形成一个统一的力学体系或承载结构体系。在围岩与支护结构相互作用的过程中，支护结构受到的围岩压力与支护对围岩的约束力是作用力与反作用力的关系。其中，支护结构受到围岩压力产生的对围岩的约束力称为支护抗力(也称弹性抗力)。

隧道开挖以后，洞周围岩将产生变形，变形量与外荷载、围岩的性质及支护结构对围岩的支撑作用力等因素有关。将围岩在洞周的变形 u 表示为支护结构对围岩的作用力 P_i 函数，即可在以 u 为横坐标、P_i 为纵坐标的平面上绘出二者的关系曲线。由于这类曲线表示隧道开挖后围岩的受力变形特征，故可称为围岩特征曲线或围岩收敛曲线，如图2-14所示。对于一般围岩，围岩特征曲线的发展过程要经历三个阶段。P_0A 段，隧道开挖初始阶段，围岩处于弹性阶段，在特征曲线上表现为线弹性行为特征的直线。AB 段，当隧道埋深较大，围岩相对较差或支护不及时时，洞

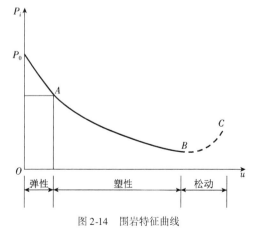

图2-14　围岩特征曲线

周围岩将出现塑性区,此时,围岩塑性行为特征突出,即在特征曲线上洞周围岩变形量呈现加速变化特征。在上述两个阶段中,作用在支护结构上的围岩压力是由于围岩变形受到支护结构的抑制而产生的,因此称这种围岩压力为形变压力。BC 段,当围岩塑性区发展到一定程度,在洞周围岩一定范围内会出现松弛现象,这部分岩体会以重力形式直接作用于支护结构上,这部分荷载称为松动压力。此时,作用在支护上的围岩压力应为形变压力与松动压力之和。在支护特征曲线上则表现为上翘的特征。

在分析围岩特征曲线时,并不是所有围岩均表现为以上三个阶段的行为特征。对于埋深不大且岩性较硬的围岩,对应的特征曲线可能仅反映出弹性阶段的一种行为特征;当支护类型选择合理且支护及时,围岩特征曲线上的上翘现象也可能不会发生。

2.5.2 支护特征曲线

隧道围岩对支护结构的作用力,即围岩压力,其值也为 P_i。支护结构的变形 u_i 也可表示为围岩压力 P_i 的函数,并在以 u_i、P_i 为坐标轴的平面上绘出二者的关系曲线。这类曲线表示支护结构的受力变形特征,称为支护特征曲线。因为支护结构发生变形的效果对洞周围岩的变形起限制作用,所以支护特征曲线又可称为支护限制线。不同支护具有不同的支护特征曲线,可分为以下四种类型(图 2-15),其中 P_0 为原岩初始应力,u_i 为支护结构外缘各点径向位移。

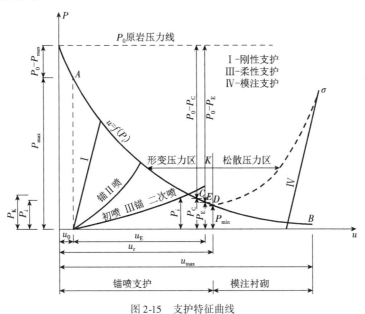

图 2-15 支护特征曲线

由图 2-15 可以看出:

(1)隧道开挖后,如支护非常快,且支护刚度非常大,没有变形或变形很少,则在图中 A 点取得平衡,支护需提供很大支护力 P_{max}。围岩仅负担产生弹性变形 u_0 的压力 $P_0 -$

P_{max}。但使用刚度大的支护是不合理的。支护应有相当的柔性变形能力,并允许围岩产生一定量的变形,适度的变形有助于围岩通过应力调整,形成足够大的塑性区,充分发挥塑性区岩体的卸载作用,让传到支护上的压力大为减小,可使图中平衡位置由 A 点移至 C 点、E 点;形变压力 P_{max} 减至 P_C 和 P_E。

(2)若隧道开挖后不加支护,或支护很不及时,也就是允许围岩自由变形,在图中是曲线 DB。这时,洞室周边位移达到最大值 u_{max},形变压力 P_a 很小或接近于 0。这种情况在新奥法中是不允许的,因为实际上周边位移达到某一位移值(如图中 u_r)时,围岩就出现松弛、散落、坍塌的情况。这时,围岩对支护的压力就不是形变压力,而是围岩坍塌下来的岩石重量,即松散压力(塌方荷载),其大小由曲线 DA 决定。从时间和围岩状况来看都已不适于施作喷锚支护,只能按照传统施工方法施作模注混凝土衬砌。

(3)较佳的支护工作点应当在 D 点以左,邻近 D 点处,如图中 E 点。在该点上,既能让围岩产生较大的变形($u_0 + u_E$),较多地分担岩体压力($P_0 - P_E$),使支护分担的形变压力较小(P_E);又保证围岩不产生松动、失稳、局部岩石脱落、坍塌的现象。喷锚支护的设计与施工就应该控制在该点附近。这就要掌握好施作时间(相应围岩变形 u_0)和支护刚度 K(支护特性曲线的斜率)。不过,完全通过计算来确定支护结构的合理刚度和施作时间是很困难的。实际施工中,之所以要分二次支护,是因为隧道开挖后,要尽可能及时进行初期支护和封闭,保证周边不产生松动和坍塌;塑性区内岩体保持一定的强度,让围岩在有控制的条件下变形。通过对围岩变形的监测,掌握洞室周边位移和岩体、支护结构变形情况,待位移和变形基本趋于稳定,即达到图中 i 点附近时,再进行第二次支护。在 i 点,围岩和支护的变形处于平衡状态。随着围岩和支护的变形,支护的形变压力将发展到 P_E。支护和围岩在最佳工作点 E 处共同承受围岩形变压力。围岩承受的压力值为($P_0 - P_E$),支护承受的压力值为(P_E),支护承载能力尚有值为($P_K - P_E$)的安全余量。

2.5.3 围岩与支护结构相互作用原理

如果在隧道围岩破坏之前施作支护结构,并始终保持支护与围岩紧密接触,则围岩与支护之间必然存在如下关系:

(1)支护结构所受围岩压力与支护抗力大小相等、方向相反。

(2)支护结构与围岩之间变形协调,即:

$$u_1 = u - u_0 \tag{2-34}$$

式中:u_1——支护结构的位移;

u——洞周围岩的位移;

u_0——支护前周边围岩发生的自由位移。

(3)支护结构位移 u_1 随围岩压力 P_i 的增加而逐渐增大,并满足一定的函数关系。

$$u_1 = u - f(P_i) \tag{2-35}$$

不同支护结构,函数 $f(P_i)$ 的形式不同。

洞周围岩位移 u 随支护抗力 P_i 的增加而逐渐减小,并满足一定的函数关系。
$$u = \psi(P_i) \tag{2-36}$$

将式(2-35)和式(2-36)代入式(2-34)可得出围岩压力 P_i。求出 P_i 后,由式(2-35)和式(2-36)可得出支护结构和洞周围岩的位移值。

为进一步说明围岩与支护结构的相互作用,可将围岩特征曲线和支护特征曲线放在同一坐标系中考虑,如图 2-16 所示。图中曲线 1 为围岩特征曲线,曲线 2 为支护特征曲线。因隧道围岩开挖成型后一般需要滞后一段时间才修筑支护,在这段时间内洞周围岩将在不受支护约束的情况下产生自由变形。支护施作后,随着变形的进一步发展,两特征曲线最终交汇于 A 点,从而实现支护结构抗力与围岩压力达到平衡状态,A 点对应的纵坐标 P_i' 表示平衡状态下的围岩压力,其对应的横坐标表示平衡状态下围岩的最终位移。由图中曲线 2、3、4 对比可知,支护结构的作用时间、支护结构本身的刚度及其与围岩接触的好坏都将影响围岩的稳定性和支护所受围岩压力的大小。从支护结构安全角度出发,最理想的平衡点是曲线 1 最低处偏左的 A 点,此处支护所承受的围岩压力较小,又能保证围岩的稳定性。曲线 4 代表支护作用时机过晚,此时支护将承受较大的松动围岩压力,而且还可能未等到达支护平衡点,隧道就会坍塌。曲线 3 支护作用时机与曲线 2 虽然相同,但由于支护刚度过大,在相同变形条件下,支护反力增长较快,达到平衡时所受围岩压力也相对较大。

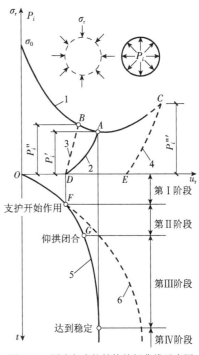

图 2-16 围岩与支护结构特征曲线示意图

图 2-16 的下半部分更能说明问题。曲线 5 是洞壁位移 u_r 随时间的变化曲线,这条曲线可以通过监控量测得到,更为直观。这条曲线反映四个阶段的位移状态:第Ⅰ阶段是围岩无约束自由变形阶段,变形发展较快;第Ⅱ阶段初期支护开始发挥作用,洞壁位移由于有支护阻力而减缓;第Ⅲ阶段从支护形成封闭结构开始,支护阻力增加而位移速度大大降低,线形趋于平缓;最后位移趋于稳定,不再增长,进入第Ⅳ阶段。如果支护发挥作用时机较晚,则位移因受不到足够的支护阻力将快速增长,如曲线 6 所示。当位移超过 A 点的位移值后,由于洞周松弛范围的增加,很可能坍塌。

从图 2-16 可以看出,只有当支护结构闭合成环后对洞周位移的约束作用才能充分发挥出来。因此,从变形控制角度出发,支护结构及早闭合尤其重要。但在实际工程中,多种支护结构联合作用,分次施作,再加上施工中的分步开挖、分步支护,支护体系闭合时间均相对较长。在现有施工技术水平和技术装备的基础上,如何优化施工工序、减少开挖分部,实现支护及时施作、支护结构及早闭合,是目前隧道建设所面临并亟待解决的实际问题之一。从上述围岩与支护结构相互作用关系可以看出，围岩初始地应力（开挖前围岩的地应力）是由围岩和支护结构共同承担的。而围岩既是承载结构的重要组成部分，也是构成承载结构的基本建筑材料，又是荷载的主要来源，这种三位一体（荷载、建筑材料、承载来源）的特征与地面工程存在明显差异。从隧道围岩的这种力学特点出发，隧道工程研究的重点对象应该是岩体。但在过去的很长一段时间里，在隧道结构的传统设计与施工中并没有充分地认识和考虑岩体的这些主动作用，而把重点放在支护结构的设计与计算上，这显然是不恰当的。现代隧道工程理论强调既要充分发挥围岩的承载作用，又要充分保护围岩，这符合隧道结构的基本力学特征，也是与传统隧道工程理论的主要差别之一。对于隧道工程而言，确保开挖过程中围岩稳定和支护结构安全是两大核心问题。因此，在实际工程中，应结合具体工程情况，既要限制围岩的变形，防止围岩过度变形而引起坍塌，又要允许围岩产生有限制的变形，减少作用于支护结构上的围岩压力，以利于支护结构的安全。

目前，我国隧道初期支护体系基本以喷锚支护为主，硬岩隧道初期支护是力求控制围岩塑性区的产生，最大限度地发挥围岩的自承载能力；深埋软岩隧道初期支护允许围岩出现塑性区，最大限度地释放围岩变形能，同时要充分保护围岩的力学强度，使支护造价趋于合理并确保隧道稳定。

1. 简述围岩二次应力场和三次应力场的概念。
2. 简述什么是围岩特征曲线、支护特征曲线。
3. 设围岩的弹性模量 $E_x = 1.6 \times 10^3 \mathrm{MPa}$，泊松比 $\mu = 0.4$，初始应力 $\sigma_y = 25 \mathrm{MPa}$，$\lambda = 1$，隧道开挖半径 $a = 2.5 \mathrm{m}$，试求弹性应力状态，并尝试用数值法模拟验证结果。
4. 设围岩的单轴抗压强度 $R_b = 14 \mathrm{MPa}$，抗剪强度 $c = 1.0 \mathrm{MPa}$，内摩擦角 $\varphi = 20°$，初始应力 $\sigma_y = 25 \mathrm{MPa}$，$\lambda = 1$，隧道开挖半径 $a = 1.8 \mathrm{m}$，试求塑性区域的半径 r_0 及其应力状态。

第3章

平面问题的有限元理论

通常情况下,隧道支护受力计算采用地层-结构法,即考虑地层围岩和支护结构的共同作用,一般都是非线性的二维问题或三维问题,而且与开挖方式、支护过程有关联。对于这类复杂问题,我们必须采用数值方法,有限元法是目前发展最快的一种数值方法,已成为分析隧道稳定性、支护结构设计、隧道施工开挖安全性分析的有力工具。

有限元法可以考虑岩土介质的非均匀性、各向异性、非连续性和几何非线性等,适用于各类实际边界条件。

在隧道工程中,隧道的受力一般情况下可以作为平面应变问题进行求解,即简化为面内受力,但在垂直于平面方向上不产生变形的二维受力问题,假设所研究的介质是连续的、完全弹性的、均匀的、各向同性、微小变形的,我们可以截取一个截面,建立二维平面模型,来模拟开挖过程,从而研究隧道的稳定性和隧道施工的安全性。本章将介绍平面有限元理论,并用几个例子说明求解过程及其应用。

3.1 两类平面问题

工程中的实际问题都是三维问题,但是,在一定条件下,三维问题可以简化为二维问题,力学上称为平面问题。平面问题又分为两种,分别称作平面应力问题和平面应变问题,隧道是一个长条形结构,可以简化为平面应变问题。在平面问题的有限元法中,经常会用到平面问题的基本方程,下面将简单介绍平面问题的基本方程。

3.1.1 平面应力问题的基本方程

工程中有许多薄平面构件,如图 3-1 所示,如果构件厚度远小于其他两个方向的尺寸,而荷载只作用在平行于 xoy 平面内的方向,并且荷载沿厚度均匀分布,这种情况下,在 $z = \pm t/2$ 的表面上有:

$$\sigma_z = 0, \tau_{zx} = 0, \tau_{zy} = 0$$

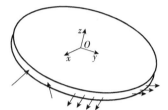

图 3-1 平面应力问题示例

由于板很薄,可以近似认为板内部应力 $\sigma_z, \tau_{zx}, \tau_{zy}$ 也等于 0,这样只剩下 xOy 平面内的 3 个应力分量:$\sigma_x, \sigma_y, \tau_{xy} = \tau_{yx}$,这类问题称为平面应力问题。对于平面应力问题,通常需考虑的应变分量也只有 3 个:$\varepsilon_x, \varepsilon_y, \gamma_{xy}$。另外,由于板很薄,认为荷载沿厚度方向不变化,可以近似认为需要考虑的 3 个应力分量和 3 个应变分量沿厚度不变,它们只是 x, y 的函数。

弹性体在荷载作用下将产生位移和变形,即弹性体将产生位置的移动和形状的改变,对于平面应力问题,可以只考虑 x, y 方向的位移 $u(x,y)$ 和 $v(x,y)$,并且它们也只是 x, y 的函数。

两个位移分量、三个应变分量和三个应力分量可以表示为矩阵形式,即:

$$\left.\begin{aligned} \boldsymbol{\delta} &= \begin{bmatrix} u & v \end{bmatrix}^T \\ \boldsymbol{\varepsilon} &= \begin{bmatrix} \varepsilon_x & \varepsilon_y & \varepsilon_{xy} \end{bmatrix}^T \\ \boldsymbol{\sigma} &= \begin{bmatrix} \sigma_x & \sigma_y & \sigma_{xy} \end{bmatrix}^T \end{aligned}\right\} \quad (3\text{-}1)$$

根据弹性体的变形分析,可以得到应变与位移之间的几何关系。在小位移和小变形情况下,应变可以用位移的一阶导数来表示,即应变-位移关系可以表示为:

$$\begin{Bmatrix} \varepsilon_x \\ \varepsilon_y \\ \gamma_{xy} \end{Bmatrix} = \begin{Bmatrix} \dfrac{\partial u}{\partial x} \\ \dfrac{\partial v}{\partial y} \\ \dfrac{\partial u}{\partial y} + \dfrac{\partial v}{\partial x} \end{Bmatrix} \quad (3\text{-}2)$$

另外,由胡克定律可得平面应力状态下的物理方程为:

$$\left.\begin{aligned} \varepsilon_x &= \frac{1}{E}(\sigma_x - \mu\sigma_y) \\ \varepsilon_y &= \frac{1}{E}(\sigma_y - \mu\sigma_x) \\ \gamma_{xy} &= \frac{1}{G}\tau_{xy} \end{aligned}\right\} \quad (3\text{-}3)$$

式中:E——弹性模量;
　　　G——剪切模量;
　　　μ——泊松比。

这三个弹性常数之间有如下关系：

$$G = \frac{E}{2(1+\mu)}$$

把式(3-2)、式(3-3)改写成应变分量表示应力分量，并以矩阵形式表示，则有：

$$\begin{Bmatrix} \sigma_x \\ \sigma_y \\ \gamma_{xy} \end{Bmatrix} = \frac{E}{1-\mu^2} \begin{bmatrix} 1 & \mu & 0 \\ \mu & 1 & 0 \\ 0 & 0 & \frac{1-\mu}{2} \end{bmatrix} \begin{Bmatrix} \varepsilon_x \\ \varepsilon_y \\ \varepsilon_{xy} \end{Bmatrix} \tag{3-4}$$

若令：

$$\boldsymbol{D} = \frac{E}{1-\mu^2} \begin{bmatrix} 1 & \mu & 0 \\ \mu & 1 & 0 \\ 0 & 0 & \frac{1-\mu}{2} \end{bmatrix}$$

则有：

$$\boldsymbol{\sigma} = \boldsymbol{D} \begin{Bmatrix} \varepsilon_x \\ \varepsilon_y \\ \gamma_{xy} \end{Bmatrix} \tag{3-5}$$

式中：$\boldsymbol{D}$——平面应力问题的弹性矩阵。

另外，弹性力学求解平面问题时，还有平衡方程：

$$\left. \begin{aligned} \frac{\partial \sigma_x}{\partial x} + \frac{\partial \tau_{xy}}{\partial y} + X = 0 \\ \frac{\partial \tau_{xy}}{\partial x} + \frac{\partial \sigma y}{\partial y} + Y = 0 \end{aligned} \right\} \tag{3-6}$$

式中：X、Y——单位体积的力，简称体积力，单位为 N/m^3。

3.1.2 平面应变问题的基本方程

工程中还会遇到另一种问题，如受水侧压力作用的拦水坝(图3-2)、涵洞、受内压的圆管、隧道等，这类问题的共同特点是：①纵向(z方向)尺寸远大于其他两个方向的尺寸，且结构形状沿 z 轴不变，还在两端限制了其纵向位移；②作用在侧面上的荷载沿 z 轴不变，并且荷载垂直于 z 轴。

在这种情况下可做如下简化：除两端附近外，沿纵向的任一横截面可看作对称面，即没有 z 向位移，$w=0$，而横截面内只有 x 方向位移 u 和 y 方向位移 v，并且 u 和 v 只是 x 和 y 的函数；所有的应力分量和应变分量沿 z 方向不变，只是 x 和 y 的函数；因为 $w=0$，u,v 与 z 无关，则 $\varepsilon_z = \varepsilon_{zx} = \gamma_{zy}$。于是，简化

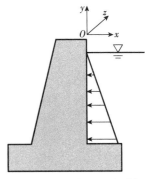

图3-2 平面应变问题示例

后只剩下 xOy 平面内的三个应变分量：$\varepsilon_x, \varepsilon_y, \gamma_{xy}$，这类问题称为平面应变问题。这时，应变-位移关系为：

$$\boldsymbol{\varepsilon} = \begin{Bmatrix} \varepsilon_x \\ \varepsilon_y \\ \gamma_{xy} \end{Bmatrix} = \begin{Bmatrix} \dfrac{\partial u}{\partial x} \\ \dfrac{\partial v}{\partial y} \\ \dfrac{\partial u}{\partial y} + \dfrac{\partial v}{\partial x} \end{Bmatrix} \tag{3-7}$$

根据胡克定律，可得：

$$\sigma_z = \mu(\sigma_x + \sigma_y), \tau_{zx} = 0, \tau_{yz} = 0$$

可以看到，对于平面应变问题，$\varepsilon_z = 0$，σ_z 并不一定等于 0。但是，因为 σ_z 可以由 σ_x、σ_y 求得，分析问题时可以先只考虑三个应力分量 σ_x, σ_y 和 τ_{xy}，这时，物理方程为：

$$\begin{Bmatrix} \sigma_x \\ \sigma_y \\ \tau_{xy} \end{Bmatrix} = \dfrac{E(1-\mu)}{(1+\mu)(1-2\mu)} \begin{bmatrix} 1 & \dfrac{\mu}{1-\mu} & 0 \\ \dfrac{\mu}{1-\mu} & 1 & 0 \\ 0 & 0 & \dfrac{1-2\mu}{2(1-\mu)} \end{bmatrix} \begin{Bmatrix} \varepsilon_x \\ \varepsilon_y \\ \gamma_{xy} \end{Bmatrix} \tag{3-8}$$

若令：

$$\boldsymbol{D}^* = \dfrac{E(1-\mu)}{(1+\mu)(1-2\mu)} \begin{bmatrix} 1 & \dfrac{\mu}{1-\mu} & 0 \\ \dfrac{\mu}{1-\mu} & 1 & 0 \\ 0 & 0 & \dfrac{1-2\mu}{2(1-\mu)} \end{bmatrix}$$

则有：

$$\boldsymbol{\sigma} = \boldsymbol{D}^* \begin{Bmatrix} \varepsilon_x \\ \varepsilon_y \\ \gamma_{xy} \end{Bmatrix} \tag{3-9}$$

其中，$\boldsymbol{D}^*$ 为平面应变问题的弹性矩阵。

如果引入：

$$E_0 = \dfrac{E}{1-\mu^2}, \mu_0 = \dfrac{\mu}{1-\mu}$$

则 $\boldsymbol{D}^*$ 可以写成：

$$\boldsymbol{D}^* = \dfrac{E_0}{1-\mu_0^2} \begin{bmatrix} 1 & \mu_0 & 0 \\ \mu_0 & 1 & 0 \\ 0 & 0 & \dfrac{1-\mu_0}{2} \end{bmatrix} \tag{3-10}$$

可以看到，两种平面问题的弹性矩阵具有完全相同的形式，区别只是弹性常数不同，平面应力问题的弹性常数是 E、μ，平面应变问题的弹性常数是 E_0、μ_0。平面应变问题的平衡方程与平面应力问题相同，见式(3-6)。

3.1.3　平面线弹性问题小结

对于两种平面问题，除弹性常数不同外，基本方程是相同的，所以，对于两种平面问题，在有限元法中可以用同一个程序计算，只要注意区分两种平面问题的弹性常数，即弹性矩阵即可。

这两种平面问题，都有 8 个独立的未知数，即 3 个应力分量(σ_x, σ_y 和 τ_{xy})，3 个应变分量(ε_x, ε_y 和 γ_{xy})，两个位移分量(u 和 v)。用来求解的方程有 8 个，即 3 个几何方程，3 个物理方程，2 个平衡方程。

利用上述 8 个方程可以求解 8 个未知量，这实质上是微分方程的积分问题，但要完全确定解的结果，还需要满足给定的位移边界条件和荷载边界条件。

3.2　平面问题的离散化

有限元法的第一步是建模，即建立离散化模型和准备所需的数据，将结构进行离散化，其过程为：将分析的结构对象(也可称为求解域)用一些假想的线或面进行切割，使其成为具有选定切割形状的有限数量的单元体(注意单元体和材料力学中的微元体是完全不同的，单元体的尺度是有限值而不是微量)。这些单元体被认为仅在单元的指定点相互连接，这些点称为单元的节点。其实质是用单元的集合体来代替要分析的结构或物体。

为便于理论推导和用计算程序进行分析，结构离散化的具体步骤是：建立单元和整体坐标系，对单元和节点进行合理编号，为后续有限元法分析提供数据化信息。目前市面上的有限元法商用分析软件，均具有友好的用户图形界面和图形直观输入、输出计算信息的强大功能，软件应用越来越方便。

3.3　单元分析

单元分析分为以下三方面：
(1) 求应变

利用应变和位移之间关系，即几何方程，将单元中任意一点的应变 ε 用待定的单元节

点位移 δ_e 来表示,即建立如下的矩阵方程:
$$\varepsilon = B\delta_e \tag{3-11}$$
式中:B——变形矩阵(也可称为应变矩阵),其元素一般是坐标的函数。

(2)求应力

利用应力和应变之间的关系,即物理方程,推导出用单元节点位移 δ_e 表示单元中任意一点应力 σ 的矩阵方程:
$$\sigma = DB\delta_e = S\delta_e \tag{3-12}$$
式中:D——由单元材料弹性常数所确定的弹性矩阵;

S——应力矩阵,$S = DB$,其元素为坐标的函数。

(3)单元列式

利用虚位移原理或最小势能原理(对其他类型的一些有限元法列式,将应用其他对应的变分原理)建立单元刚度方程:
$$K_e \delta_e = F_e + F_E^e \tag{3-13}$$
式中:F_e——单元节点力矩阵,它是相邻单元对所讨论单元的节点上所作用之力形成的矩阵;

F_E^e——由作用在该单元上的外荷载转换成的、作用于单元节点上的单元等效荷载矩阵;

K_e——单元刚度矩阵,由虚位移原理或最小势能原理推导所得,是将单元节点位移和单元节点力、单元等效节点力联系起来的联系矩阵,其计算公式均为:
$$K_e = \int_{\Omega_e} B^T DB d\Omega \tag{3-14}$$
式中:Ω_e——单元的面积。

在上述位移型有限元法的三个方面中,从编制计算程序用计算机求解的角度来说,核心工作是建立单元刚度矩阵和单元等效荷载矩阵。正因如此,许多文献资料在单元刚度方程中没有 F_e 这一项(因为在由单元集合成整体时,不同单元所交汇节点的全部节点力是彼此抵消的,即节点是平衡的)。但是,从理论的完整性、科学性来讲,单元刚度方程应该是式(3-13)形式。

3.4 单元位移模式

结构离散化后,即对结构离散化所得到的任一典型单元进行单元特性分析。为此,对位移元(以节点位移为基本未知量,并基于最小位能原理建立的有限单元)来说,首先必须对该单元中任意一点的位移分布做出假设,即在单元内用只具有有限自由度的简单位移模式代替真实位移,就是将单元中任意一点的位移近似地表示成该单元节点位移的函数,该位移称为单元的位移模式或位移函数。位移函数的假设合理与否,将直接影响有限元法分析的计算精度、效率和可靠性。有限元法发展初期常用的方法是以多项式作为位移模式,这主要是因为多项式的微积分运算比较简单。而且从泰勒级数展开的意义来说,任何光滑函数都可以用无限项的泰勒级数多项式来展开,当单元尺度趋于微量时,多项式的位移模式趋于真实位移。位移模式的合理选择,是有限元法的最重要的内容之一。所谓创建一种新型的单元,位移模式的确定是其核心内容。

不管哪类位移元,采用矩阵符号并建立相应的矩阵方程,单元中任意一点的位移矩阵 d,均可用该单元节点位移排列成的矩阵(称为单元节点位移矩阵)δ_e 来表示:

$$d = N\delta_e \tag{3-15}$$

式中:N——形函数矩阵,其元素是坐标的函数。

对平面弹性问题进行有限元分析,首先是把原来连续的求解域离散为若干个单元,划分时可以采用不同的单元,比如三角形单元、四边形单元,其中三角形单元对复杂边界具有较强的适应能力。三角形单元可以是具有边中节点的 6 节点单元,也可以是仅有角节点的 3 节点单元,本节采用的是 3 节点三角形单元。求解域离散化以后,原来连续的求解域就由若干个三角形单元来代替,如图 3-3 所示。

从图 3-3 中任取一个单元,见图 3-4,按逆时针方向把三个角节点分别编号为 i,j,m。因为是平面问题,每个节点有 2 个位移分量:x 方向的位移 u 和 y 方向的位移 v,这样,每个单元就有 6 个节点位移,即 6 个节点位移自由度。则单元节点位移向量 δ^e 可以表示为:

$$\delta^e = \{u_i \quad v_i \quad u_j \quad v_j \quad u_m \quad v_m\}^T \tag{3-16}$$

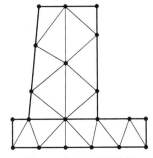
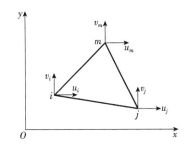

图 3-3 典型三角形单元　　图 3-4 任意区域三角形单元网格剖分示意图

单元位移函数是通过插值方法建立的,即用单元的节点位移来表示单元内任意一点的位移。对于平面问题,单元内任意一点 (x,y) 的位移 u 和 v 是坐标 x 和 y 的函数,因为每个单元有 6 个自由度,那么单元位移函数可选用坐标 x 和 y 的一次多项式,即:

$$\left.\begin{array}{l}u = \beta_1 + \beta_2 x + \beta_3 y \\ v = \beta_4 + \beta_5 x + \beta_6 y\end{array}\right\} \tag{3-17}$$

其中,$\beta_1 \sim \beta_6$ 是待定系数。

如果将 3 个节点的坐标带入式(3-17)右端,则其左端就等于相应节点的位移,可得到 6 个以节点位移为未知量的代数方程,通过这 6 个方程可以解出 $\beta_1 \sim \beta_6$,再将 $\beta_1 \sim \beta_6$ 代回式(3-17),便可得单元位移函数。

首先,为确定 $\beta_1 \sim \beta_6$,将节点 i,j,m 的节点坐标代入式(3-17)的第一个方程,可得如下的3个方程:

$$\left.\begin{array}{l} u_i = \beta_1 + \beta_2 x_i + \beta_3 y_i \\ u_j = \beta_1 + \beta_2 x_j + \beta_3 y_j \\ u_m = \beta_1 + \beta_2 x_m + \beta_3 y_m \end{array}\right\} \tag{3-18}$$

把 β_1,β_2,β_3 作为未知量,求解式(3-18)可得:

$$D = \begin{vmatrix} 1 & x_i & y_i \\ 1 & x_j & y_j \\ 1 & x_m & y_m \end{vmatrix} = 2A \tag{3-19}$$

$$\left.\begin{array}{l} \beta_1 = \dfrac{1}{D} \begin{vmatrix} u_i & x_i & y_i \\ u_j & x_j & y_j \\ u_m & x_m & y_m \end{vmatrix} = \dfrac{1}{2A}(a_i u_i + a_j u_j + a_m u_m) \\[2pt] \beta_2 = \dfrac{1}{D} \begin{vmatrix} 1 & u_i & y_i \\ 1 & u_j & y_j \\ 1 & u_m & y_m \end{vmatrix} = \dfrac{1}{2A}(b_i u_i + b_j u_j + b_m u_m) \\[2pt] \beta_3 = \dfrac{1}{D} \begin{vmatrix} 1 & x_i & u_i \\ 1 & x_j & u_j \\ 1 & x_m & u_m \end{vmatrix} = \dfrac{1}{2A}(c_i u_i + c_j u_j + c_m u_m) \end{array}\right\} \tag{3-20}$$

式中:A——三角形单元的面积。

把求得的 β_1,β_2,β_3 代入式(3-17)的第一个方程,便得到用节点位移表示的单元内任意点处的 x 方向位移表达式 u。

同理,利用3个节点在 y 方向的位移条件,即将节点 i,j,m 的节点坐标代入式(3-17)的第2个方程,可得类似式(3-18)的3个方程,解之可得 $\beta_4 \sim \beta_6$:

$$\left.\begin{array}{l} \beta_4 = \dfrac{1}{2A}(a_i v_i + a_j v_j + a_m v_m) \\ \beta_5 = \dfrac{1}{2A}(b_i v_i + b_j v_j + b_m v_m) \\ \beta_6 = \dfrac{1}{2A}(c_i v_i + c_j v_j + c_m v_m) \end{array}\right\} \tag{3-21}$$

在式(3-20)、式(3-21)中:

$$\left.\begin{array}{lll} a_i = x_j y_m - x_m y_i & a_j = x_m y_i - x_i y_m & a_m = x_i y_j - x_j y_i \\ b_i = y_j - y_m & b_j = y_m - y_i & b_m = y_i - y_j \\ c_i = -(x_j - x_m) & c_j = -(x_m - x_i) & c_m = -(x_i - x_j) \end{array}\right\} \tag{3-22}$$

将求得的 $\beta_1 \sim \beta_6$ 代入式(3-17)，经整理后就可得到单元的节点位移表示单元位移函数：

$$u = N_i u_i + N_j u_j + N_m u_m \brace v = N_i v_i + N_j v_j + N_m v_m \quad (3-23)$$

$$\left. \begin{aligned} N_i &= \frac{1}{2A}(a_i + b_i x + c_i y) \\ N_j &= \frac{1}{2A}(a_j + b_j x + c_j y) \\ N_m &= \frac{1}{2A}(a_m + b_m x + c_m y) \end{aligned} \right\} \quad (3-24)$$

其中，N_i, N_j, N_m 是单元形状函数，简称形函数，它们是坐标 x, y 的一次函数；$a_i \cdots a_m$，$b_i \cdots b_m, c_i \cdots c_m$ 是常数，取决于单元的 3 个节点坐标。

三角形单元的面积 A 可以表示为：

$$A = \frac{1}{2}D = \frac{1}{2}(a_i + a_j + a_m) = \frac{1}{2}(b_i c_j - b_j c_i) \quad (3-25)$$

如果将式(3-23)表示为矩形方阵，则有：

$$\boldsymbol{u}^e = \begin{Bmatrix} u \\ v \end{Bmatrix} = \begin{bmatrix} N_i & 0 & N_j & 0 & N_m & 0 \\ 0 & N_i & 0 & N_j & 0 & N_m \end{bmatrix} \begin{Bmatrix} u_i \\ v_i \\ u_j \\ v_j \\ u_m \\ v_m \end{Bmatrix} \quad (3-26)$$

或简写为：

$$\boldsymbol{u}^e = \boldsymbol{N} \boldsymbol{\delta}^e \quad (3-27)$$

式中：$\boldsymbol{u}^e$——单元内任意点处位移的单元位移函数向量；

$\boldsymbol{N}$——形函数矩阵。

$$\boldsymbol{N} = \begin{bmatrix} N_i & 0 & N_j & 0 & N_m & 0 \\ 0 & N_i & 0 & N_j & 0 & N_m \end{bmatrix} \quad (3-28)$$

形函数具有如下性质：

(1)在节点上形函数的值是：

$$N_i(x_j, y_j) = \delta_{ij} = \begin{cases} 1 & j = i \\ 0 & j \neq i \end{cases} (i, j, m) \quad (3-29)$$

式(3-29)表示形函数 N_i 在其自身节点上的值等于 1，在其他节点上等于 0，即：

$$N_i(x_i, y_i) = 1 \quad N_i(x_j, y_j) = 0 \quad N_i(x_m, y_m) = 0$$
$$N_j(x_i, y_i) = 0 \quad N_j(x_j, y_j) = 1 \quad N_j(x_m, y_m) = 0$$
$$N_m(x_i, y_i) = 0 \quad N_m(x_j, y_j) = 0 \quad N_m(x_m, y_m) = 1$$

(2)单元中任意一点上的各个形函数之和等于1,即:
$$N_i(x,y) + N_j(x,y) + N_m(x,y) = 1$$

对于本节的三角形单元,形函数是线性的,在单元内部和各条单元边上,位移也是线性的,可由两个节点的位移唯一确定。由于相邻单元的公共节点的节点位移相等,因此,能保证相邻单元在公共边界上以及单元内部的位移的连续性。

3.5 单元应变

单元位移函数确定后,就可以根据几何方程式(3-2)求得单元内任意点处的应变,即单元应变$\boldsymbol{\varepsilon}^e$,有:

$$\boldsymbol{\varepsilon}^e = \begin{Bmatrix} \varepsilon_x \\ \varepsilon_y \\ \gamma_{xy} \end{Bmatrix} = \begin{Bmatrix} \dfrac{\partial u}{\partial x} \\ \dfrac{\partial v}{\partial y} \\ \dfrac{\partial u}{\partial y} + \dfrac{\partial v}{\partial x} \end{Bmatrix} = \begin{bmatrix} \dfrac{\partial N_i}{\partial x} & 0 & \dfrac{\partial N_j}{\partial x} & 0 & \dfrac{\partial N_m}{\partial x} & 0 \\ 0 & \dfrac{\partial N_i}{\partial y} & 0 & \dfrac{\partial N_j}{\partial y} & 0 & \dfrac{\partial N_m}{\partial y} \\ \dfrac{\partial N_i}{\partial y} & \dfrac{\partial N_i}{\partial x} & \dfrac{\partial N_j}{\partial y} & \dfrac{\partial N_j}{\partial x} & \dfrac{\partial N_m}{\partial y} & \dfrac{\partial N_m}{\partial x} \end{bmatrix} \begin{Bmatrix} u_i \\ v_i \\ u_j \\ v_j \\ u_m \\ v_m \end{Bmatrix} \quad (3\text{-}30)$$

其中,形函数对坐标的偏导数可由式(3-24)对坐标变量求导得到。

$$\left. \begin{array}{lll} \dfrac{\partial N_i}{\partial x} = \dfrac{1}{2A}b_i & \dfrac{\partial N_j}{\partial x} = \dfrac{1}{2A}b_j & \dfrac{\partial N_m}{\partial x} = \dfrac{1}{2A}b_m \\ \dfrac{\partial N_i}{\partial y} = \dfrac{1}{2A}c_i & \dfrac{\partial N_j}{\partial y} = \dfrac{1}{2A}c_j & \dfrac{\partial N_m}{\partial y} = \dfrac{1}{2A}c_m \end{array} \right\} \quad (3\text{-}31)$$

将式(3-31)代入式(3-30),有:

$$\boldsymbol{\varepsilon}^e = \begin{Bmatrix} \varepsilon_x \\ \varepsilon_y \\ \gamma_{xy} \end{Bmatrix} = \dfrac{1}{2A} \begin{bmatrix} b_i & 0 & b_j & 0 & b_m & 0 \\ 0 & c_i & 0 & c_j & 0 & c_m \\ c_i & b_i & c_j & b_j & c_m & b_m \end{bmatrix} \begin{Bmatrix} u_i \\ v_i \\ u_j \\ v_j \\ u_m \\ v_m \end{Bmatrix} = \boldsymbol{B}\boldsymbol{\delta}^e \quad (3\text{-}32)$$

式中,$\boldsymbol{B}$是单元应变矩阵(几何矩阵),有:

$$\boldsymbol{B} = \dfrac{1}{2A} \begin{bmatrix} b_i & 0 & b_j & 0 & b_m & 0 \\ 0 & c_i & 0 & c_j & 0 & c_m \\ c_i & b_i & c_j & b_j & c_m & b_m \end{bmatrix} = \boldsymbol{B}_i \, \boldsymbol{B}_j \, \boldsymbol{B}_m \quad (3\text{-}33)$$

且分块矩阵 B_i, B_j, B_m 为：

$$B_i = \frac{1}{2A}\begin{bmatrix} b_i & 0 \\ 0 & c_i \\ c_i & b_i \end{bmatrix}, B_j = \frac{1}{2A}\begin{bmatrix} b_j & 0 \\ 0 & c_j \\ c_j & b_j \end{bmatrix}, B_m = \frac{1}{2A}\begin{bmatrix} b_m & 0 \\ 0 & c_m \\ c_m & b_m \end{bmatrix} \quad (3\text{-}34)$$

由于参数 $b_i \sim b_m, c_i \sim c_m$ 可根据式(3-22)计算，即由单元的节点坐标确定，因此，它们仅取决于单元形状。当单元的节点坐标确定后，这些参数都是常量，所以，3 节点三角形单元的应变矩阵 B 是常数矩阵。

3.6 单元应力

根据物理方程式(3-5)，可得单元的应力：

$$\boldsymbol{\sigma}^e = \begin{Bmatrix} \sigma_x \\ \sigma_y \\ \tau_{xy} \end{Bmatrix} = \boldsymbol{D}\boldsymbol{\varepsilon}^e = \boldsymbol{D}\boldsymbol{B}\boldsymbol{\delta}^e = \boldsymbol{S}\boldsymbol{\delta}^e \quad (3\text{-}35)$$

式中，S 是单元应力矩阵，有：

$$\boldsymbol{S} = \boldsymbol{D}\boldsymbol{B} \quad (3\text{-}36)$$

将平面应力或平面应变问题的弹性矩阵代入上式，就可以得到平面应力或平面应变单元的应力矩阵表达式：

$$\boldsymbol{S} = \boldsymbol{D}\boldsymbol{B}$$

$$= \frac{E_0}{2(1-\mu_0^2)A}\begin{bmatrix} b_i & \mu_0 c_i & b_j & \mu_0 c_j & b_m & \mu_0 c_m \\ \mu_0 b_i & c_i & \mu_0 b_j & c_j & \mu_0 b_m & c_m \\ \dfrac{1-\mu_0}{2}c_i & \dfrac{1-\mu_0}{2}b_i & \dfrac{1-\mu_0}{2}c_j & \dfrac{1-\mu_0}{2}b_j & \dfrac{1-\mu_0}{2}c_m & \dfrac{1-\mu_0}{2}b_m \end{bmatrix}$$

$$(3\text{-}37)$$

式中，E_0, μ_0 是材料常数。

对于平面应力问题：

$$E_0 = E \quad \mu_0 = \mu \quad (3\text{-}38)$$

对于平面应变问题：

$$E_0 = \frac{E}{1-\mu^2} \quad \mu_0 = \frac{\mu}{1-\mu} \quad (3\text{-}39)$$

与应变矩阵相同，应力矩阵也是常数矩阵，对于 3 节点平面三角形单元，各点的应变和应力都是相同的，且是常数，所以，3 节点三角形单元是常应变单元，也是常应力单元。采用这种单元时，在应力变化剧烈或应力梯度较大的部位，单元划分应该适当加密。

3.7 单元刚度矩阵

位移有限元法是在节点上建立的力的平衡方程,然后再去求解节点位移。有了节点位移就可以计算单元应变和单元应力。所以,为建立力的平衡方程,需要建立单元节点力与单元节点位移之间的关系。

结构在荷载作用下产生变形和应力,于是在各单元之间就产生相互作用。实际上,各单元之间的相互作用是通过相邻边界上(即单元的边,实际是面)的分布力而产生的。但是,有限元法认为,把结构离散化为一个个单元后,单元之间的相互作用就由单元的节点力来实现,即用单元节点力等效代替相邻边界上的相互作用力,那么,节点力就与单元应力相关,而单元应力又与节点位移相关,因此,单元节点力与单元节点位移相关。

为了建立单元节点力与单元节点位移之间的关系,用 F^e 表示单元节点力,对于图 3-4 中的三角形单元,有 6 个节点位移分量 δ^e 和 6 个节点力分量 F^e,即:

$$\boldsymbol{\delta}^e = \begin{bmatrix} u_i & v_i & u_j & v_j & u_m & v_m \end{bmatrix}^T \tag{3-40}$$

$$\boldsymbol{F}^e = \begin{bmatrix} F_{ix} & F_{iy} & F_{jx} & F_{jy} & F_{mx} & F_{my} \end{bmatrix}^T \tag{3-41}$$

单元的应变和应力已经由式(3-32)和式(3-35)给出,即:

$$\boldsymbol{\varepsilon}^e = \boldsymbol{B}\boldsymbol{\delta}^e \tag{3-42}$$

$$\boldsymbol{\sigma}^e = \boldsymbol{D}\boldsymbol{B}\boldsymbol{\delta}^e \tag{3-43}$$

把一个单元作为分析对象时,可以把节点力看作外力。单元节点力和单元节点位移之间的关系可由虚位移原理导出,虚位移原理指出:在外力作用下处于平衡状态的变形体,当发生约束允许的任意微小的虚位移时,外力在虚位移上所做的虚功等于整个体积内的应力在虚应变上所做的虚功。

令单元的节点虚位移为:

$$\boldsymbol{\delta}^{*e} = \begin{bmatrix} u_i^* & v_i^* & u_j^* & v_j^* & u_m^* & v_m^* \end{bmatrix}^T \tag{3-44}$$

则单元虚位移 $\boldsymbol{u}^{*e}$ 和单元虚应变 $\boldsymbol{\varepsilon}^{*e}$ 可由单元的节点虚位移来表示,它们可分别按照单元位移函数[式(3-27)]和单元应变[式(3-32)]相同的方法表示:

$$\boldsymbol{u}^{*e} = \boldsymbol{N}\boldsymbol{\delta}^{*e} \tag{3-45}$$

$$\boldsymbol{\varepsilon}^{*e} = \boldsymbol{B}\boldsymbol{\delta}^{*e} \tag{3-46}$$

节点力(外力)在虚位移上所做的虚功为:

$$u_i^* F_{ix} + v_i^* F_{iy} + u_j^* F_{jx} + v_j^* F_{jy} + u_m^* F_{mx} + v_m^* F = (\boldsymbol{\delta}^{*e})^T \boldsymbol{F}^e \tag{3-47}$$

单元应力在虚应变上所做的虚功为:

$$\int_{V_e} (\boldsymbol{\varepsilon}^{*e})^T \boldsymbol{\sigma} \, dV \tag{3-48}$$

式中：V_e——单元体积。

将式(3-43)和式(3-46)代入式(3-48)，并且因为节点虚位移$(\boldsymbol{\delta}^{*e})^{\mathrm{T}}$是任意的，可以把它提到积分号的前面，所以，式(3-48)可以写成：

$$(\boldsymbol{\delta}^{*e})^{\mathrm{T}} \left(\int_{V_e} \boldsymbol{B}^{\mathrm{T}} \boldsymbol{D} \boldsymbol{B} \mathrm{d}V \right) \boldsymbol{\delta}^e \tag{3-49}$$

于是，可以建立单元的虚功方程如下：

$$(\boldsymbol{\delta}^{*e})^{\mathrm{T}} \boldsymbol{F}^e = (\boldsymbol{\delta}^{*e})^{\mathrm{T}} \left(\int_{V_e} \boldsymbol{B}^{\mathrm{T}} \boldsymbol{D} \boldsymbol{B} \mathrm{d}V \right) \boldsymbol{\delta}^e \tag{3-50}$$

因为虚位移是任意的，所以，为使式(3-49)成立，等式两边与$(\boldsymbol{\delta}^{*e})^{\mathrm{T}}$相乘的矩阵应相等。即：

$$\boldsymbol{F}^e = \left(\int_{V_e} \boldsymbol{B}^{\mathrm{T}} \boldsymbol{D} \boldsymbol{B} \mathrm{d}V \right) \boldsymbol{\delta}^e \tag{3-51}$$

若记：

$$\boldsymbol{k}^e = \int_{V_e} \boldsymbol{B}^{\mathrm{T}} \boldsymbol{D} \boldsymbol{B} \mathrm{d}V \tag{3-52}$$

则式(3-50)可以写为如下形式：

$$\boldsymbol{F}^e = \boldsymbol{k}^e \boldsymbol{\delta}^e \tag{3-53}$$

式(3-53)为表示单元节点力与节点位移关系的单元刚度方程，其中$\boldsymbol{k}^e$为单元刚度矩阵，$\boldsymbol{F}^e$为单元节点向量。需要注意的是，此处节点力不是结构上的外荷载，而是按虚位移原理把单元边界上的分布力近似等效到单元节点上的一种节点力。节点力在实际结构中是不存在的。

虽然式(3-52)和式(3-53)是由三角形常应变单元推导而得，但是，这两式及其推导过程中所基于的原理和方法具有普遍性。原则上说，式(3-52)是位移法有限元分析中普遍适用的单元刚度矩阵表达式，对于不同的单元，只是其中的具体计算细节不同。

一般情况下，单元应变矩阵$\boldsymbol{B}$是坐标的函数矩阵。对于这里使用的三角形常应变单元，因为$\boldsymbol{B}$是常数矩阵，所以，如果材料是线性、均质的，矩阵$\boldsymbol{D}$也是常数矩阵，且单元厚度是常量，则$\mathrm{d}V = t\mathrm{d}x\mathrm{d}y$，这样，三角形常应变单元的刚度矩阵就可以写成：

$$\boldsymbol{k}^e = \int_{V_e} \boldsymbol{B}^{\mathrm{T}} \boldsymbol{D} \boldsymbol{B} \mathrm{d}V = \iint_A \boldsymbol{B}^{\mathrm{T}} \boldsymbol{D} \boldsymbol{B} t \mathrm{d}x \mathrm{d}y = \boldsymbol{B}^{\mathrm{T}} \boldsymbol{D} \boldsymbol{B} t A \tag{3-54}$$

式中：A——单元的面积；

t——单元的厚度。

对于平面应力问题，将式(3-36)中的$\boldsymbol{B}$和$\boldsymbol{D}$代入式(3-54)，可将单元刚度矩阵写成分块矩阵的形式：

$$\boldsymbol{k}^e = \boldsymbol{B}^{\mathrm{T}} \boldsymbol{D} \boldsymbol{B} t A = \begin{bmatrix} \boldsymbol{k}_{ii} & \boldsymbol{k}_{ij} & \boldsymbol{k}_{im} \\ \boldsymbol{k}_{ji} & \boldsymbol{k}_{jj} & \boldsymbol{k}_{jm} \\ \boldsymbol{k}_{mi} & \boldsymbol{k}_{mj} & \boldsymbol{k}_{mm} \end{bmatrix} \tag{3-55}$$

式中：

$$k_{rs} = \frac{Et}{4(1-\mu^2)A}\begin{bmatrix} b_r b_s + \dfrac{1-\mu}{2}c_r c_s & \mu b_r c_s + \dfrac{1-\mu}{2}c_r b_s \\ \mu c_r b_s + \dfrac{1-\mu}{2}b_r c_s & c_r c_s + \dfrac{1-\mu}{2}b_r b_s \end{bmatrix} \quad (3\text{-}56)$$

注意，在上式中，$r=i,j,m;s=i,j,m$。

对于平面应力问题的三角形常应变单元，刚度矩阵是 6×6 的对称矩阵；其显式形式如式(3-56)所示，对平面应变问题，刚度矩阵中的 E 和 μ 用式(3-39)中的 E_0 和 μ_0 替换。

为了更好地理解和应用有限元法，了解单元刚度矩阵的特性是很有必要的，这里直接给出单元刚度矩阵的几个主要特征。

(1) 对称性——单元刚度矩阵是对称矩阵。

(2) 奇异性——单元刚度矩阵是奇异矩阵，它不存在逆矩阵。

(3) 主元恒正——单元刚度矩阵对角元素的数值恒大于零，这可由式(3-57)看出。

$$k^e = \frac{Et}{4(1-\mu^2)A} \times$$

$$\begin{bmatrix} b_i^2+\frac{1-\mu}{2}c_i^2 & \mu b_i c_i+\frac{1-\mu}{2}c_i b_i & b_i b_j+\frac{1-\mu}{2}c_i c_j & \mu c_i c_j+\frac{1-\mu}{2}c_i b_j & b_i b_m+\frac{1-\mu}{2}c_i c_m & \mu b_i c_m+\frac{1-\mu}{2}c_i b_m \\ \mu c_i b_i+\frac{1-\mu}{2}c_j c_i & c_i^2+\frac{1-\mu}{2}b_i^2 & \mu c_i b_j+\frac{1-\mu}{2}b_i c_j & c_i c_j+\frac{1-\mu}{2}b_i b_j & \mu c_i b_m+\frac{1-\mu}{2}b_i c_m & c_i c_m+\frac{1-\mu}{2}b_i b_m \\ b_j b_i+\frac{1-\mu}{2}c_j c_i & \mu b_j c_i+\frac{1-\mu}{2}c_j b_i & b_j^2+\frac{1-\mu}{2}c_j^2 & \mu b_j c_j+\frac{1-\mu}{2}c_j b_j & b_j b_m+\frac{1-\mu}{2}c_j c_m & \mu b_j c_m+\frac{1-\mu}{2}c_j b_m \\ \mu c_j b_i+\frac{1-\mu}{2}b_j c_i & c_j c_i+\frac{1-\mu}{2}b_j b_i & \mu c_j b_j+\frac{1-\mu}{2}b_j c_j & c_j^2+\frac{1-\mu}{2}b_j^2 & \mu c_j b_m+\frac{1-\mu}{2}b_j c_m & c_j c_m+\frac{1-\mu}{2}b_j b_m \\ b_m b_i+\frac{1-\mu}{2}c_m c_i & \mu b_m c_i+\frac{1-\mu}{2}c_m b_i & b_m b_j+\frac{1-\mu}{2}c_m c_j & \mu b_m c_j+\frac{1-\mu}{2}c_m b_j & b_m^2+\frac{1-\mu}{2}c_m^2 & \mu b_m c_m+\frac{1-\mu}{2}c_m b_m \\ \mu c_m b_i+\frac{1-\mu}{2}b_m c_i & c_m c_i+\frac{1-\mu}{2}b_m b_i & \mu c_m b_j+\frac{1-\mu}{2}b_m c_j & c_m c_j+\frac{1-\mu}{2}b_m b_j & \mu c_m b_m+\frac{1-\mu}{2}b_m c_m & c_m^2+\frac{1-\mu}{2}b_m^2 \end{bmatrix}$$

(3-57)

(4) 单元刚度矩阵的元素具有明确的物理意义。比如，对于图3-4所示的单元，其刚度矩阵第一列的6个元素 $k_{i1}(i=1,2,3,4,5,6)$ 的物理意义是当单元的第一个节点位移（节点 i 的 u_i）为1，而其他节点位移全为0时，需要在6个节点位移方向上施加的节点力的大小。

例3-1 如图3-5所示的平面应力直角三角形单元 ijm，直角边长分别为 a,b，厚度 t，弹性模量为 E，泊松比为 μ，求该单元的刚度矩阵。

解： 首先求得三角形面积为 $A=ab/2$，然后再根据式(3-22)求得刚度矩阵中的 $b_k,c_k(k=i,j,m)$。该单元的节点坐标和 $b_k,c_k(k=i,j,m)$ 见表3-1。

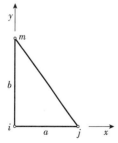

图3-5 平面应力直角三角形单元

单元节点坐标及 $b_k, c_k(k=i,j,m)$ 的值　　　　表 3-1

节点号	$x_k(k=i,j,m)$	$y_k(k=i,j,m)$	$b_k(k=i,j,m)$	$c_k(k=i,j,m)$
i	0	0	$-b$	$-a$
j	a	0	b	0
k	0	b	0	a

接着,根据式(3-57),可以得到该单元的刚度矩阵为:

$$\boldsymbol{k}^e = \frac{Et}{2(1-\mu^2)ab} \times$$

$$\begin{bmatrix} b^2+\dfrac{1-\mu}{2}a^2 & \mu ab+\dfrac{1-\mu}{2}ab & b^2 & -\dfrac{1-\mu}{2}ab & -\dfrac{1-\mu}{2}a^2 & -\mu ab \\ \mu ab+\dfrac{1-\mu}{2}ab & a^2+\dfrac{1-\mu}{2}b^2 & -\mu ab & -\dfrac{1-\mu}{2}ab & -\dfrac{1-\mu}{2}ab & -a^2 \\ b^2 & -\mu ab & b^2 & 0 & 0 & \mu ab \\ -\dfrac{1-\mu}{2}ab & -\dfrac{1-\mu}{2}ab & 0 & \dfrac{1-\mu}{2}b^2 & \dfrac{1-\mu}{2}ab & 0 \\ -\dfrac{1-\mu}{2}a^2 & -\dfrac{1-\mu}{2}ab & 0 & \dfrac{1-\mu}{2}ab & \dfrac{1-\mu}{2}a^2 & 0 \\ -\mu ab & -a^2 & \mu ab & 0 & 0 & a^2 \end{bmatrix}$$

$$ i j m$$

如果 $a=b$,则单元为等腰直角三角形单元,其刚度矩阵为:

$$\boldsymbol{k}^e = \frac{Et}{2(1-\mu^2)} \begin{bmatrix} 1+\dfrac{1-\mu}{2} & \mu+\dfrac{1-\mu}{2} & 1 & -\dfrac{1-\mu}{2} & -\dfrac{1-\mu}{2} & -\mu \\ \mu+\dfrac{1-\mu}{2} & 1+\dfrac{1-\mu}{2} & -\mu & -\dfrac{1-\mu}{2} & -\dfrac{1-\mu}{2} & -1 \\ 1 & -\mu & 1 & 0 & 0 & \mu \\ -\dfrac{1-\mu}{2} & -\dfrac{1-\mu}{2} & 0 & \dfrac{1-\mu}{2} & \dfrac{1-\mu}{2} & 0 \\ -\dfrac{1-\mu}{2} & -\dfrac{1-\mu}{2} & 0 & \dfrac{1-\mu}{2} & \dfrac{1-\mu}{2} & 0 \\ -\mu & -1 & \mu & 0 & 0 & 1 \end{bmatrix}$$

$$ i j m$$

可以看到,当单元为等腰直角三角形时,其单元刚度矩阵与单元的边长无关。实际上,对于平面问题,如果材料的物理特性相同,则几何形状相似的单元都具有相同的单元刚度矩阵。

3.8 结构刚度矩阵

本节以图 3-6 所示的有限元模型为例,说明总体有限元平衡方程的概念及其建立过程。

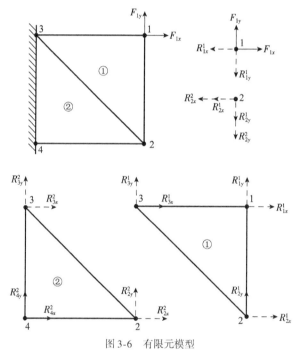

图 3-6 有限元模型

例 3-2 如图 3-6 所示,一厚度为 t 的正方形板,其左边固定,在其右上角分别作用有 x,y 方向的集中力 F_{1x}, F_{1y}。为了说明总体有限元平衡方程的建立过程,仅将该板划分为 2 个单元、4 个节点。现在建立其总体有限元方程。

解:以 F 表示节点力,F 的右下角标表示该节点力所在的节点号和力的方向,右上角标表示该节点力所述的单元号。

本例有 2 个单元(分别由节点 1-3-2 和 4-2-3 组成),4 个节点,每个节点有 2 个方程,总共有 8 个方程。首先给出这两个单元的节点力与节点位移的关系式。

单元 1 的节点力与节点位移的关系式为:

$$\begin{Bmatrix} F_{1x}^1 \\ F_{1y}^1 \\ F_{3x}^1 \\ F_{3y}^1 \\ F_{2x}^1 \\ F_{2y}^1 \end{Bmatrix} = \begin{bmatrix} \overset{i(1)}{k_{11}^{1-1}} & k_{11}^{1-2} & \overset{j(3)}{k_{13}^{1-1}} & k_{13}^{1-2} & \overset{m(2)}{k_{12}^{1-1}} & k_{12}^{1-2} \\ k_{11}^{1-3} & k_{11}^{1-4} & k_{13}^{1-3} & k_{13}^{1-4} & k_{12}^{1-3} & k_{12}^{1-4} \\ k_{31}^{1-1} & k_{31}^{1-2} & k_{33}^{1-1} & k_{33}^{1-2} & k_{32}^{1-1} & k_{32}^{1-2} \\ k_{31}^{1-3} & k_{31}^{1-4} & k_{33}^{1-3} & k_{33}^{1-4} & k_{32}^{1-3} & k_{32}^{1-4} \\ k_{21}^{1-1} & k_{21}^{1-2} & k_{23}^{1-1} & k_{23}^{1-2} & k_{22}^{1-1} & k_{22}^{1-2} \\ k_{21}^{1-3} & k_{21}^{1-4} & k_{23}^{1-3} & k_{23}^{1-4} & k_{22}^{1-3} & k_{22}^{1-4} \end{bmatrix} \begin{Bmatrix} u_1 \\ v_1 \\ u_3 \\ v_3 \\ u_2 \\ v_2 \end{Bmatrix} \quad (3\text{-}58)$$

单元2的节点力与节点位移的关系式为：

$$\begin{Bmatrix} F_{4x}^2 \\ F_{4y}^2 \\ F_{2x}^2 \\ F_{2y}^2 \\ F_{3x}^2 \\ F_{3y}^2 \end{Bmatrix} = \begin{bmatrix} \overset{i(4)}{k_{44}^{2-1}} & k_{44}^{2-2} & \overset{j(2)}{k_{42}^{2-1}} & k_{42}^{2-2} & \overset{m(3)}{k_{43}^{2-1}} & k_{43}^{2-2} \\ k_{44}^{2-3} & k_{44}^{2-4} & k_{42}^{2-3} & k_{42}^{2-4} & k_{43}^{2-3} & k_{43}^{2-4} \\ k_{24}^{2-1} & k_{24}^{2-2} & k_{22}^{2-1} & k_{22}^{2-2} & k_{23}^{2-1} & k_{23}^{2-2} \\ k_{24}^{2-3} & k_{24}^{2-4} & k_{22}^{2-3} & k_{22}^{2-4} & k_{23}^{2-3} & k_{23}^{2-4} \\ k_{34}^{2-1} & k_{34}^{2-2} & k_{32}^{2-1} & k_{32}^{2-2} & k_{33}^{2-1} & k_{33}^{2-2} \\ k_{34}^{2-3} & k_{34}^{2-4} & k_{32}^{2-3} & k_{32}^{2-4} & k_{33}^{2-3} & k_{33}^{2-4} \end{bmatrix} \begin{Bmatrix} u_4 \\ v_4 \\ u_2 \\ v_2 \\ u_3 \\ v_3 \end{Bmatrix} \quad (3\text{-}59)$$

这里需要说明：式(3-58)和式(3-59)中刚度矩阵元素 k_{ij} 的右下角标表示与该元素有关的节点号，比如 k_{34} 表示该元素与节点3和4有关。右上角标的第一个数字代表该元素所属的单元，第二个数字表示该元素在式(3-55)中的位置，即右上角标的第一个数字为1或3的元素，是与 x 方向位移相乘的元素，第二个数字为2或4的元素，是与 y 方向位移相乘的元素。

有限元平衡方程式是在节点上建立的，即建立的节点是节点上的力的平衡方程，这里试用两种方法来建立节点上的平衡方程，一种是在节点上直接建立力的平衡方程，另一种是通过最小势能原理。

(1) **方法一**：使节点在节点力和节点外荷载作用下达到力的平衡。

首先考虑节点1，由图3-6知，与节点1相连的单元只有一个，即单元1，则在节点上的节点力只有来自单元1的 F_{1x}^1 和 F_{1y}^1，节点1的外荷载是 F_{1x} 和 F_{1y}。因此，节点1的平衡方程只有两个，即 x 方向和 y 方向的力平衡方程。

节点1在 x 方向的力平衡方程：

$$F_{1x}^1 = F_{1x} \quad (3\text{-}60)$$

节点1在 y 方向的力平衡方程：

$$F_{1y}^1 = F_{1y} \quad (3\text{-}61)$$

根据式(3-58)，用单元的节点位移来表示式(3-60)和式(3-61)中的节点力 F^1_{1x} 和 F^1_{1y}，则有：

$$k^{1-1}_{11}u_1 + k^{1-2}_{11}v_1 + k^{1-1}_{12}u_2 + k^{1-2}_{12}v_2 + k^{1-1}_{13}u_3 + k^{1-2}_{13}v_3 = F_{1x} \quad (3-62)$$

$$k^{1-3}_{11}u_1 + k^{1-4}_{11}v_1 + k^{1-3}_{12}u_2 + k^{1-4}_{12}v_2 + k^{1-3}_{13}u_3 + k^{1-4}_{13}v_3 = F_{1y} \quad (3-63)$$

再考虑节点2，由图3-6知，与节点2相连的单元有两个，即单元1和单元2，因此，在节点2上的节点力就有来自单元1的 F^1_{2x} 和 F^1_{2y}，还有来自单元2的 F^2_{2x} 和 F^2_{2y}，节点2的外荷载用 F_{2x} 和 F_{2y} 表示（这里，$F_{2x} = F_{2y} = 0$）。所以，节点2的力平衡方程如下。

节点2在 x 方向的力平衡方程：

$$F^1_{2x} + F^2_{2x} = F_{2x} \quad (3-64)$$

节点2在 y 方向的力平衡方程：

$$F^1_{2y} + F^2_{2y} = F_{2y} \quad (3-65)$$

根据式(3-58)，用单元1的节点位移来表示式(3-64)和式(3-65)中的节点力 F^1_{2x} 和 F^1_{2y}；根据式(3-59)，用单元2的节点位移来表示式(3-64)和式(3-65)中的节点力 F^2_{2x} 和 F^2_{2y}，则有：

$$k^{1-1}_{21}u_1 + k^{1-2}_{21}v_1 + (k^{1-1}_{22} + k^{2-1}_{22})u_2 + (k^{1-2}_{22} + k^{2-2}_{22})v_2 +$$
$$(k^{1-1}_{23} + k^{2-1}_{23})u_3 + (k^{1-2}_{23} + k^{2-2}_{23})v_3 + k^{2-1}_{24}u_4 + k^{2-2}_{24}v_4 = F_{2x} \quad (3-66)$$

$$k^{1-3}_{21}u_1 + k^{1-4}_{21}v_1 + (k^{1-3}_{22} + k^{2-3}_{22})u_2 + (k^{1-4}_{22} + k^{2-4}_{22})v_2 +$$
$$(k^{1-3}_{23} + k^{2-3}_{23})u_3 + (k^{1-4}_{23} + k^{2-4}_{23})v_3 + k^{2-3}_{24}u_4 + k^{2-4}_{24}v_4 = F_{2y} \quad (3-67)$$

节点3和节点4处在固定边界上，这两个节点受到约束力，如果用 F_{3x} 和 F_{3y}，F_{4x} 和 F_{4y} 分别代表节点3,4的外荷载（节点约束力），则可列出节点3和节点4的各自两个平衡方程。

节点3在 x 方向的力平衡方程：

$$F^1_{3x} + F^2_{3x} = F_{3x} \quad (3-68)$$

节点3在 y 方向的力平衡方程：

$$F^1_{3y} + F^2_{3y} = F_{3y} \quad (3-69)$$

节点4在 x 方向的力平衡方程：

$$F^2_{4x} = F_{4x} \quad (3-70)$$

节点4在 y 方向的力平衡方程：

$$F^2_{4y} = F_{4y} \quad (3-71)$$

与式(3-62)和式(3-63)类似，上述4个方程中的节点力也可根据式(3-58)和式(3-59)分别用节点位移表示。

分析上述建立节点的力平衡方程可知，方程左端是用单元刚度矩阵元素与相应的节点位移的乘积表示的节点力，右端是节点荷载，如果将这些平衡方程用矩阵来表示，则有：

$$\begin{matrix} \text{节点1} & \text{节点2} & \text{节点3} & \text{节点4} \end{matrix}$$

$$\begin{bmatrix} k_{11}^{1-1} & k_{11}^{1-2} & k_{12}^{1-1} & k_{12}^{1-2} & k_{13}^{1-1} & k_{13}^{1-2} & 0 & 0 \\ k_{11}^{1-3} & k_{11}^{1-4} & k_{12}^{1-3} & k_{12}^{1-4} & k_{13}^{1-3} & k_{13}^{1-4} & 0 & 0 \\ k_{21}^{1-1} & k_{21}^{1-2} & k_{22}^{1-1}+k_{22}^{2-1} & k_{22}^{1-2}+k_{22}^{2-2} & k_{23}^{1-1}+k_{23}^{2-1} & k_{23}^{1-2}+k_{23}^{2-2} & k_{24}^{2-1} & k_{24}^{2-2} \\ k_{21}^{1-3} & k_{21}^{1-4} & k_{22}^{1-3}+k_{22}^{2-3} & k_{22}^{1-4}+k_{22}^{2-4} & k_{23}^{1-3}+k_{23}^{2-3} & k_{23}^{1-4}+k_{23}^{2-4} & k_{24}^{2-3} & k_{24}^{2-4} \\ k_{31}^{1-1} & k_{31}^{1-2} & k_{32}^{1-1}+k_{32}^{2-1} & k_{32}^{1-2}+k_{32}^{2-2} & k_{33}^{1-1}+k_{33}^{2-1} & k_{33}^{1-2}+k_{33}^{2-2} & k_{34}^{2-1} & k_{34}^{2-2} \\ k_{31}^{1-3} & k_{31}^{1-4} & k_{32}^{1-3}+k_{32}^{2-3} & k_{32}^{1-4}+k_{32}^{2-4} & k_{33}^{1-3}+k_{33}^{2-3} & k_{33}^{1-4}+k_{33}^{2-4} & k_{34}^{2-3} & k_{34}^{2-4} \\ 0 & 0 & k_{42}^{2-1} & k_{42}^{2-2} & k_{43}^{2-1} & k_{43}^{2-2} & k_{44}^{2-1} & k_{44}^{2-2} \\ 0 & 0 & k_{42}^{2-3} & k_{42}^{2-4} & k_{43}^{2-3} & k_{43}^{2-4} & k_{44}^{2-3} & k_{44}^{2-4} \end{bmatrix} \begin{Bmatrix} u_1 \\ v_1 \\ u_2 \\ v_2 \\ u_3 \\ v_3 \\ u_4 \\ v_4 \end{Bmatrix} = \begin{Bmatrix} F_{1x} \\ F_{1y} \\ F_{2x} \\ F_{2y} \\ F_{3x} \\ F_{3y} \\ F_{4x} \\ F_{4y} \end{Bmatrix}$$

(3-72)

式(3-72)中左端第一个矩阵是 8×8 的方阵,其中的矩阵元素有的是一个元素,这说明该元素位置对应的节点只有一个单元与其相连;有的是两个元素之和,这说明该元素位置对应的节点有两个单元与其相连;如果某个节点与三个或更多个单元相连,那么,与该节点对应的位置上将会有三个或更多个元素相加,零元素表示与该元素的行和列对应的节点号不属于同一个单元。

式(3-72)有 8 行,对应 8 个方程,现在把式(3-72)中的方阵元素统一编号,并把各个节点位移和节点荷载也统一编号,则有:

节点号   1   2   3   4

$$\begin{bmatrix} k_{11} & k_{12} & k_{13} & k_{14} & k_{15} & k_{16} & 0 & 0 \\ k_{21} & k_{22} & k_{23} & k_{24} & k_{25} & k_{26} & 0 & 0 \\ k_{31} & k_{32} & k_{33} & k_{34} & k_{35} & k_{36} & k_{37} & k_{38} \\ k_{41} & k_{42} & k_{43} & k_{44} & k_{45} & k_{46} & k_{47} & k_{48} \\ k_{51} & k_{52} & k_{53} & k_{54} & k_{55} & k_{56} & k_{57} & k_{58} \\ k_{61} & k_{62} & k_{63} & k_{64} & k_{65} & k_{66} & k_{67} & k_{68} \\ 0 & 0 & k_{73} & k_{74} & k_{75} & k_{76} & k_{77} & k_{78} \\ 0 & 0 & k_{83} & k_{84} & k_{85} & k_{86} & k_{87} & k_{88} \end{bmatrix} \begin{Bmatrix} \delta_1 \\ \delta_2 \\ \delta_3 \\ \delta_4 \\ \delta_5 \\ \delta_6 \\ \delta_7 \\ \delta_8 \end{Bmatrix} = \begin{Bmatrix} F_1 \\ F_2 \\ F_3 \\ F_4 \\ F_5 \\ F_6 \\ F_7 \\ F_8 \end{Bmatrix}$$

(3-73)

若令 $\boldsymbol{K} = \sum_{i=1}^{2} \boldsymbol{k}^e$,表示式(3-73)的第一个矩阵,则有:

$$\boldsymbol{\delta} = \begin{bmatrix} \delta_1 & \delta_2 & \delta_3 & \delta_4 & \delta_5 & \delta_6 & \delta_7 & \delta_8 \end{bmatrix}^T$$

$$\boldsymbol{F} = \begin{bmatrix} F_1 & F_2 & F_3 & F_4 & F_5 & F_6 & F_7 & F_8 \end{bmatrix}^T$$

$$\boldsymbol{K\delta} = \boldsymbol{F} \tag{3-74}$$

式(3-74)就是例 3-2 以节点位移为未知量的总体有限元平衡方程,其中 $\boldsymbol{K}$ 是总体刚度矩阵(或称结构刚度矩阵、结构原始刚度矩阵),$\boldsymbol{\delta}$ 为总体节点位移向量,$\boldsymbol{F}$ 为总体节点荷载向量。

(2) 方法二：按最小势能原理来建立有限元平衡方程。

平面线弹性问题的最小势能原理为：

$$\delta \Pi = 0 \tag{3-75}$$

其中，Π 是平面问题中系统的总势能：

$$\Pi = \int_\Omega \frac{1}{2} \boldsymbol{\varepsilon}^{\mathrm{T}} \boldsymbol{D}\boldsymbol{\varepsilon} t \mathrm{d}x \mathrm{d}y - \int_\Omega \boldsymbol{u}^{\mathrm{T}} \boldsymbol{g} t \mathrm{d}x \mathrm{d}y - \int_S \boldsymbol{u}^{\mathrm{T}} \boldsymbol{p} t \mathrm{d}s \tag{3-76}$$

一般称式(3-76)为泛函，称式(3-75)为泛函的变分，其中，Ω 表示求解域，S 为有表面力作用的边界，$\boldsymbol{\varepsilon}$ 为应变向量，$\boldsymbol{D}$ 为弹性矩阵，$\boldsymbol{g}$ 为体积力，$\boldsymbol{p}$ 为作用在二维体边界上的表面力，$\boldsymbol{u}$ 为位移向量（应满足给定的位移边界条件），t 为厚度，其中：

$$\boldsymbol{\varepsilon} = \begin{bmatrix} \frac{\partial u}{\partial x} & \frac{\partial v}{\partial y} & \frac{\partial u}{\partial y} & \frac{\partial v}{\partial x} \end{bmatrix}^{\mathrm{T}}$$

$$\boldsymbol{g} = \begin{bmatrix} g_x & g_y \end{bmatrix}^{\mathrm{T}}$$

$$\boldsymbol{p} = \begin{bmatrix} p_x & p_y \end{bmatrix}^{\mathrm{T}}$$

$$\boldsymbol{u} = \begin{bmatrix} u & v \end{bmatrix}^{\mathrm{T}}$$

对于离散系统，式(3-76)的第一项是各单元的势能之和，第二、第三项分别是体积力和表面力的势能之和。将单元应变表达式(3-32)代入式(3-76)的第一项，则单元的应变能为：

$$\pi^e = \int_A \frac{1}{2} (\boldsymbol{\varepsilon}^e)^{\mathrm{T}} \boldsymbol{D} \boldsymbol{\varepsilon}^e t \mathrm{d}x \mathrm{d}y = (\boldsymbol{\delta}^e)^{\mathrm{T}} \left(\frac{1}{2} \int_A \boldsymbol{B}^{\mathrm{T}} \boldsymbol{D} \boldsymbol{B} t \mathrm{d}x \mathrm{d}y \right) \boldsymbol{\delta}^e \tag{3-77}$$

式中：A——单元面积。

因为式(3-77)中 $\int_A \boldsymbol{B}^{\mathrm{T}} \boldsymbol{D} \boldsymbol{B} t \mathrm{d}x \mathrm{d}y$ 就是单元刚度矩阵 $\boldsymbol{k}^e$，所以，一个单元的应变能则为：

$$\pi^e = \frac{1}{2} \sum_{e=1}^{n} (\boldsymbol{\delta}^e)^{\mathrm{T}} \boldsymbol{k}^e \boldsymbol{\delta}^e \tag{3-78}$$

全部单元的应变能力则为：

$$\sum_{e=1}^{n_e} \pi^e = \frac{1}{2} \sum_{e=1}^{n} (\boldsymbol{\delta}^e)^{\mathrm{T}} \boldsymbol{k}^e \boldsymbol{\delta}^e \tag{3-79}$$

其中，n 表示总单元数。

把单元刚度矩阵和单元节点位移向量分别扩展为总体刚度矩阵和总体节点位移向量，并将所有单元的应变能力相加，然后以矩阵形式表示，则式(3-79)可写为：

$$\sum_{e=1}^{n} \pi^e = \frac{1}{2} \boldsymbol{\delta}^{\mathrm{T}} \boldsymbol{K} \boldsymbol{\delta} \tag{3-80}$$

式中：$\boldsymbol{\delta}$——系统的总体节点位移向量；

$\boldsymbol{K}$——总体刚度矩阵。

根据3.8节等效节点荷载公式，式(3-76)的第二、第三项的体积力和表面力的势能就

是总体节点荷载 $\boldsymbol{F}$ 与相应的总体节点位移 $\boldsymbol{\delta}$ 之乘积,即:

$$\pi^{\mathrm{p}} = \boldsymbol{\delta}^{\mathrm{T}}\boldsymbol{F} \tag{3-81}$$

综上所述,离散系统的总势能可以表示为:

$$\Pi = \sum_{e=1}^{n}\pi^{e} - \pi^{\mathrm{p}} = \frac{1}{2}\boldsymbol{\delta}^{\mathrm{T}}\boldsymbol{K}\boldsymbol{\delta} - \boldsymbol{\delta}^{\mathrm{T}}\boldsymbol{F} \tag{3-82}$$

这样通过将求解域离散为若干个单元,并利用以单元节点位移表示的单元位移函数,就把系统的总势能变为总体节点位移 $\{\boldsymbol{\delta}\}$ 的多元函数,其中未知量是节点位移,进而就把泛函极值条件 $\delta\Pi = 0$ 转化为多元函数的极值条件。

$$\frac{\partial \Pi}{\partial \boldsymbol{\delta}} = 0 \Rightarrow \boldsymbol{K}\boldsymbol{\delta} = \boldsymbol{F} \tag{3-83}$$

这样就得到了与式(3-74)相同的总体有限元平衡方程。

下面进一步说明结构刚度矩阵的形成原理。

根据节点在节点力和节点荷载作用下达到力的平衡的原理,由式(3-53)、式(3-55)可以得到:

$$\begin{Bmatrix} F_i \\ F_j \\ F_m \end{Bmatrix}^e = \begin{bmatrix} k_{ii} & k_{ij} & k_{im} \\ k_{ji} & k_{ij} & k_{jm} \\ k_{mi} & k_{mj} & k_{mm} \end{bmatrix}^e \begin{Bmatrix} \delta_i \\ \delta_j \\ \delta_m \end{Bmatrix}^e = \begin{bmatrix} k_{ii}^e & k_{ij}^e & k_{im}^e \\ k_{ji}^e & k_{ij}^e & k_{jm}^e \\ k_{mi}^e & k_{mj}^e & k_{mm}^e \end{bmatrix} \begin{Bmatrix} \delta_i \\ \delta_j \\ \delta_m \end{Bmatrix}^e \tag{3-84}$$

其中: $\boldsymbol{F}_i^e = \begin{Bmatrix} F_{ix} \\ F_{iy} \end{Bmatrix}^e \quad \boldsymbol{\delta}_i^e = \begin{Bmatrix} u_i \\ v_i \end{Bmatrix}^e \quad \boldsymbol{k}_{ij}^e = \begin{bmatrix} k_{2i-1,2j-1}, & k_{2i-1,2j} \\ k_{2i,2j-1}, & k_{2i,2j} \end{bmatrix}_{2\times 2}^e$

$\boldsymbol{k}_{ij}^e$ 是 2×2 阶矩阵,其下标 i、j 代表其在结构刚度矩阵中的位置,上标 e 代表单元号。$\boldsymbol{k}_{ij}^e$ 有4个元素,每个元素的下标就是其在结构刚度矩阵的行号和列号。如 $\boldsymbol{k}_{2i-1,2j-1}^e$ 在结构刚度矩阵中的位置为 $2i-1$ 行,$2j-1$ 列。

对于例3-2,1号单元有:

$$\begin{Bmatrix} F_i \\ F_j \\ F_m \end{Bmatrix}^e = \begin{bmatrix} k_{ii} & k_{ij} & k_{im} \\ k_{ji} & k_{ij} & k_{jm} \\ k_{mi} & k_{mj} & k_{mm} \end{bmatrix}^e \begin{Bmatrix} \delta_i \\ \delta_j \\ \delta_m \end{Bmatrix}^e = \begin{Bmatrix} F_1 \\ F_3 \\ F_2 \end{Bmatrix}^1 = \begin{bmatrix} k_{11} & k_{13} & k_{12} \\ k_{31} & k_{33} & k_{32} \\ k_{21} & k_{23} & k_{22} \end{bmatrix}^1 \begin{Bmatrix} \delta_1 \\ \delta_3 \\ \delta_2 \end{Bmatrix}^1 \tag{3-85}$$

2号单元有:

$$\begin{Bmatrix} F_i \\ F_j \\ F_m \end{Bmatrix}^e = \begin{bmatrix} k_{ii} & k_{ij} & k_{im} \\ k_{ji} & k_{ij} & k_{jm} \\ k_{mi} & k_{mj} & k_{mm} \end{bmatrix}^e \begin{Bmatrix} \delta_i \\ \delta_j \\ \delta_m \end{Bmatrix}^e = \begin{Bmatrix} F_4 \\ F_2 \\ F_3 \end{Bmatrix}^2 = \begin{bmatrix} k_{44} & k_{42} & k_{43} \\ k_{24} & k_{22} & k_{23} \\ k_{34} & k_{32} & k_{33} \end{bmatrix}^2 \begin{Bmatrix} \delta_4 \\ \delta_2 \\ \delta_3 \end{Bmatrix}^2 \tag{3-86}$$

根据节点在节点力和节点荷载作用下达到力的平衡的原理,结构平衡方程为:

$$\begin{Bmatrix} F_1 \\ F_2 \\ F_3 \\ F_4 \end{Bmatrix} = \begin{Bmatrix} F_1 \\ F_2 \\ F_3 \\ 0 \end{Bmatrix}^1 + \begin{Bmatrix} 0 \\ F_2 \\ F_3 \\ F_4 \end{Bmatrix}^2 = \boldsymbol{K\delta} \tag{3-87}$$

由式(3-85)、式(3-86)可得:

$$\begin{Bmatrix} F_1 \\ F_2 \\ F_3 \\ 0 \end{Bmatrix}^1 = \begin{bmatrix} k_{11}^1 & k_{12}^1 & k_{13}^1 & 0 \\ k_{21}^1 & k_{22}^1 & k_{23}^1 & 0 \\ k_{31}^1 & k_{32}^1 & k_{33}^1 & 0 \\ 0 & 0 & 0 & 0 \end{bmatrix} \begin{Bmatrix} \delta_1 \\ \delta_2 \\ \delta_3 \\ \delta_4 \end{Bmatrix} \tag{3-88}$$

$$\begin{Bmatrix} 0 \\ F_2 \\ F_3 \\ F_4 \end{Bmatrix}^2 = \begin{bmatrix} 0 & 0 & 0 & 0 \\ 0 & k_{22}^2 & k_{23}^2 & k_{24}^2 \\ 0 & k_{32}^2 & k_{33}^2 & k_{34}^2 \\ 0 & k_{42}^2 & k_{43}^2 & k_{44}^2 \end{bmatrix} \begin{Bmatrix} \delta_1 \\ \delta_2 \\ \delta_3 \\ \delta_4 \end{Bmatrix} \tag{3-89}$$

则有:

$$\begin{Bmatrix} F_1 \\ F_2 \\ F_3 \\ F_4 \end{Bmatrix} = \begin{Bmatrix} F_1 \\ F_2 \\ F_3 \\ 0 \end{Bmatrix}^1 + \begin{Bmatrix} 0 \\ F_2 \\ F_3 \\ F_4 \end{Bmatrix}^2 = \begin{bmatrix} k_{11}^1 & k_{12}^1 & k_{13}^1 & 0 \\ k_{21}^1 & k_{22}^1 & k_{23}^1 & 0 \\ k_{31}^1 & k_{32}^1 & k_{33}^1 & 0 \\ 0 & 0 & 0 & 0 \end{bmatrix} \begin{Bmatrix} \delta_1 \\ \delta_2 \\ \delta_3 \\ \delta_4 \end{Bmatrix} + \begin{bmatrix} 0 & 0 & 0 & 0 \\ 0 & k_{22}^2 & k_{23}^2 & k_{24}^2 \\ 0 & k_{32}^2 & k_{33}^2 & k_{34}^2 \\ 0 & k_{42}^2 & k_{43}^2 & k_{44}^2 \end{bmatrix} \begin{Bmatrix} \delta_1 \\ \delta_2 \\ \delta_3 \\ \delta_4 \end{Bmatrix}$$

$$= \begin{bmatrix} k_{11}^1 & k_{12}^1 & k_{13}^1 & 0 \\ k_{21}^1 & k_{22}^1 + k_{22}^2 & k_{23}^1 + k_{23}^2 & k_{24}^2 \\ k_{31}^1 & k_{32}^1 + k_{32}^2 & k_{33}^1 + k_{33}^2 & k_{34}^2 \\ 0 & k_{42}^2 & k_{43}^2 & k_{44}^2 \end{bmatrix} \begin{Bmatrix} \delta_1 \\ \delta_2 \\ \delta_3 \\ \delta_4 \end{Bmatrix} = \boldsymbol{K\delta} \tag{3-90}$$

形成的结构刚度矩阵为:

$$\boldsymbol{K} = \sum_{e=1}^{2} \boldsymbol{k}^e = \begin{bmatrix} k_{11}^1 & k_{12}^1 & k_{13}^1 & 0 \\ k_{21}^1 & k_{22}^1 + k_{22}^2 & k_{23}^1 + k_{23}^2 & k_{24}^2 \\ k_{31}^1 & k_{32}^1 + k_{32}^2 & k_{33}^1 + k_{33}^2 & k_{34}^2 \\ 0 & k_{42}^2 & k_{43}^2 & k_{44}^2 \end{bmatrix} \tag{3-91}$$

下面分析结构刚度矩阵(3-73)的元素与单元刚度矩阵(3-58)和(3-59)元素之间的关系。由式(3-84)及上述分析可知,k_{ij}^e 的4个元素在结构刚度矩阵中的位置分别是:$(2i-1,2j-1)$、$(2i-1,2j)$、$(2i,2j-1)$ 和 $(2i,2j)$。即式(3-58)或式(3-59)中的 k_{ij}^{e-1}、k_{ij}^{e-2}、k_{ij}^{e-3} 和 k_{ij}^{e-4} 在结构刚度矩阵中的位置分别是 $(2i-1,2j-1)$、$(2i-1,2j)$、$(2i,2j-1)$ 和 $(2i,2j)$。

若已知各单元刚度矩阵的值,如何求解结构刚度矩阵的某个元素[如式(3-73)中 k_{xy}]的值呢?如式(3-92)所示,可先由 x 和 y 确定与式(3-55) i 和 j 的关系。由上述分析可知, $x = 2i-1$ 或 $x = 2i$,则 $i = (x+1)/2$(当 x 为奇数)或 $i = x/2$(当 x 为偶数)。同理, $j = (y+1)/2$(当 y 为奇数)或 $j = y/2$(当 y 为偶数)。 i 和 j 确定后,再确定式(3-58)或式(3-59)中的 k_{ij}^{e-1}、k_{ij}^{e-2}、k_{ij}^{e-3} 和 k_{ij}^{e-4} 上标 $s(s=1、2、3$ 或 $4)$ 的值。由式(3-58)、式(3-59)、式(3-57)及式(3-91)可得:当 x、y 都为奇数时, s 为 1; x 为奇数且 y 为偶数时, s 为 2; x 为偶数且 y 为奇数时, s 为 3; x、y 都为偶数时, s 为 4。则有:

$$k_{xy} = \sum_e k_{ij}^{e-s} \tag{3-92}$$

其中, e 是与 i、j 相关的单元。

3.9 静力平衡方程的求解

3.9.1 位移边界条件的处理

按照位移有限元法,总体平衡方程是节点上的力的平衡方程,形成总体平衡方程的目的是求解节点位移。但是,在形成的总体平衡方程中,只处理了荷载边界条件,而并未涉及位移边界条件。另外,组装后的总体刚度矩阵是奇异的,从力学概念上说,这时的总体平衡方程还没有排除刚体位移。为排除刚体位移,至少要给出消除刚体位移所需的位移边界条件,否则,对于静力问题,此时的总体平衡方程无法求解。因此,必须处理位移边界条件。

因为将求解域离散为一个个单元,再形成总体有限元平衡方程以后,平衡方程中的各个方程对应的是节点,而单元已不再显现,所以,位移边界条件的处理也就是针对节点位移的。位移边界条件一般分为两种,即固定约束边界和已知位移边界,对于处在两种边界上的节点,其位移可能是零位移或已知的非零位移。

在处理位移边界条件之前,先对所建立的总体有限元方程做分析。总体刚度矩阵是奇异矩阵, δ 是总体节点位移向量,从程序编制过程来讲,这时的 δ 只是一个零数组,但是,它的每个元素对应一个节点的位移分量; F 是总体节点荷载向量,这时的 F 也是一个数组,现假定 F 中与有节点荷载对应的位置上已经赋予了相应的节点荷载,在其他位置上是零。下面分别介绍零位移和非零位移的处理方法。

1. 零位移边界条件的处理

下边介绍两种处理零位移边界条件的方法。

(1)划行划列法。如果与第 i 个方程对应的位移是 0,即与第 i 个方程对应的节点位移是已知的,并且等于 0,则可将总体刚度矩阵中与 k_{ii} 对应的行和列去掉,并把 δ 和 F 中对应的元素也去掉,相当于去掉第 i 个方程,而此方程可用 $\delta_i = 0$ 来代替。比如,对于例 3-2,就是将与节点 3 和 4 对应的方程去掉,即从总体平衡方程中去掉式(3-68)~式(3-71)这 4 个方程,而这 4 个方程可用下式代替:

$$\left.\begin{array}{l}\delta_5 = 0 \\ \delta_6 = 0 \\ \delta_7 = 0 \\ \delta_8 = 0\end{array}\right\} \quad (3\text{-}93)$$

则例 3-2 中的方程(3-73)就变为:

$$\begin{bmatrix} k_{11} & k_{12} & k_{13} & k_{14} \\ k_{21} & k_{22} & k_{23} & k_{24} \\ k_{31} & k_{32} & k_{33} & k_{34} \\ k_{41} & k_{42} & k_{43} & k_{44} \end{bmatrix} \begin{Bmatrix} \delta_1 \\ \delta_2 \\ \delta_3 \\ \delta_4 \end{Bmatrix} = \begin{Bmatrix} F_1 \\ F_2 \\ 0 \\ 0 \end{Bmatrix} \quad (3\text{-}94)$$

求解式(3-94)可得到非零节点位移,式(3-94)的解连同式(3-93)就是所求的总节点位移。使方程数减少是这种方法的优点,但是,有时需要对原方程重新编号,比如,如果具有零位移的节点编号不像例 3-2 那样是在最后,就需要调整方程编号,所以,程序编制有些麻烦。

(2)对角线元素改 1 法。如果第 i 个方程对应的节点位移是 0,将总体刚度矩阵中与 k_{ii} 对应的行和列的元素改为 0,而把 k_{ii} 改为 1,并把荷载向量 F 中对应的元素改为 0,对于例 3-2,其中的方程(3-73)就变为:

$$\begin{bmatrix} k_{11} & k_{12} & k_{13} & k_{14} & 0 & 0 & 0 & 0 \\ k_{21} & k_{22} & k_{23} & k_{24} & 0 & 0 & 0 & 0 \\ k_{31} & k_{32} & k_{33} & k_{34} & 0 & 0 & 0 & 0 \\ k_{41} & k_{42} & k_{43} & k_{44} & 0 & 0 & 0 & 0 \\ 0 & 0 & 0 & 0 & 1 & 0 & 0 & 0 \\ 0 & 0 & 0 & 0 & 0 & 1 & 0 & 0 \\ 0 & 0 & 0 & 0 & 0 & 0 & 1 & 0 \\ 0 & 0 & 0 & 0 & 0 & 0 & 9 & 1 \end{bmatrix} \begin{Bmatrix} \delta_1 \\ \delta_2 \\ \delta_3 \\ \delta_4 \\ \delta_5 \\ \delta_6 \\ \delta_7 \\ \delta_8 \end{Bmatrix} = \begin{Bmatrix} F_1 \\ F_2 \\ 0 \\ 0 \\ 0 \\ 0 \\ 0 \\ 0 \end{Bmatrix}$$

求解后可得到节点位移,其中,$\delta_5 = \delta_6 = \delta_7 = \delta_8 = 0$。这种方法不改变原方程数和方程号,所以比较简单,但是它只能处理零位移边界条件。

2. 非零位移边界条件的处理——乘大数法

如果与第 i 个方程对应的节点位移是 $\bar{\delta}_i$,即 $\delta_i = \bar{\delta}_i$,可将 k_{ii} 改为 Mk_{ii},同时,将荷载向量 F 中对应的元素改为 $Mk_{ii}\bar{\delta}_i$。对于例 3-2,其中的方程(3-73)就变为:

$$\begin{bmatrix} k_{11} & k_{12} & k_{13} & k_{14} & k_{15} & k_{16} & 0 & 0 \\ k_{21} & k_{22} & k_{23} & k_{24} & k_{25} & k_{26} & 0 & 0 \\ k_{31} & k_{32} & k_{33} & k_{34} & k_{35} & k_{36} & k_{37} & k_{38} \\ k_{41} & k_{42} & k_{43} & k_{44} & k_{45} & k_{46} & k_{47} & k_{48} \\ k_{51} & k_{52} & k_{53} & k_{54} & Mk_{55} & k_{56} & k_{57} & k_{58} \\ k_{61} & k_{62} & k_{63} & k_{64} & k_{65} & Mk_{66} & k_{67} & k_{68} \\ 0 & 0 & k_{73} & k_{74} & k_{75} & k_{76} & Mk_{77} & k_{78} \\ 0 & 0 & k_{83} & k_{84} & k_{85} & k_{86} & k_{87} & Mk_{88} \end{bmatrix} \begin{Bmatrix} \delta_1 \\ \delta_2 \\ \delta_3 \\ \delta_4 \\ \delta_5 \\ \delta_6 \\ \delta_7 \\ \delta_8 \end{Bmatrix} = \begin{Bmatrix} F_1 \\ F_2 \\ F_3 \\ F_4 \\ Mk_{55}\bar{\delta}_5 \\ Mk_{66}\bar{\delta}_6 \\ Mk_{77}\bar{\delta}_7 \\ Mk_{88}\bar{\delta}_8 \end{Bmatrix}$$

由于 $Mk_{ii} \gg k_{ij} (i \neq j)$,所以方程左端的 $Mk_{ii}\bar{\delta}_i$ 远大于其他项,因此近似得到:

$$Mk_{ii}\delta_i \approx Mk_{ii}\bar{\delta}_i$$

则有:
$$\delta_i = \bar{\delta}_i$$

3.9.2 总体平衡方程的求解

当正确处理了位移边界条件后,总体刚度矩阵的奇异性就被消除,接下来就可以求解以节点位移为未知量的线性代数方程组。求解线性代数方程组的方法很多,许多数学方法都可以使用,比如高斯(Gaussian)消除法、LU 分解法、波前法等,有兴趣的读者可以参考相关文献。

对于静力问题,不管是用以上哪种方法求解,只有消除了刚体位移以后,才能进行求解,以求得节点位移。有了节点位移就可以按式(3-32)和式(3-35)求得单元的应变和应力。

例 3-3 有一如图 3-7 所示的金属薄板,其厚度为 20cm,弹性模量 $E = 1.8975 \times 10^5 \text{MPa}$,泊松比 $\mu = 0.25$,在图示荷载作用下,求出角点 A 的位移,以及各单元中心点的近似主应力大小。

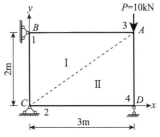

图 3-7 例 3-3 受力图示

解题步骤:

(1) 单元刚度矩阵形成:① 计算出 DB;
② $k^e = B^T \cdot DB \cdot t \cdot \Delta$。

(2) 迭加形成结构原始刚度矩阵及其方程。

(3) 引入约束得到简化的结构刚度方程。

(4) 求解得到节点位移。

(5) 根据 $\sigma^e = D\varepsilon^e = DB\delta^e$ 计算出各单元的应力。

解:(1) 计算单元 Ⅰ 的刚度矩阵

① 先计算出几何矩阵。

$i = 1 \quad j = 2 \quad m = 3$

$b_i = y_j - y_m = y_2 - y_3 = 0 - 2 = -2$

$b_j = y_m - y_i = y_3 - y_1 = 2 - 2 = 0$

$b_m = y_i - y_j = 2 - 0 = 2$

$c_i = x_m - x_j = 3 - 0 = 3$

$c_j = x_i - x_m = 0 - 3 = -3$

$c_m = x_j - x_i = 0 - 0 = 0$

$$\boldsymbol{B} = \frac{1}{2\Delta}\begin{bmatrix} b_i & 0 & b_j & 0 & b_m & 0 \\ 0 & c_i & 0 & c_j & 0 & c_m \\ c_i & b_i & c_j & b_j & c_m & b_m \end{bmatrix} = \frac{1}{2 \times \left(2 \times 3 \times \frac{1}{2}\right)}\begin{bmatrix} -2 & 0 & 0 & 0 & 2 & 0 \\ 0 & 3 & 0 & -3 & 0 & 0 \\ 3 & -2 & -3 & 0 & 0 & 2 \end{bmatrix}$$

②计算弹性矩阵。

$$\boldsymbol{D} = \frac{E}{1-\mu^2}\begin{bmatrix} 1 & \mu & 0 \\ \mu & 1 & 0 \\ 0 & 0 & \frac{1-\mu}{2} \end{bmatrix}$$

$E = 1.8975 \times 10^5 \mathrm{MPa} = 1.8975 \times 10^5 \times 10^6 \mathrm{N/m}$

$\mu = 0.25$

$\dfrac{1-\mu}{2} = \dfrac{1-0.25}{2} = 0.375$

$1 - \mu^2 = 1 - 0.25^2 = 1 - 0.0625 = 0.9375$

$$\boldsymbol{D} = \frac{1.8975 \times 10^{11}}{0.9375}\begin{bmatrix} 1 & 0.25 & 0 \\ 0.25 & 1 & 0 \\ 0 & 0 & 0.375 \end{bmatrix}$$

③计算 I 单元刚度矩阵。

$\boldsymbol{k}^1 = \boldsymbol{B}^\mathrm{T}\boldsymbol{D} \cdot \boldsymbol{B} \cdot t \cdot \Delta$

$$\boldsymbol{k}^1 = \frac{1}{2 \times 3}\begin{bmatrix} -2 & 0 & 3 \\ 0 & 3 & -2 \\ 0 & 0 & -3 \\ 0 & -3 & 0 \\ 2 & 0 & 0 \\ 0 & 0 & 2 \end{bmatrix} \times \frac{1.8975 \times 10^{11}}{0.9375}\begin{bmatrix} 1 & 0.25 & 0 \\ 0.25 & 1 & 0 \\ 0 & 0 & 0.375 \end{bmatrix} \times$$

$$\frac{1}{2 \times 3}\begin{bmatrix} -2 & 0 & 0 & 0 & 2 & 0 \\ 0 & 3 & 0 & -3 & 0 & 0 \\ 3 & -2 & -3 & 0 & 0 & 2 \end{bmatrix} \times 0.2 \times 3$$

$$= 0.033733 \times 10^{11} \begin{bmatrix} -2 & -0.5 & 1.125 \\ 0.75 & 3 & -0.75 \\ 0 & 0 & -1.125 \\ -0.75 & -3 & 0 \\ 2 & 0.5 & 0 \\ 0 & 0 & 0.75 \end{bmatrix} \times \begin{bmatrix} -2 & 0 & 0 & 0 & 2 & 0 \\ 0 & 3 & 0 & -3 & 0 & 0 \\ 3 & -2 & -3 & 0 & 0 & 2 \end{bmatrix}$$

$$\boldsymbol{k}^1 = 0.033733 \times 10^{11} \begin{bmatrix} 7.375 & -3.75 & -3.375 & 1.5 & -4 & 2.25 \\ -3.75 & 10.5 & 2.25 & -9 & 1.5 & -1.5 \\ -3.375 & 2.25 & 3.375 & 0 & 0 & -2.25 \\ 1.5 & -9 & 0 & 9 & -1.5 & 0 \\ -4 & 1.5 & 0 & -1.5 & 4 & 0 \\ 2.25 & -1.5 & -2.25 & 0 & 0 & 1.5 \end{bmatrix}$$

(2) 计算单元 Ⅱ 的刚度矩阵

① 先计算出几何矩阵。

$i = 2 \quad j = 4 \quad m = 3$

$(x_i, y_i) = (0,0) \ (x_j, y_j) = (3,0) \ (x_m, y_m) = (3,2)$

$b_i = y_j - y_m = 0 - 2 = -2$

$b_j = y_m - y_i = 2 - 0 = 2$

$b_m = y_i - y_j = 0 - 0 = 0$

$c_i = x_m - x_j = 3 - 3 = 0$

$c_j = x_i - x_m = 0 - 3 = -3$

$c_m = x_j - x_i = 3 - 0 = 3$

$$\boldsymbol{B} = \frac{1}{2 \times 3} \begin{bmatrix} -2 & 0 & 2 & 0 & 0 & 0 \\ 0 & 0 & 0 & -3 & 0 & 3 \\ 0 & -2 & -3 & 2 & 3 & 0 \end{bmatrix}$$

② 计算弹性矩阵。

$$\boldsymbol{D} = \frac{1.8975 \times 10^{11}}{0.9375} \begin{bmatrix} 1 & 0.25 & 0 \\ 0.25 & 1 & 0 \\ 0 & 0 & 0.375 \end{bmatrix}$$

$\boldsymbol{k}^2 = \boldsymbol{B}^{\mathrm{T}} \cdot \boldsymbol{D} \cdot \boldsymbol{B} \cdot t \cdot \Delta$

$$= 0.033733 \times 10^{11} \begin{bmatrix} -2 & 0 & 0 \\ 0 & 0 & -2 \\ 2 & 0 & -3 \\ 0 & -3 & 2 \\ 0 & 0 & 3 \\ 0 & 3 & 0 \end{bmatrix} \times \begin{bmatrix} 1 & 0.25 & 0 \\ 0.25 & 1 & 0 \\ 0 & 0 & 0.375 \end{bmatrix} \times$$

$$\begin{bmatrix} -2 & 0 & 2 & 0 & 0 & 0 \\ 0 & 0 & 0 & -3 & 0 & 3 \\ 0 & -2 & -3 & 2 & 3 & 0 \end{bmatrix}$$

$$= 0.033733 \times 10^{11} \begin{bmatrix} -2 & -0.5 & 0 \\ 0 & 0 & -0.75 \\ 2 & 0.5 & -1.125 \\ -0.75 & -3 & 0.75 \\ 0 & 0 & 1.125 \\ 0.75 & 3 & 0 \end{bmatrix} \times \begin{bmatrix} -2 & 0 & 2 & 0 & 0 & 0 \\ 0 & 0 & 0 & -3 & 0 & 3 \\ 0 & -2 & -3 & 2 & 3 & 0 \end{bmatrix}$$

$$= 0.033733 \times 10^{11} \begin{bmatrix} 4 & 0 & -4 & 1.5 & 0 & -1.5 \\ 0 & 1.5 & 2.25 & -1.5 & -2.25 & 0 \\ -4 & 2.25 & 7.375 & -3.75 & -3.375 & 1.5 \\ 1.5 & -1.5 & -3.75 & 10.5 & 2.25 & -9 \\ 0 & -2.25 & -3.375 & 2.25 & 3.375 & 0 \\ -1.5 & 0 & 1.5 & -9 & 0 & 9 \end{bmatrix}$$

(3) 组装形成原始结构刚度矩阵

$$K = \begin{bmatrix} k_{11}^{\mathrm{I}} & k_{13}^{\mathrm{I}} & k_{13}^{\mathrm{I}} & 0 \\ k_{21}^{\mathrm{I}} & k_{22}^{\mathrm{I}} + k_{22}^{\mathrm{II}} & k_{23}^{\mathrm{I}} + k_{23}^{\mathrm{II}} & k_{24}^{\mathrm{II}} \\ k_{31}^{\mathrm{I}} & k_{32}^{\mathrm{I}} + k_{32}^{\mathrm{II}} & k_{33}^{\mathrm{I}} + k_{33}^{\mathrm{II}} & k_{34}^{\mathrm{II}} \\ 0 & k_{42}^{\mathrm{II}} & k_{43}^{\mathrm{II}} & k_{44}^{\mathrm{II}} \end{bmatrix}$$

$$= 0.033733 \times 10^{11}$$

$$\begin{bmatrix} 7.375 & -3.75 & -3.375 & 1.5 & -4 & 2.25 & 0 & 0 \\ -3.75 & 10.5 & 2.25 & -9 & 1.5 & -1.5 & 0 & 0 \\ -3.375 & 2.25 & 3.375+4 & 0+0 & 0+0 & -2.25-1.5 & -4 & 1.5 \\ 1.5 & -9 & 0+0 & 9+1.5 & -1.5-2.25 & 0+0 & 2.25 & -1.5 \\ -4 & 1.5 & 0+0 & -1.5-2.25 & 4+3.375 & 0+0 & -3.375 & 2.25 \\ 2.25 & -1.5 & -2.25-1.5 & 0+0 & 0+0 & 1.5+9 & 1.5 & -9 \\ 0 & 0 & -4 & 2.25 & -3.375 & 1.5 & 7.375 & -3.75 \\ 0 & 0 & 1.5 & -1.5 & 2.25 & -9 & -3.75 & 10.5 \end{bmatrix}$$

$$= 0.033733 \times 10^{11}$$

$$\begin{bmatrix} 7.375 & -3.75 & -3.375 & 1.5 & -4 & 2.25 & 0 & 0 \\ -3.75 & 10.5 & 2.25 & -9 & 1.5 & -1.5 & 0 & 0 \\ -3.375 & 2.25 & 7.375 & 0 & 0 & -3.75 & -4 & 1.5 \\ 1.5 & -9 & 0 & 10.5 & -3.75 & 0 & 2.25 & -1.5 \\ -4 & 1.5 & 0 & -3.75 & 7.375 & 0 & -3.375 & 2.25 \\ 2.25 & -1.5 & -3.75 & 0 & 0 & 10.5 & 1.5 & -9 \\ 0 & 0 & -4 & 2.25 & -3.375 & 1.5 & 7.375 & -3.75 \\ 0 & 0 & 1.5 & -1.5 & 2.25 & -9 & -3.75 & 10.5 \end{bmatrix}$$

(4) 结构荷载列向量和结点位移向量

$$p = \begin{Bmatrix} R_{1x} \\ R_{1y} \\ R_{2x} \\ R_{2x} \\ 0 \\ -10 \times 10^3 \\ 0 \\ R_{4y} \end{Bmatrix} \quad \delta = \begin{Bmatrix} 0 \\ 0 \\ 0 \\ 0 \\ u_3 \\ v_3 \\ u_4 \\ 0 \end{Bmatrix}$$

(5) 结构原始刚度方程

$$0.033733 \times 10^{11} \begin{bmatrix} 7.375 & -3.75 & -3.375 & 1.5 & -4 & 2.25 & 0 & 0 \\ -3.75 & 10.5 & 2.25 & -9 & 1.5 & -1.5 & 0 & 0 \\ -3.375 & 2.25 & 7.375 & 0 & 0 & -3.75 & -4 & 1.5 \\ 1.5 & -9 & 0 & 10.5 & -3.75 & 0 & 2.25 & -1.5 \\ -4 & 1.5 & 0 & -3.75 & 7.375 & 0 & -3.375 & 2.25 \\ 2.25 & -1.5 & -3.75 & 0 & 0 & 10.5 & 1.5 & -9 \\ 0 & 0 & -4 & 2.25 & -3.375 & 1.5 & 7.375 & -3.75 \\ 0 & 0 & 1.5 & -1.5 & 2.25 & -9 & -3.75 & 10.5 \end{bmatrix} \begin{Bmatrix} 0 \\ 0 \\ 0 \\ 0 \\ u_3 \\ v_3 \\ u_4 \\ 0 \end{Bmatrix}$$

$$= \begin{Bmatrix} R_{1x} \\ R_{1y} \\ R_{2x} \\ R_{2x} \\ 0 \\ -10 \times 10^3 \\ 0 \\ R_{4y} \end{Bmatrix} 0.033733 \times 10^{11}$$

$$\begin{bmatrix} 7.375 & 0 & -3.375 \\ 0 & 10.5 & 1.5 \\ -3.375 & 1.5 & 7.375 \end{bmatrix} \begin{Bmatrix} u_3 \\ v_3 \\ u_4 \end{Bmatrix} = \begin{Bmatrix} 0 \\ -10 \times 10^3 \\ 0 \end{Bmatrix}$$

(6) 解上述方程得位移

$$\begin{bmatrix} 7.375 & 0 & -3.375 \\ 0 & 10.5 & 1.5 \\ -3.375 & 1.5 & 7.375 \end{bmatrix} \begin{Bmatrix} u_3 \\ v_3 \\ u_4 \end{Bmatrix} = \begin{Bmatrix} 0 \\ -2.964 \times 10^{-6} \\ 0 \end{Bmatrix}$$

$$\begin{pmatrix} 1 & 0 & -0.4576 & 0 \\ 0 & 10.5 & 1.5 & 2.964 \times 10^{-6} \\ 0 & 1.5 & 5.8306 & 0 \end{pmatrix} \Rightarrow \begin{pmatrix} 1 & 0 & -0.4576 & 0 \\ 0 & 1 & 0.1429 & -0.2823 \times 10^{-6} \\ 0 & 0 & 5.61625 & 0.4235 \times 10^{-6} \end{pmatrix} \Rightarrow$$

$$\begin{pmatrix} 1 & 0 & -0.4576 & 0 \\ 0 & 1 & 0.1429 & -0.2823 \times 10^{-6} \\ 0 & 0 & 1 & +0.7539 \times 10^{-7} \end{pmatrix}$$

$u_4 = 0.7539 \times 10^{-7}\mathrm{m} \quad v_3 = -0.2823 \times 10^{-6} - 0.1429 \times u_4 = -0.2931 \times 10^{-6}(\mathrm{m})$

$u_3 = 0\mathrm{m} \quad u_4 = 0.4576 \times (+0.754) \times 10^{-7} = 0.3450 \times 10^{-7}(\mathrm{m})$

$$\boldsymbol{\delta} = \begin{Bmatrix} 0 \\ 0 \\ 0 \\ 0 \\ +0.345 \times 10^{-7} \\ -0.2931 \times 10^{-6} \\ +0.7539 \times 10^{-7} \\ 0 \end{Bmatrix}$$

那么 A 点位移：X 方向 $+0.3450 \times 10^{-7}$m；y 方向 -0.2931×10^{-6}m。

(7) 计算应力

$\boldsymbol{\sigma}^e = \boldsymbol{D}^e \boldsymbol{\varepsilon}^e = \boldsymbol{D}^e \boldsymbol{B} \boldsymbol{\delta}$

$$\boldsymbol{\sigma}^1 = \begin{Bmatrix} \sigma_x \\ \sigma_y \\ \tau_{xy} \end{Bmatrix} = \frac{1.8975 \times 10^{11}}{0.9375} \begin{bmatrix} 1 & 0.25 & 0 \\ 0.25 & 1 & 0 \\ 0 & 0 & 0.375 \end{bmatrix} \times \frac{1}{6} \times \begin{bmatrix} -2 & 0 & 0 & 0 & 2 & 0 \\ 0 & 3 & 0 & -3 & 0 & 0 \\ 3 & -2 & -3 & 0 & 0 & 2 \end{bmatrix} \times$$

$$\begin{Bmatrix} 0 \\ 0 \\ 0 \\ 0 \\ +0.345 \times 10^{-7} \\ -0.2931 \times 10^{-6} \end{Bmatrix}$$

$$= 2.024 \times 10^{11} \times \frac{1}{6} \begin{bmatrix} -2 & 0.75 & 0 & -0.75 & 2 & 0 \\ -0.5 & 3 & 0 & -3 & 0.5 & 0 \\ 1.125 & 0.75 & -1.125 & 0 & 0 & 0.75 \end{bmatrix} \begin{Bmatrix} 0 \\ 0 \\ 0 \\ 0 \\ +0.345 \times 10^{-7} \\ -0.2931 \times 10^{-6} \end{Bmatrix}$$

$$= 0.33733 \times 10^5 \begin{Bmatrix} 0.069 \\ 0.017 \\ -0.2198 \end{Bmatrix} = \begin{Bmatrix} 2.328 \\ 0.573 \\ -7.4 \end{Bmatrix} \text{kPa}$$

$$\boldsymbol{\sigma}^2 = \begin{Bmatrix} \tau_x \\ \sigma_y \\ \tau_{xy} \end{Bmatrix}^2 = \frac{1.8975 \times 10^{11}}{0.9375} \begin{bmatrix} 1 & 0.25 & 0 \\ 0.25 & 1 & 0 \\ 0 & 0 & 0.375 \end{bmatrix} \times \frac{1}{6} \begin{bmatrix} -2 & 0 & 2 & 0 & 0 & 0 \\ 0 & 0 & 0 & -3 & 0 & 3 \\ 0 & -2 & -3 & 2 & 3 & 0 \end{bmatrix}$$

$$\begin{Bmatrix} 0 \\ 0 \\ 0.7539 \times 10^{-7} \\ 0 \\ 0.3450 \times 10^{-7} \\ -0.2931 \times 10^{-6} \end{Bmatrix}$$

$$= 0.33733 \times 10^5 \begin{bmatrix} -2 & 0 & 2 & -0.75 & 0 & 0.75 \\ -0.5 & 0 & 0.5 & -3 & 0 & 3 \\ 0 & -0.75 & -1.125 & 0.75 & 1.125 & 0 \end{bmatrix} \begin{Bmatrix} 0 \\ 0 \\ 0.07539 \\ 0 \\ 0.03450 \\ -0.2931 \end{Bmatrix}$$

$$= 0.33733 \times 10^5 \begin{Bmatrix} -0.0690 \\ -0.8416 \\ -0.0460 \end{Bmatrix} = \begin{Bmatrix} -0.02328 \\ -0.2839 \\ -0.0155 \end{Bmatrix} \times 10^5 (\text{Pa}) = \begin{Bmatrix} -2.328 \\ -28.39 \\ -1.55 \end{Bmatrix} \text{kPa}$$

Ⅰ单元主应力:

$$\sigma_{\max} = \frac{\sigma_x + \sigma_y}{2} + \sqrt{\left(\frac{\sigma_x + \sigma_y}{2}\right)^2 + (\tau_{xy})^2} = \frac{2.328 + 0.573}{2} + \sqrt{\left(\frac{2.328 - 0.573}{2}\right)^2 + (-7.4)^2}$$

$$= 1.4505 + 7.4518 = 8.9023 (\text{kPa})$$

$$\sigma_{\min} = 1.4505 - 7.4518 = -6.0013 (\text{kPa})$$

方向:

$$\tan\theta = \frac{\tau_{xy}}{\sigma_y - \sigma_{\min}} = \frac{-7.4}{0.573 - (-6.0013)} = 1.1256, \theta = 48.38°$$

Ⅱ单元主应力:

$$\sigma_{\max} = \frac{-2.328 + (-28.39)}{2} + \sqrt{\left(\frac{-2.328 + 28.39}{2}\right)^2 + (-1.55)^2} = -15.357 + 13.123$$

$$= -2.234 (\text{kPa})$$

$$\sigma_{\min} = -15.357 - 13.123 = -28.480 (\text{kPa})$$

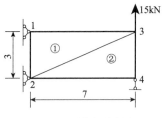

图 3-8 金属薄板受力图示

方向：
$$\tan\theta = \frac{-1.55}{-28.39+(28.486)} = -17.222, \theta = -3.32°$$

例 3-4 有一如图 3-8 所示的金属薄板，其厚度为 20cm，尺寸如图中所示（单位为 m），弹性模量 $E=2.7\times10^5$MPa，泊松比 $\mu=0.33$，在图示荷载作用下，求得节点位移向量为：

$$\boldsymbol{\delta} = \{0\ 0\ 0\ 0\ 0.0644\times10^{-6}\ -0.2132\times10^{-6}\ 0.0997\times10^{-6}\ 0\}^T$$

单元①的刚度矩阵：$i=1\ \ j=2\ \ m=3$

$$\boldsymbol{k}^1 = \begin{bmatrix} 25.415 & -13.965 & -16.415 & 6.93 & -9 & 7.035 \\ -13.965 & 52.015 & 7.035 & -49 & 6.93 & -3.015 \\ -16.415 & 7.035 & 16.415 & 0 & 0 & -7.035 \\ 6.93 & -49 & 0 & 49 & -6.93 & 0 \\ -9 & 6.93 & 0 & -6.93 & 9 & 0 \\ 7.035 & -3.015 & -7.035 & 0 & 0 & 3.015 \end{bmatrix} \times 0.014428395\times10^{11}$$

其中，单元①的 $\boldsymbol{B}$ 矩阵为：

$$\boldsymbol{B}^1 = \begin{bmatrix} -3 & 0 & 0 & 0 & 3 & 0 \\ 0 & 7 & 0 & -7 & 0 & 0 \\ 7 & -3 & -7 & 0 & 0 & 3 \end{bmatrix} \times \frac{1}{21}$$

单元②的刚度矩阵：$i=2\ \ j=4\ \ m=3$

$$\boldsymbol{k}^2 = \begin{bmatrix} 9 & 0 & -9 & 6.93 & 0 & -6.93 \\ 0 & 3.015 & 7.035 & -3.015 & -7.035 & 0 \\ -9 & 7.035 & 25.415 & -13.965 & -16.415 & 6.93 \\ 6.93 & -3.015 & -13.965 & 52.015 & 7.035 & -49 \\ 0 & -7.035 & -16.415 & 7.035 & 16.415 & 0 \\ -6.93 & 0 & 6.93 & -49 & 0 & 49 \end{bmatrix} \times 0.014428395\times10^{11}$$

求：(1) 结构原始刚度矩阵中 k_{53} 和 k_{74} 的值。

(2) 单元①的单元节点力的值。

(3) 位于金属薄板 $(X,Y)=(1,1)$ 处的水平正应力 σ_x。

(4) 位于金属薄板 $(X,Y)=(1,1)$ 处的水平位移 u_x。

解：

问题(1)：求结构原始刚度矩阵中 k_{53} 和 k_{74} 的值。

方法一：

根据单元①和单元②的单元刚度矩阵，组装结构刚度矩阵。

即 $\boldsymbol{K} = \sum\limits_{i=1}^{2}\boldsymbol{k}^e$

$$K = \begin{bmatrix} 25.415 & -13.965 & -16.415 & 6.93 & -9 & 7.035 & 0 & 0 \\ -13.965 & 52.015 & 7.035 & -49 & 6.93 & -3.015 & 0 & 0 \\ -16.415 & 7.035 & 25.415 & 0 & 0 & -7.035 & -9 & 6.93 \\ 6.93 & -49 & 0 & 52.015 & -13.965 & 0 & 7.035 & -3.015 \\ -9 & 6.93 & 0 & -13.965 & 25.415 & 0 & -16.415 & 7.035 \\ 7.035 & -3.015 & -7.035 & 0 & 0 & 52.015 & 6.93 & -49 \\ 0 & 0 & -9 & 7.035 & -16.415 & 6.93 & 25.415 & -13.965 \\ 0 & 0 & 6.93 & -3.015 & 7.035 & -49 & -13.965 & 52.015 \end{bmatrix} \times$$

$0.014428395 \times 10^{11}$

故：

$k_{53} = 0.0144283950 \times 10^{11} \times (-9) = -1.2986 \times 10^{10}$

$k_{74} = 0.0144283950 \times 10^{11} \times (7.035) = 1.0150375 \times 10^{10}$

方法二：

根据单元节点编号，直接从单元刚度矩阵中得到所求值：

$k_{53} = 0.0144283950 \times 10^{11} \times (k_{53}^{1-1} + k_{31}^{2-1}) = 0.0144283950 \times 10^{11} \times (0-9) = -1.2986 \times 10^{10}$

$k_{74} = 0.0144283950 \times 10^{11} \times (k_{52}^{2-2}) = 0.0144283950 \times 10^{11} \times (7.035) = 1.0150375 \times 10^{10}$

问题(2)：求单元①的节点力的值。

$$F^1 = \begin{Bmatrix} F_{1x} \\ F_{1y} \\ F_{2x} \\ F_{2y} \\ F_{3x} \\ F_{3y} \end{Bmatrix}^1 = K^1 \times \delta^1$$

$$= \begin{bmatrix} 25.415 & -13.965 & -16.4150 & 6.9300 & -9.0000 & 7.0350 \\ -13.9650 & 52.015 & 7.035 & -49 & 6.93 & -3.015 \\ -16.415 & 7.035 & 16.415 & 0 & 0 & -7.035 \\ 6.93 & -49 & 0 & 49 & -6.93 & 0 \\ -9 & 6.93 & 0 & -6.93 & 9 & 0 \\ 7.035 & -3.015 & -7.035 & 0 & 0 & 3.015 \end{bmatrix} \times$$

$$0.0144283950 \times 10^{11} \times \begin{bmatrix} 0 \\ 0 \\ 0 \\ 0 \\ 0.0644 \times 10^{-6} \\ -0.2132 \times 10^{-6} \end{bmatrix} = \begin{pmatrix} -3.0003 \\ 1.5714 \\ 2.1641 \\ -0.6439 \\ 0.8363 \\ -0.9275 \end{pmatrix} \times 10^3$$

$F_{1x} = -3000.3\text{N}, F_{1y} = 1571.4\text{N}$

$F_{2x} = 2164.1\text{N}, F_{2y} = -643.9\text{N}$

$F_{3x} = 836.3\text{N}, F_{3y} = -927.5\text{N}$

单元②的节点力可以此类推。

$$\boldsymbol{F}^2 = \begin{Bmatrix} F_{1x} \\ F_{1y} \\ F_{2x} \\ F_{2y} \\ F_{3x} \\ F_{3y} \end{Bmatrix}^2 = \boldsymbol{K}^2 \times \boldsymbol{\delta}^2$$

$$= \begin{bmatrix} 9 & 0 & -9 & 6.93 & 0 & -6.93 \\ 0 & 3.015 & 7.035 & -3.015 & -7.035 & 0 \\ -9 & 7.035 & 25.415 & -13.965 & -16.415 & 6.93 \\ 6.93 & -3.015 & -13.965 & 52.015 & 7.035 & -49 \\ 0 & -7.035 & -16.415 & 7.035 & 16.415 & 0 \\ -6.93 & 0 & 6.93 & -49 & 0 & 49 \end{bmatrix} \times$$

$$0.014428395 \times 10^{11} \times \begin{bmatrix} 0 \\ 0 \\ 0.0644 \times 10^{-6} \\ -0.2132 \times 10^{-6} \\ 0.0997 \times 10^{-6} \\ 0 \end{bmatrix} = \begin{pmatrix} -2.968 \\ 0.5691 \\ 4.2960 \\ -16.286 \\ -1.328 \\ 1.5717 \end{pmatrix} \times 10^3$$

$F_{1x} = -2968\text{N}, F_{1y} = 569.1\text{N}$

$F_{2x} = 4296\text{N}, F_{2y} = -1628.6\text{N}$

$F_{3x} = -1328\text{N}, F_{3y} = 1571.7\text{N}$

问题(3)：求$(X,Y) = (1,1)$处的水平正应力。

因为$(X,Y) = (1,1)$处位于1号单元，故用单元①的$\boldsymbol{B}$矩阵进行计算：

$$\boldsymbol{B}^1 = \begin{bmatrix} \dfrac{\partial N_i}{\partial x} & 0 & \dfrac{\partial N_j}{\partial x} & 0 & \dfrac{\partial N_m}{\partial x} & 0 \\ 0 & \dfrac{\partial N_i}{\partial y} & 0 & \dfrac{\partial N_j}{\partial y} & 0 & \dfrac{\partial N_m}{\partial y} \\ \dfrac{\partial N_i}{\partial y} & \dfrac{\partial N_i}{\partial x} & \dfrac{\partial N_j}{\partial y} & \dfrac{\partial N_j}{\partial x} & \dfrac{\partial N_m}{\partial y} & \dfrac{\partial N_m}{\partial x} \end{bmatrix}$$

$$N_i = \frac{1}{\begin{vmatrix} 1 & x_i & y_i \\ 1 & x_j & y_j \\ 1 & x_m & y_m \end{vmatrix}} \begin{vmatrix} 1 & x & y \\ 1 & x_j & y_j \\ 1 & x_m & y_m \end{vmatrix} = \frac{1}{\begin{vmatrix} 1 & 0 & 3 \\ 1 & 0 & 0 \\ 1 & 7 & 3 \end{vmatrix}} \begin{vmatrix} 1 & x & y \\ 1 & 0 & 0 \\ 1 & 7 & 3 \end{vmatrix} = \frac{1}{21}(7y - 3x)$$

$$N_j = \frac{1}{\begin{vmatrix} 1 & x_i & y_i \\ 1 & x_j & y_j \\ 1 & x_m & y_m \end{vmatrix}} \begin{vmatrix} 1 & x_i & y_i \\ 1 & x & y \\ 1 & x_m & y_m \end{vmatrix} = \frac{1}{\begin{vmatrix} 1 & 0 & 3 \\ 1 & 0 & 0 \\ 1 & 7 & 3 \end{vmatrix}} \begin{vmatrix} 1 & 0 & 3 \\ 1 & x & y \\ 1 & 7 & 3 \end{vmatrix} = \frac{1}{21}(21 - 7y)$$

$$N_m = \frac{1}{\begin{vmatrix} 1 & x_i & y_i \\ 1 & x_j & y_j \\ 1 & x_m & y_m \end{vmatrix}} \begin{vmatrix} 1 & x_i & y_i \\ 1 & x_j & y_j \\ 1 & x & y \end{vmatrix} = \frac{1}{\begin{vmatrix} 1 & 0 & 3 \\ 1 & 0 & 0 \\ 1 & 7 & 3 \end{vmatrix}} \begin{vmatrix} 1 & 0 & 3 \\ 1 & 0 & 0 \\ 1 & x & y \end{vmatrix} = \frac{1}{21}(3x)$$

$$\frac{1}{21}\frac{\partial N_i}{\partial x} = -3; \frac{1}{21}\frac{\partial N_j}{\partial x} = 0; \frac{1}{21}\frac{\partial N_m}{\partial x} = 3$$

$$\frac{1}{21}\frac{\partial N_i}{\partial y} = 7; \frac{1}{21}\frac{\partial N_j}{\partial y} = -7; \frac{1}{21}\frac{\partial N_m}{\partial y} = 0$$

故

$$\boldsymbol{B}^1 = \begin{bmatrix} -3 & 0 & 0 & 0 & 3 & 0 \\ 0 & 7 & 0 & -7 & 0 & 0 \\ 7 & -3 & -7 & 0 & 0 & 3 \end{bmatrix} \times \frac{1}{21}$$

$$\boldsymbol{D}^1 = \frac{E}{1-\mu} \begin{bmatrix} 1 & \mu & 0 \\ \mu & 1 & 0 \\ 0 & 0 & \frac{1-\mu}{2} \end{bmatrix} = 3.03 \times 10^{11} \times \begin{bmatrix} 1 & 0.33 & 0 \\ 0.33 & 1 & 0 \\ 0 & 0 & 0.335 \end{bmatrix}$$

$$\boldsymbol{\sigma}_X^{\ 1} = \begin{Bmatrix} \sigma_x \\ \sigma_y \\ \tau_{xy} \end{Bmatrix}^1 = \boldsymbol{D}^1 \times \boldsymbol{B}^1 \boldsymbol{\delta}^1$$

$$= 3.03 \times 10^{11} \times \begin{bmatrix} 1 & 0.33 & 0 \\ 0.33 & 1 & 0 \\ 0 & 0 & 0.335 \end{bmatrix} \times \begin{bmatrix} -3 & 0 & 0 & 0 & 3 & 0 \\ 0 & 7 & 0 & -7 & 0 & 0 \\ 7 & -3 & -7 & 0 & 0 & 3 \end{bmatrix} \times \frac{1}{21} \times$$

$$\begin{bmatrix} 0 \\ 0 \\ 0 \\ 0 \\ 0.0644 \times 10^{-6} \\ -0.2132 \times 10^{-6} \end{bmatrix} = \begin{pmatrix} 2.7876 \\ 0.9199 \\ -3.0915 \end{pmatrix} \times 10^3$$

$\sigma_X = 2787.6 \text{Pa}$

$\sigma_Y = 919.9 \text{Pa}$

$\tau_{XY} = -3091.5 \text{Pa}$

问题(4):求$(X,Y)=(1,1)$处的水平位移。

$$i=1 \quad j=2 \quad m=3$$

$$\left.\begin{array}{l} a_i = x_j y_m - x_m y_j \quad a_j = x_m y_i - x_i y_m \quad a_m = x_i y_j - x_j y_i \\ b_i = y_j - y_m \quad b_j = y_m - y_i \quad b_m = y_i - y_j \\ c_i = -(x_j - x_m) \quad c_j = -(x_m - x_i) \quad c_m = -(x_i - x_j) \end{array}\right\}$$

$a_i = 0, b_i = -3, c_i = 7$

$a_j = 21, b_j = 0, c_j = -7$

$a_m = 0, b_m = 3, c_m = 0$

$x=1, y=1$

$A = \dfrac{1}{2} \times 3 \times 7 = \dfrac{21}{2}(\text{m})$

$N_1 = (a_i + b_i x + c_i y)/(2A) = \dfrac{4}{21}$

$N_2 = (a_j + b_j x + c_j y)/(2A) = \dfrac{2}{3}$

$N_3 = (a_m + b_m x + c_m y)/(2A) = \dfrac{1}{7}$

水平位移:$u = N_1 u_1 + N_2 u_2 + N_3 u_3$

$\quad = \dfrac{4}{21} \times 0 + \dfrac{2}{3} \times 0 + \dfrac{1}{7} \times (0.0644 \times 10^{-6})$

$\quad = 9.2 \times 10^{-9}(\text{m})$

竖直位移:$v = N_1 v_1 + N_2 v_2 + N_3 v_3$

$\quad = \dfrac{4}{21} \times 0 + \dfrac{2}{3} \times 0 + \dfrac{1}{7} \times (-0.2132 \times 10^{-6})$

$\quad = -3.05 \times 10^{-8}(\text{m})$

例3-4是平面应力问题的有限元求解过程,若是平面应变问题,只需改变弹性常数,其他过程相同。

以下用一个例子分析隧道应力在线弹性状态下的有限元数值解,按平面应变问题进行求解,并与解析解进行对比。

例3-5 设隧道围岩的弹性模量 $E_x = 2.0 \times 10^3 \mathrm{MPa}$,泊松比 $\mu = 0.48$,初始应力 $\sigma_y = 30\mathrm{MPa}$,$\lambda = 1$,隧道开挖半径 $a = 2.0\mathrm{m}$,试求隧道围岩弹性应力分布。

解:(1)解析解

将有关数值代入式(2-1),径向应力 σ_r:

$$\sigma_r = \sigma_y(1 - \alpha^2)$$

切向应力 σ_t:

$$\sigma_t = \sigma_y(1 + \alpha^2)$$

求出沿圆形隧道水平、竖直轴上应力,列于表3-2。

解析解　　　　　　　　　　　　　　　　表3-2

$r(\mathrm{m})$	2	2.5	3	4	6	8	10	14	20
$\sigma_r(\mathrm{MPa})$	0.00	10.80	16.67	22.50	26.67	28.13	28.80	29.39	29.70
$\sigma_t(\mathrm{MPa})$	60.00	49.20	43.33	37.50	33.33	31.88	31.20	30.61	30.30

(2)数值解

利用有限元软件 ANSYS 进行模拟计算,具体计算模型如图3-9所示。模型尺寸分别为:模型高取100m,宽取100m,圆形隧道半径 $a = 2.0\mathrm{m}$,隧道位于模型中心。对模型四个边界角点处均施加水平和竖直方向弹簧,弹簧外侧端固定约束。在四个边界上均施加法向压应力30.0MPa。

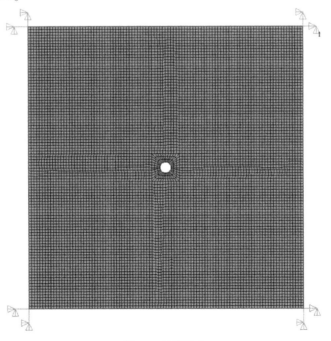

图3-9　计算模型

通过计算得到圆形隧道水平、竖直轴上部分节点应力见表3-3。

数值解　　　　　　　　　　　　　　　　　　　　表3-3

r(m)	2	3	4	5	6	8	10	14	20
σ_r(MPa)	11.63	15.83	21.95	24.65	26.13	27.81	28.50	29.10	29.46
σ_t(MPa)	65.95	39.01	35.76	33.79	32.63	31.29	30.66	30.10	29.75

根据上述计算绘制的隧道围岩应力分布如图3-10所示。

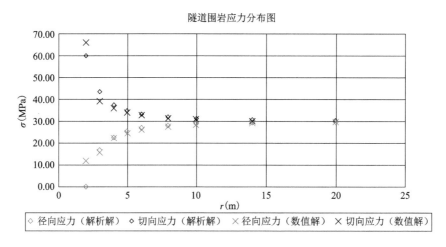

图3-10　圆形隧道周围弹性应力分布对比图

通过图3-10对两者的对比分析可知,解析解与数值解的数值大致相同,变化趋势一致,说明有限元数值解具有较高的精度。

1.单元刚度矩阵和整体刚度矩阵各有哪些性质?各自的物理意义是什么?两者有何区别?

2.有限元法中"离散"的含义是什么?

3.简述平面问题的分类及区别。

4.有一如图3-11所示金属薄板,其厚度为20cm,弹性模量$E=2.7\times10^5$MPa,泊松比$\mu=0.33$,在图示荷载作用下,求得节点位移向量为:

$$\boldsymbol{\delta}=\{0\ 0\ 0\ 0\ 0.0644\times10^{-6}\ -0.2132\times10^{-6}\ 0.0997\times10^{-6}\ 0\}^T$$

单元①的刚度矩阵:$i=1$　　　$j=3$　　　$m=2$

$$k^1 = \begin{bmatrix} 25.415 & -13.965 & -16.415 & 6.93 & -9 & 7.035 \\ -13.965 & 52.015 & 7.035 & -49 & 6.93 & -3.015 \\ -16.415 & 7.035 & 16.415 & 0 & 0 & -7.035 \\ 6.93 & -49 & 0 & 49 & -6.93 & 0 \\ -9 & 6.93 & 0 & -6.93 & 9 & 0 \\ 7.035 & -3.015 & -7.035 & 0 & 0 & 3.015 \end{bmatrix} \times 0.014428395 \times 10^{11}$$

单元②的刚度矩阵: $i=2 \quad j=4 \quad m=3$

$$k^2 = \begin{bmatrix} 9 & 0 & -9 & 6.93 & 0 & -6.93 \\ 0 & 3.015 & 7.035 & -3.015 & -7.035 & 0 \\ -9 & 7.035 & 25.415 & -13.965 & -16.415 & 6.93 \\ 6.93 & -3.015 & -13.965 & 52.015 & 7.035 & -49 \\ 0 & -7.035 & -16.415 & 7.035 & 16.415 & 0 \\ -6.93 & 0 & 6.93 & -49 & 0 & 49 \end{bmatrix} \times 0.014428395 \times 10^{11}$$

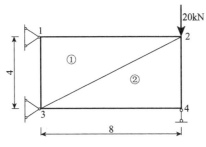

图 3-11　金属薄板 1

求: (1) 结构原始刚度矩阵的值。

(2) 单元①的单元节点力的值。

(3) 位于金属薄板 $(X,Y)=(1,1)$ 处的水平正应力 σ_x。

(4) 位于金属薄板 $(X,Y)=(1,1)$ 处的水平位移 u_x。

5. 有一如图 3-12 所示金属薄板，各单元刚度矩阵及节点编号如下。

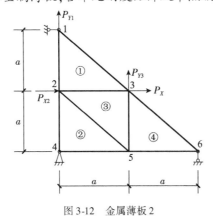

图 3-12　金属薄板 2

单元①的节点编号为 $i=1$ $j=2$ $m=3$，单元刚度矩阵为：

$$k^1 = \begin{bmatrix} 12.7075 & -6.9825 & -8.2075 & 3.465 & -4.5 & 3.5175 \\ -6.9825 & 26.0075 & 3.5175 & -24.5 & 3.465 & -1.5075 \\ -8.2075 & 3.5175 & 8.2075 & 0 & 0 & -3.5175 \\ 3.465 & -24.5 & 0 & 24.5 & -3.465 & 0 \\ -4.5 & 3.465 & 0 & -3.465 & 4.5 & 0 \\ 3.5175 & -1.5075 & -3.5175 & 0 & 0 & 1.5075 \end{bmatrix} \times 10^{11}$$

单元②的节点编号为 $i=2$ $j=4$ $m=5$，单元刚度矩阵为：

$$k^2 = \begin{bmatrix} 22.415 & -16.965 & -19.415 & 3.93 & -12 & 4.035 \\ -16.965 & 49.015 & 4.035 & -52 & 3.93 & -6.015 \\ -19.415 & 4.035 & 13.415 & -3 & -3 & -10.035 \\ 3.93 & -52 & -3 & 46 & -9.93 & -3 \\ -12 & 3.93 & -3 & -9.93 & 6 & -3 \\ 4.035 & -6.015 & -10.035 & -3 & -3 & 0.015 \end{bmatrix} \times 10^{11}$$

单元③的节点编号为 $i=2$ $j=5$ $m=3$，单元刚度矩阵为：

$$k^3 = \begin{bmatrix} 10.7075 & -8.9825 & -10.2075 & 1.465 & -6.5 & 1.5175 \\ -8.9825 & 24.0075 & 13.5175 & -26.5 & 1.465 & -3.5075 \\ -10.2075 & 13.5175 & 6.2075 & -2 & -2 & -5.5175 \\ 1.465 & -26.5 & -2 & 22.5 & -5.465 & -2 \\ -6.5 & 1.465 & -2 & -5.465 & 2.5 & -2 \\ 1.5175 & -3.5075 & -5.5175 & -2 & -2 & -0.4925 \end{bmatrix} \times 10^{11}$$

单元④的节点编号为 $i=3$ $j=5$ $m=6$，单元刚度矩阵为：

$$k^4 = \begin{bmatrix} 45.83 & -32.93 & -37.83 & 8.86 & -23 & 9.07 \\ -32.93 & 99.03 & 9.07 & -103 & 8.86 & -11.03 \\ -37.83 & 9.07 & 37.83 & -5 & -5 & -19.07 \\ 8.86 & -103 & -5 & 93 & -18.86 & -5 \\ -23 & 8.86 & -5 & -18.86 & 13 & -5 \\ 9.07 & -11.03 & -19.07 & -5 & -5 & 1.03 \end{bmatrix} \times 10^{11}$$

求：结构原始刚度矩阵中 $k_{3,10}$，$k_{4,9}$，$k_{5,6}$，$k_{2,7}$ 和 $k_{1,4}$ 的值。

第4章

杆系结构有限元法

隧道结构分析计算通常有两种计算方法,一种是结构力学法,也就是荷载-结构法,另一种是连续介质法,也就是地层-结构法。

荷载-结构法就是将隧道衬砌结构单独分析,在上面加上荷载,围岩通过荷载的大小以及弹性抗力来体现。

通常采用荷载-结构法计算衬砌结构内力,该方法的衬砌是通过梁单元来模拟,用杆系结构有限单元分析,本章主要介绍模拟隧道衬砌结构受力的梁单元相关理论。

4.1 平面梁单元

4.1.1 单元坐标系下的位移分析

梁单元用于模拟有弯曲变形的构件,下面以工程中常用的 2 节点平面梁单元为例进行分析。

任选梁单元两端截面的某一位置为节点,取节点连线为单元坐标系的 x 轴,按逆时针转动 90°得到 y 轴。

图 4-1 表示了在梁单元坐标系下的节点位移,其中 u_i、v_i、u_j、v_j 表示了节点沿坐标轴方向的平移,θ_i、θ_j 表示了节点处节点连线的转角,全部节点位移以向量形式记为:$\boldsymbol{\delta}^e = \{u_i \quad v_i \quad \theta_i \quad u_j \quad v_j \quad \theta_j\}^\mathrm{T}$;图 4-2 表示了在梁单元坐标系下与各位移分量对应的节点力,

以向量形式记为：$\boldsymbol{F}^e = \{F_{ix} \quad F_{iy} \quad M_i \quad F_{jx} \quad F_{jy} \quad M_j\}^T$。

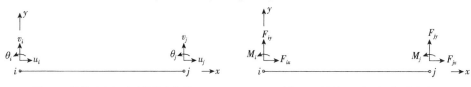

图 4-1　梁单元坐标系下的节点位移　　　　图 4-2　梁单元坐标系下的节点力

设梁单元的杆长为 l，梁单元内任意一点的位移表示为：$u(x,y)$、$v(x,y)$。节点连线上任意一点的 X 方向位移可以按下式插值：

$$u(x,0) = \left(1 - \frac{x}{l}\right)u_i + \frac{x}{l}u_j \tag{4-1}$$

此插值函数满足边界条件：

$$x = 0 \text{ 处} \quad u(x,0) = u_i$$
$$x = l \text{ 处} \quad u(x,0) = u_j$$

对于梁的横向位移，假设梁单元的横截面在变形过程中不发生形状改变，且始终与轴线垂直，即整个截面随轴线发生刚性转动。

由于节点连线的 y 方向位移 $v(x,0)$ 会引起节点连线的转动，在小位移情况下，有：

$$\theta(x) \approx \tan(\theta) = \frac{\mathrm{d}v(x,0)}{\mathrm{d}x} \tag{4-2}$$

根据节点处的位移边界条件：

$$x = 0 \text{ 处} \quad v(x,0) = v_i, \frac{\mathrm{d}v(x,0)}{\mathrm{d}x} = \theta(x) = \theta_i$$
$$x = l \text{ 处} \quad v(x,0) = v_j, \frac{\mathrm{d}v(x,0)}{\mathrm{d}x} = \theta(x) = \theta_j$$

$v(x,0)$ 可假设为 4 个参数的插值形式：

$$v(x,0) = \beta_0 + \beta_1 x + \beta_2 x^2 + \beta_3 x^3 \tag{4-3}$$

于是节点连线的转角为：

$$\theta(x) = \beta_1 + 2\beta_2 x + 3\beta_3 x^2 \tag{4-4}$$

可以解得：

$$\begin{cases} \beta_0 = v_i \\ \beta_1 = \theta_i \\ \beta_2 = -\frac{3}{l^2}v_i - \frac{2}{l}\theta_i + \frac{3}{l^2}v_j - \frac{1}{l}\theta_j \\ \beta_3 = \frac{2}{l^3}v_i + \frac{1}{l^2}\theta_i - \frac{2}{l^3}v_j + \frac{1}{l^2}\theta_j \end{cases} \tag{4-5}$$

把式(4-5)带入式(4-3)得：

$$v(x,0) = v_i + \theta_i x + \left(-\frac{3}{l^2}v_i - \frac{2}{l}\theta_i + \frac{3}{l^2}v_j - \frac{1}{l}\theta_j\right)x^2 + \left(\frac{2}{l^3}v_i + \frac{1}{l^2}\theta_i - \frac{2}{l^3}v_j + \frac{1}{l^2}\theta_j\right)x^3$$

$$= \left(1 - \frac{3x^2}{l^2} + \frac{2x^3}{l^3}\right)v_i + \left(x - \frac{2x^2}{l} + \frac{x^3}{l^2}\right)\theta_i + \left(\frac{3x^2}{l^2} - \frac{2x^3}{l^3}\right)v_j + \left(-\frac{x^2}{l} + \frac{x^3}{l^2}\right)\theta_j \quad (4-6)$$

$$\theta(x) = \frac{\mathrm{d}v(x,0)}{\mathrm{d}x} = \left(-\frac{6x}{l^2} + \frac{6x^2}{l^3}\right)v_i + \left(1 - \frac{4x}{l} + \frac{3x^2}{l^2}\right)\theta_i + \left(\frac{6x}{l^2} - \frac{6x^2}{l^3}\right)v_j + \left(-\frac{2x}{l} + \frac{3x^2}{l^2}\right)\theta_j$$
$$(4-7)$$

令：

$$\begin{cases} N_1 = 1 - \dfrac{x}{l} \\[4pt] N_2 = 1 - \dfrac{3x^2}{l^2} + \dfrac{2x^3}{l^3} \\[4pt] N_3 = x - \dfrac{2x^2}{l} + \dfrac{x^3}{l^2} \\[4pt] N_4 = \dfrac{x}{l} \\[4pt] N_5 = \dfrac{3x^2}{l^2} - \dfrac{2x^3}{l^3} \\[4pt] N_6 = -\dfrac{x^2}{l} + \dfrac{x^3}{l^2} \end{cases} \quad (4-8)$$

则节点连线上任意一点的位移可表示为：

$$u(x,0) = N_1 u_i + N_4 u_j \quad (4-9)$$

$$v(x,0) = N_2 v_i + N_3 \theta_i + N_5 v_j + N_6 \theta_j \quad (4-10)$$

$$\theta(x) = \frac{\mathrm{d}N_2}{\mathrm{d}x}v_i + \frac{\mathrm{d}N_3}{\mathrm{d}x}\theta_i + \frac{\mathrm{d}N_5}{\mathrm{d}x}v_j + \frac{\mathrm{d}N_6}{\mathrm{d}x}\theta_j \quad (4-11)$$

用矩阵形式可以表示为：

$$\begin{Bmatrix} u(x,0) \\ v(x,0) \\ \theta(x) \end{Bmatrix} = \begin{bmatrix} N_1 & 0 & 0 & N_4 & 0 & 0 \\ 0 & N_2 & N_3 & 0 & N_5 & N_6 \\ 0 & \dfrac{\mathrm{d}N_2}{\mathrm{d}x} & \dfrac{\mathrm{d}N_3}{\mathrm{d}x} & 0 & \dfrac{\mathrm{d}N_5}{\mathrm{d}x} & \dfrac{\mathrm{d}N_6}{\mathrm{d}x} \end{bmatrix} \begin{Bmatrix} u_i \\ v_i \\ \theta_i \\ u_j \\ v_j \\ \theta_j \end{Bmatrix} = \boldsymbol{N}_0 \boldsymbol{\delta}^e \quad (4-12)$$

其中：$\boldsymbol{N}_0 = \begin{bmatrix} N_1 & 0 & 0 & N_4 & 0 & 0 \\ 0 & N_2 & N_3 & 0 & N_5 & N_6 \\ 0 & \dfrac{\mathrm{d}N_2}{\mathrm{d}x} & \dfrac{\mathrm{d}N_3}{\mathrm{d}x} & 0 & \dfrac{\mathrm{d}N_5}{\mathrm{d}x} & \dfrac{\mathrm{d}N_6}{\mathrm{d}x} \end{bmatrix}$ 表示根据节点位移计算节点连线上任

意一点位移的形函数矩阵。

如图4-3所示,设截面上任意一点 $A(x,y)$ 点的位移为:

$$\boldsymbol{r}_{AE} = u(x,y)\boldsymbol{i} + v(x,y)\boldsymbol{j} \tag{4-13}$$

节点连线上 $B(x,0)$ 点的位移为:

$$\boldsymbol{r}_{BC} = u(x,0)\boldsymbol{i} + v(x,0)\boldsymbol{j} \tag{4-14}$$

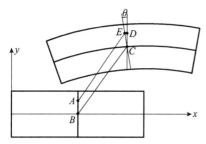

图4-3 截面位移分析示意图

根据平截面假定,有:

$$\boldsymbol{r}_{AB} = -\boldsymbol{r}_{CD} \tag{4-15}$$

$$\boldsymbol{r}_{DE} = -y\sin\theta\boldsymbol{i} + (y\cos\theta - y)\boldsymbol{j} \tag{4-16}$$

于是:

$$\begin{aligned}\boldsymbol{r}_{AE} &= \boldsymbol{r}_{AB} + \boldsymbol{r}_{BC} + \boldsymbol{r}_{CD} + \boldsymbol{r}_{DE} = \boldsymbol{r}_{BC} + \boldsymbol{r}_{DE} \\ &= [u(x,0) - y\sin\theta]\boldsymbol{i} + [v(x,0) + (y\cos\theta - y)]\boldsymbol{j}\end{aligned} \tag{4-17}$$

即:

$$\begin{aligned}u(x,y) &= u(x,0) - y\sin\theta \\ &\approx u(x,0) - y\theta \\ &= N_1 u_i + N_4 u_j - y\left(\frac{\mathrm{d}N_2}{\mathrm{d}x}v_i + \frac{\mathrm{d}N_3}{\mathrm{d}x}\theta_i + \frac{\mathrm{d}N_5}{\mathrm{d}x}v_j + \frac{\mathrm{d}N_6}{\mathrm{d}x}\theta_j\right)\end{aligned} \tag{4-18}$$

$$\begin{aligned}v(x,y) &= v(x,0) + y\cos\theta - y \\ &\approx v(x,0) = N_2 v_i + N_3 \theta_i + N_5 v_j + N_6 \theta_j\end{aligned} \tag{4-19}$$

$$\theta(x) = \frac{\mathrm{d}N_2}{\mathrm{d}x}v_i + \frac{\mathrm{d}N_3}{\mathrm{d}x}\theta_i + \frac{\mathrm{d}N_5}{\mathrm{d}x}v_j + \frac{\mathrm{d}N_6}{\mathrm{d}x}\theta_j \tag{4-20}$$

矩阵形式为:

$$\begin{Bmatrix} u(x,y) \\ v(x,y) \end{Bmatrix} = \begin{bmatrix} N_1 & -y\dfrac{\mathrm{d}N_2}{\mathrm{d}x} & -y\dfrac{\mathrm{d}N_3}{\mathrm{d}x} & N_4 & -y\dfrac{\mathrm{d}N_5}{\mathrm{d}x} & -y\dfrac{\mathrm{d}N_6}{\mathrm{d}x} \\ 0 & N_2 & N_3 & 0 & N_5 & N_6 \end{bmatrix} \begin{Bmatrix} u_i \\ v_i \\ \theta_i \\ u_j \\ v_j \\ \theta_j \end{Bmatrix} = \boldsymbol{N}\boldsymbol{\delta}^e \tag{4-21}$$

式中: $\boldsymbol{N}$ ——根据节点位移计算梁单元上任意一点处位移的形函数矩阵。

4.1.2 平面梁单元的刚度矩阵

单元任意一点处的应变为:

$$\begin{cases} \varepsilon_x = \dfrac{\partial u}{\partial x} = \left\{ \dfrac{\mathrm{d}N_1}{\mathrm{d}x} \quad -y\dfrac{\mathrm{d}^2 N_2}{\mathrm{d}x^2} \quad -y\dfrac{\mathrm{d}^2 N_3}{\mathrm{d}x^2} \quad \dfrac{\mathrm{d}N_4}{\mathrm{d}x} \quad -y\dfrac{\mathrm{d}^2 N_5}{\mathrm{d}x^2} \quad -y\dfrac{\mathrm{d}^2 N_6}{\mathrm{d}x^2} \right\} \delta^e \\ \varepsilon_y = \dfrac{\partial v}{\partial y} = 0 \\ \gamma_{xy} = \dfrac{\partial u}{\partial y} + \dfrac{\partial v}{\partial x} = -\theta + \theta = 0 \end{cases} \quad (4\text{-}22)$$

记应变位移向量为:

$$\boldsymbol{B} = \left\{ \dfrac{\mathrm{d}N_1}{\mathrm{d}x} \quad -y\dfrac{\mathrm{d}^2 N_2}{\mathrm{d}x^2} \quad -y\dfrac{\mathrm{d}^2 N_3}{\mathrm{d}x^2} \quad \dfrac{\mathrm{d}N_4}{\mathrm{d}x} \quad -y\dfrac{\mathrm{d}^2 N_5}{\mathrm{d}x^2} \quad -y\dfrac{\mathrm{d}^2 N_6}{\mathrm{d}x^2} \right\} \quad (4\text{-}23)$$

则有:

$$\varepsilon_x = \boldsymbol{B}\boldsymbol{\delta}^e \quad (4\text{-}24)$$

对于单元的节点虚位移 $\boldsymbol{\delta}^{*e}$,单元内任意一点的虚应变为:

$$\boldsymbol{\varepsilon}_x^{*e} = \boldsymbol{B}\boldsymbol{\delta}^{*e} = \boldsymbol{\delta}^{*eT}\boldsymbol{B}^{\mathrm{T}} \quad (4\text{-}25)$$

根据胡克定律,应力为:

$$\boldsymbol{\sigma}_x = E\boldsymbol{\varepsilon}_x = E\boldsymbol{B}\boldsymbol{\delta}^e \quad (4\text{-}26)$$

单元的虚变形能为:

$$\begin{aligned} \delta U &= \int_V (\sigma_x \delta\varepsilon_x + \sigma_y \delta\varepsilon_y + \sigma_z \delta\varepsilon_z + \tau_{yz}\delta\gamma_{yz} + \tau_{zx}\delta\gamma_{zx} + \tau_{xy}\delta\gamma_{xy}) \mathrm{d}V = \int_V \delta\varepsilon_x \sigma_x \mathrm{d}v \\ &= \int_V \boldsymbol{\delta}^{*eT}\boldsymbol{B}^{\mathrm{T}} E \boldsymbol{B} \boldsymbol{\delta}^e \mathrm{d}v = \boldsymbol{\delta}^{*eT} \int_V \boldsymbol{B}^{\mathrm{T}} E \boldsymbol{B} \mathrm{d}v \boldsymbol{\delta}^e \\ &= \boldsymbol{\delta}^{*eT} \boldsymbol{K}^e \boldsymbol{\delta}^e \end{aligned} \quad (4\text{-}27)$$

式中: $\boldsymbol{K}^e$ ——梁单元在单元坐标系下的单元刚度矩阵, $\boldsymbol{K}^e = \int_V \boldsymbol{B}^{\mathrm{T}} E \boldsymbol{B} \mathrm{d}v$。

$$\boldsymbol{K}^e = \int_V \boldsymbol{B}^{\mathrm{T}} E \boldsymbol{B} \mathrm{d}A \mathrm{d}x$$

$$= \iint_{l\,A} \left\{ \begin{array}{c} \dfrac{\mathrm{d}N_1}{\mathrm{d}x} \\ -y\dfrac{\mathrm{d}^2 N_2}{\mathrm{d}x^2} \\ -y\dfrac{\mathrm{d}^2 N_3}{\mathrm{d}x^2} \\ \dfrac{\mathrm{d}N_4}{\mathrm{d}x} \\ -y\dfrac{\mathrm{d}^2 N_5}{\mathrm{d}x^2} \\ -y\dfrac{\mathrm{d}^2 N_6}{\mathrm{d}x^2} \end{array} \right\} E \left\{ \dfrac{\mathrm{d}N_1}{\mathrm{d}x} \quad -y\dfrac{\mathrm{d}^2 N_2}{\mathrm{d}x^2} \quad -y\dfrac{\mathrm{d}^2 N_3}{\mathrm{d}x^2} \quad \dfrac{\mathrm{d}N_4}{\mathrm{d}x} \quad -y\dfrac{\mathrm{d}^2 N_5}{\mathrm{d}x^2} \quad -y\dfrac{\mathrm{d}^2 N_6}{\mathrm{d}x^2} \right\} \mathrm{d}A \mathrm{d}x$$

$$(4\text{-}28)$$

记：$S_z = \int_A y \mathrm{d}A$ 表示截面对 Z 轴的静矩，$I_z = \int_A y^2 \mathrm{d}A$ 表示截面对截面上 Z 轴的惯性矩，则有：

$$K_{11}^e = \iint_{l,A} E \left(\frac{\mathrm{d}N_1}{\mathrm{d}x} \cdot \frac{\mathrm{d}N_1}{\mathrm{d}x} \right) \mathrm{d}A \mathrm{d}x = \int_l E \mathrm{d}x \int_A \left(-\frac{1}{l} \times -\frac{1}{l} \right) \mathrm{d}A = \int_l E \frac{A}{l^2} \mathrm{d}x$$

则 K_{14}^e、K_{41}^e、K_{44}^e 均可分别求出，如下式所示。

$$\boldsymbol{K}^e = \int_l E \begin{bmatrix} \frac{A}{l^2} & -S_z \frac{\mathrm{d}N_1}{\mathrm{d}x} \frac{\mathrm{d}^2 N_2}{\mathrm{d}x^2} & -S_z \frac{\mathrm{d}N_1}{\mathrm{d}x} \frac{\mathrm{d}^2 N_3}{\mathrm{d}x^2} & -\frac{A}{l^2} & -S_z \frac{\mathrm{d}N_1}{\mathrm{d}x} \frac{\mathrm{d}^2 N_5}{\mathrm{d}x^2} & -S_z \frac{\mathrm{d}N_1}{\mathrm{d}x} \frac{\mathrm{d}^2 N_6}{\mathrm{d}x^2} \\ -S_z \frac{\mathrm{d}^2 N_2}{\mathrm{d}x^2} \frac{\mathrm{d}N_1}{\mathrm{d}x} & I_z \frac{\mathrm{d}^2 N_2}{\mathrm{d}x^2} \frac{\mathrm{d}^2 N_2}{\mathrm{d}x^2} & I_z \frac{\mathrm{d}^2 N_2}{\mathrm{d}x^2} \frac{\mathrm{d}^2 N_3}{\mathrm{d}x^2} & -S_z \frac{\mathrm{d}^2 N_2}{\mathrm{d}x^2} \frac{\mathrm{d}N_4}{\mathrm{d}x} & I_z \frac{\mathrm{d}^2 N_2}{\mathrm{d}x^2} \frac{\mathrm{d}^2 N_5}{\mathrm{d}x^2} & I_z \frac{\mathrm{d}^2 N_2}{\mathrm{d}x^2} \frac{\mathrm{d}^2 N_6}{\mathrm{d}x^2} \\ -S_z \frac{\mathrm{d}^2 N_3}{\mathrm{d}x^2} \frac{\mathrm{d}N_1}{\mathrm{d}x} & I_z \frac{\mathrm{d}^2 N_3}{\mathrm{d}x^2} \frac{\mathrm{d}^2 N_2}{\mathrm{d}x^2} & I_z \frac{\mathrm{d}^2 N_3}{\mathrm{d}x^2} \frac{\mathrm{d}^2 N_3}{\mathrm{d}x^2} & -S_z \frac{\mathrm{d}^2 N_3}{\mathrm{d}x^2} \frac{\mathrm{d}N_4}{\mathrm{d}x} & I_z \frac{\mathrm{d}^2 N_3}{\mathrm{d}x^2} \frac{\mathrm{d}^2 N_5}{\mathrm{d}x^2} & I_z \frac{\mathrm{d}^2 N_3}{\mathrm{d}x^2} \frac{\mathrm{d}^2 N_6}{\mathrm{d}x^2} \\ -\frac{A}{l^2} & -S_z \frac{\mathrm{d}N_4}{\mathrm{d}x} \frac{\mathrm{d}^2 N_2}{\mathrm{d}x^2} & -S_z \frac{\mathrm{d}N_4}{\mathrm{d}x} \frac{\mathrm{d}^2 N_3}{\mathrm{d}x^2} & \frac{A}{l^2} & -S_z \frac{\mathrm{d}N_4}{\mathrm{d}x} \frac{\mathrm{d}^2 N_5}{\mathrm{d}x^2} & -S_z \frac{\mathrm{d}N_4}{\mathrm{d}x} \frac{\mathrm{d}^2 N_6}{\mathrm{d}x^2} \\ -S_z \frac{\mathrm{d}^2 N_5}{\mathrm{d}x^2} \frac{\mathrm{d}N_1}{\mathrm{d}x} & I_z \frac{\mathrm{d}^2 N_5}{\mathrm{d}x^2} \frac{\mathrm{d}^2 N_2}{\mathrm{d}x^2} & I_z \frac{\mathrm{d}^2 N_5}{\mathrm{d}x^2} \frac{\mathrm{d}^2 N_3}{\mathrm{d}x^2} & -S_z \frac{\mathrm{d}^2 N_5}{\mathrm{d}x^2} \frac{\mathrm{d}N_4}{\mathrm{d}x} & I_z \frac{\mathrm{d}^2 N_5}{\mathrm{d}x^2} \frac{\mathrm{d}^2 N_5}{\mathrm{d}x^2} & I_z \frac{\mathrm{d}^2 N_5}{\mathrm{d}x^2} \frac{\mathrm{d}^2 N_6}{\mathrm{d}x^2} \\ -S_z \frac{\mathrm{d}^2 N_6}{\mathrm{d}x^2} \frac{\mathrm{d}N_1}{\mathrm{d}x} & I_z \frac{\mathrm{d}^2 N_6}{\mathrm{d}x^2} \frac{\mathrm{d}^2 N_2}{\mathrm{d}x^2} & I_z \frac{\mathrm{d}^2 N_6}{\mathrm{d}x^2} \frac{\mathrm{d}^2 N_3}{\mathrm{d}x^2} & -S_z \frac{\mathrm{d}^2 N_6}{\mathrm{d}x^2} \frac{\mathrm{d}N_4}{\mathrm{d}x} & I_z \frac{\mathrm{d}^2 N_6}{\mathrm{d}x^2} \frac{\mathrm{d}^2 N_5}{\mathrm{d}x^2} & I_z \frac{\mathrm{d}^2 N_6}{\mathrm{d}x^2} \frac{\mathrm{d}^2 N_6}{\mathrm{d}x^2} \end{bmatrix} \mathrm{d}x$$

(4-29)

对变截面梁单元，可以通过数值积分得到单元刚度阵。

当节点连线为截面的形心轴时，$S_z = \int_A y \mathrm{d}A = 0$。

$$\boldsymbol{K}^e = \int_l E \begin{bmatrix} \frac{A}{l^2} & 0 & 0 & -\frac{A}{l^2} & 0 & 0 \\ 0 & I_z \frac{\mathrm{d}^2 N_2}{\mathrm{d}x^2} \frac{\mathrm{d}^2 N_2}{\mathrm{d}x^2} & I_z \frac{\mathrm{d}^2 N_2}{\mathrm{d}x^2} \frac{\mathrm{d}^2 N_3}{\mathrm{d}x^2} & 0 & I_z \frac{\mathrm{d}^2 N_2}{\mathrm{d}x^2} \frac{\mathrm{d}^2 N_5}{\mathrm{d}x^2} & I_z \frac{\mathrm{d}^2 N_2}{\mathrm{d}x^2} \frac{\mathrm{d}^2 N_6}{\mathrm{d}x^2} \\ 0 & I_z \frac{\mathrm{d}^2 N_3}{\mathrm{d}x^2} \frac{\mathrm{d}^2 N_2}{\mathrm{d}x^2} & I_z \frac{\mathrm{d}^2 N_3}{\mathrm{d}x^2} \frac{\mathrm{d}^2 N_3}{\mathrm{d}x^2} & 0 & I_z \frac{\mathrm{d}^2 N_3}{\mathrm{d}x^2} \frac{\mathrm{d}^2 N_5}{\mathrm{d}x^2} & I_z \frac{\mathrm{d}^2 N_3}{\mathrm{d}x^2} \frac{\mathrm{d}^2 N_6}{\mathrm{d}x^2} \\ -\frac{A}{l^2} & 0 & 0 & \frac{A}{l^2} & 0 & 0 \\ 0 & I_z \frac{\mathrm{d}^2 N_5}{\mathrm{d}x^2} \frac{\mathrm{d}^2 N_2}{\mathrm{d}x^2} & I_z \frac{\mathrm{d}^2 N_5}{\mathrm{d}x^2} \frac{\mathrm{d}^2 N_3}{\mathrm{d}x^2} & 0 & I_z \frac{\mathrm{d}^2 N_5}{\mathrm{d}x^2} \frac{\mathrm{d}^2 N_5}{\mathrm{d}x^2} & I_z \frac{\mathrm{d}^2 N_5}{\mathrm{d}x^2} \frac{\mathrm{d}^2 N_6}{\mathrm{d}x^2} \\ 0 & I_z \frac{\mathrm{d}^2 N_6}{\mathrm{d}x^2} \frac{\mathrm{d}^2 N_2}{\mathrm{d}x^2} & I_z \frac{\mathrm{d}^2 N_6}{\mathrm{d}x^2} \frac{\mathrm{d}^2 N_3}{\mathrm{d}x^2} & 0 & I_z \frac{\mathrm{d}^2 N_6}{\mathrm{d}x^2} \frac{\mathrm{d}^2 N_5}{\mathrm{d}x^2} & I_z \frac{\mathrm{d}^2 N_6}{\mathrm{d}x^2} \frac{\mathrm{d}^2 N_6}{\mathrm{d}x^2} \end{bmatrix} \mathrm{d}x$$

(4-30)

当节点连线为截面的形心轴，且为等截面梁单元时，可得：

$$K_{11}^e = \int_0^l E\frac{A}{l^2}\mathrm{d}x = \frac{EA}{l}$$

$$K_{22}^e = \int_0^l EI_z\left(-\frac{6}{l^2}+\frac{12x}{l^3}\right)^2 \mathrm{d}x = \frac{12EI_z}{l^3}$$

…

则：

$$K^e = \begin{bmatrix} \dfrac{EA}{l} & 0 & 0 & -\dfrac{EA}{l} & 0 & 0 \\ 0 & \dfrac{12EI_z}{l^3} & \dfrac{6EI_z}{l^2} & 0 & -\dfrac{12EI_z}{l^3} & \dfrac{6EI_z}{l^2} \\ 0 & \dfrac{6EI_z}{l^2} & \dfrac{4EI_z}{l} & 0 & -\dfrac{6EI_z}{l^2} & \dfrac{2EI_z}{l} \\ -\dfrac{EA}{l} & 0 & 0 & \dfrac{EA}{l} & 0 & 0 \\ 0 & -\dfrac{12EI_z}{l^3} & -\dfrac{6EI_z}{l^2} & 0 & \dfrac{12EI_z}{l^3} & -\dfrac{6EI_z}{l^2} \\ 0 & \dfrac{6EI_z}{l^2} & \dfrac{2EI_z}{l} & 0 & -\dfrac{6EI_z}{l^2} & \dfrac{4EI_z}{l} \end{bmatrix} \quad (4\text{-}31)$$

4.2 坐标转换

在一个结构中，各个梁单元的方向可能不一样。在多个梁单元的连接处，基于各个单元的局部坐标系描述的节点位移无法反映连接关系，只有采用单一的坐标系（称为节点坐标系）描述该处的位移，才可以自然地描述连接关系，从而进行各个单元的单元刚度矩阵和单元等效节点力的组装。于是，梁单元的单元刚度矩阵和单元荷载向量需要从不同的单元坐标系变换到各个节点的统一节点坐标系，一般情况下，选择整体坐标系为节点坐标系。下面设各个节点均采用整体坐标系来分析单元刚度矩阵和单元等效节点力的变换方法。

如图 4-4 所示，设单元节点连线与整体坐标系 x 轴的夹角为 α，单元坐标系下的各节点位移分量为 u_i'、v_i'、θ_i'、u_j'、v_j'、θ_j'，整体坐标系下的各节点位移分量为 u_i、v_i、θ_i、u_j、v_j、θ_j；单元坐标系下的各节点力分量为 F_{ix}'、F_{iy}'、M_i'、F'

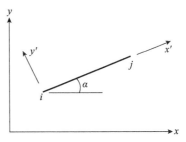

图 4-4 整体坐标系下的梁单元

F'_{jx}、F'_{jy}、M'_j,整体坐标系下的各节点力分量为 F_{ix}、F_{iy}、M_i、F_{jx}、F_{jy}、M_j。

记 $\boldsymbol{R} = \begin{bmatrix} \cos\alpha & \sin\alpha & 0 \\ -\sin\alpha & \cos\alpha & 0 \\ 0 & 0 & 1 \end{bmatrix}$,则有:

$$\left.\begin{aligned}\begin{Bmatrix} u'_i \\ v'_i \\ \theta'_i \end{Bmatrix} &= \begin{bmatrix} \cos\alpha & \sin\alpha & 0 \\ -\sin\alpha & \cos\alpha & 0 \\ 0 & 0 & 1 \end{bmatrix}\begin{Bmatrix} u_i \\ v_i \\ \theta_i \end{Bmatrix} = \boldsymbol{R}\begin{Bmatrix} u_i \\ v_i \\ \theta_i \end{Bmatrix} \\ \begin{Bmatrix} u'_j \\ v'_j \\ \theta'_j \end{Bmatrix} &= \begin{bmatrix} \cos\alpha & \sin\alpha & 0 \\ -\sin\alpha & \cos\alpha & 0 \\ 0 & 0 & 1 \end{bmatrix}\begin{Bmatrix} u_j \\ v_j \\ \theta_j \end{Bmatrix} = \boldsymbol{R}\begin{Bmatrix} u_j \\ v_j \\ \theta_j \end{Bmatrix}\end{aligned}\right\} \quad (4\text{-}32)$$

$$\left.\begin{aligned}\begin{Bmatrix} F'_{ix} \\ F'_{iy} \\ M'_i \end{Bmatrix} &= \begin{bmatrix} \cos\alpha & \sin\alpha & 0 \\ -\sin\alpha & \cos\alpha & 0 \\ 0 & 0 & 1 \end{bmatrix}\begin{Bmatrix} F_{ix} \\ F_{iy} \\ M_i \end{Bmatrix} = \boldsymbol{R}\begin{Bmatrix} F_{ix} \\ F_{iy} \\ M_i \end{Bmatrix} \\ \begin{Bmatrix} F'_{jx} \\ F'_{jy} \\ M'_j \end{Bmatrix} &= \begin{bmatrix} \cos\alpha & \sin\alpha & 0 \\ -\sin\alpha & \cos\alpha & 0 \\ 0 & 0 & 1 \end{bmatrix}\begin{Bmatrix} F_{jx} \\ F_{jy} \\ M_j \end{Bmatrix} = \boldsymbol{R}\begin{Bmatrix} F_{jx} \\ F_{jy} \\ M_j \end{Bmatrix}\end{aligned}\right\} \quad (4\text{-}33)$$

即有:

$$\boldsymbol{\delta}'^e = \begin{Bmatrix} u'_i \\ v'_i \\ \theta'_i \\ u'_j \\ v'_j \\ \theta'_j \end{Bmatrix} = \begin{bmatrix} \cos\alpha & \sin\alpha & 0 & 0 & 0 & 0 \\ -\sin\alpha & \cos\alpha & 0 & 0 & 0 & 0 \\ 0 & 0 & 1 & 0 & 0 & 0 \\ 0 & 0 & 0 & \cos\alpha & \sin\alpha & 0 \\ 0 & 0 & 0 & -\sin\alpha & \cos\alpha & 0 \\ 0 & 0 & 0 & 0 & 0 & 1 \end{bmatrix}\begin{Bmatrix} u_i \\ v_i \\ \theta_i \\ u_j \\ v_j \\ \theta_j \end{Bmatrix} = \begin{bmatrix} \boldsymbol{R} & 0 \\ 0 & \boldsymbol{R} \end{bmatrix}\boldsymbol{\delta}^e \quad (4\text{-}34)$$

$$\boldsymbol{F}'^e = \begin{Bmatrix} F'_{ix} \\ F'_{iy} \\ M'_i \\ F'_{jx} \\ F'_{jy} \\ M'_j \end{Bmatrix} = \begin{bmatrix} \cos\alpha & \sin\alpha & 0 & 0 & 0 & 0 \\ -\sin\alpha & \cos\alpha & 0 & 0 & 0 & 0 \\ 0 & 0 & 1 & 0 & 0 & 0 \\ 0 & 0 & 0 & \cos\alpha & \sin\alpha & 0 \\ 0 & 0 & 0 & -\sin\alpha & \cos\alpha & 0 \\ 0 & 0 & 0 & 0 & 0 & 1 \end{bmatrix}\begin{Bmatrix} F_{ix} \\ F_{iy} \\ M_i \\ F_{jx} \\ F_{jy} \\ M_j \end{Bmatrix} = \begin{bmatrix} \boldsymbol{R} & 0 \\ 0 & \boldsymbol{R} \end{bmatrix}\boldsymbol{F}^e \quad (4\text{-}35)$$

单元坐标系下的虚功原理可以表达为:

$$\delta U = \boldsymbol{\delta}'^{eT}\boldsymbol{K}'^e\boldsymbol{\delta}'^e = \delta W = \boldsymbol{\delta}'^{eT}\boldsymbol{F}'^e \quad (4\text{-}36)$$

其中 $\boldsymbol{K}'^e$ 是局部坐标系下单元刚度矩阵。

代入可得:

$$\boldsymbol{\delta}^{e\mathrm{T}}\begin{bmatrix}\boldsymbol{R}&0\\0&\boldsymbol{R}\end{bmatrix}^{\mathrm{T}}\boldsymbol{K}'^{e}\begin{bmatrix}\boldsymbol{R}&0\\0&\boldsymbol{R}\end{bmatrix}\boldsymbol{\delta}^{e}=\boldsymbol{\delta}^{e\mathrm{T}}\begin{bmatrix}\boldsymbol{R}&0\\0&\boldsymbol{R}\end{bmatrix}^{\mathrm{T}}\boldsymbol{F}'^{e} \qquad (4\text{-}37)$$

根据虚位移的 δ^{*e} 的任意性,得:

$$\begin{bmatrix}\boldsymbol{R}&0\\0&\boldsymbol{R}\end{bmatrix}^{\mathrm{T}}\boldsymbol{K}'^{e}\begin{bmatrix}\boldsymbol{R}&0\\0&\boldsymbol{R}\end{bmatrix}\boldsymbol{\delta}^{e}=\begin{bmatrix}\boldsymbol{R}&0\\0&\boldsymbol{R}\end{bmatrix}^{\mathrm{T}}\boldsymbol{F}'^{e} \qquad (4\text{-}38)$$

令 $\boldsymbol{K}^e$、$\boldsymbol{F}^e$ 分别为与整体坐标系下的位移对应的单元刚度矩阵和单元等效节点荷载:

$$\boldsymbol{K}^{e}=\begin{bmatrix}\boldsymbol{R}&0\\0&\boldsymbol{R}\end{bmatrix}^{\mathrm{T}}\boldsymbol{K}'^{e}\begin{bmatrix}\boldsymbol{R}&0\\0&\boldsymbol{R}\end{bmatrix} \qquad (4\text{-}39)$$

$$\boldsymbol{F}^{e}=\begin{bmatrix}\boldsymbol{R}&0\\0&\boldsymbol{R}\end{bmatrix}^{\mathrm{T}}\boldsymbol{F}'^{e} \qquad (4\text{-}40)$$

以上两式分别表示了单元刚度矩阵由单元坐标系变换到整体坐标系的变换方法和单元等效荷载由单元坐标系变换到整体坐标系的变换方法。

利用式(4-38)~式(4-40)得到整体坐标系下梁单元的单元平衡方程:

$$\boldsymbol{K}^{e}\boldsymbol{\delta}^{e}=\boldsymbol{F}^{e}$$

如果两个节点采用不同的坐标系描述其位移分量,设单元节点连线与 i 节点坐标系 x 轴的夹角为 α_i、与 j 节点坐标系 x 轴的夹角为 α_j,则从单元坐标系向节点坐标系变换的方法为:

$$\boldsymbol{K}^{e}=\begin{bmatrix}\boldsymbol{R}_{i}&0\\0&\boldsymbol{R}_{j}\end{bmatrix}^{\mathrm{T}}\boldsymbol{K}'^{e}\begin{bmatrix}\boldsymbol{R}_{i}&0\\0&\boldsymbol{R}_{j}\end{bmatrix} \qquad (4\text{-}41)$$

$$\boldsymbol{F}^{e}=\begin{bmatrix}\boldsymbol{R}_{i}&0\\0&\boldsymbol{R}_{j}\end{bmatrix}^{\mathrm{T}}\boldsymbol{F}'^{e} \qquad (4\text{-}42)$$

式(4-46)、式(4-47)中:

$$\boldsymbol{R}_{i}=\begin{bmatrix}\cos\alpha_{i}&\sin\alpha_{i}&0\\-\sin\alpha_{i}&\cos\alpha_{i}&0\\0&0&1\end{bmatrix},\boldsymbol{R}_{j}=\begin{bmatrix}\cos\alpha_{j}&\sin\alpha_{j}&0\\-\sin\alpha_{j}&\cos\alpha_{j}&0\\0&0&1\end{bmatrix}$$

4.3 结构刚度矩阵及刚度方程

前面得到的单元平衡方程 $\boldsymbol{K}^e\boldsymbol{\delta}^e=\boldsymbol{F}^e$ 是一个梁单元的节点力和节点位移的关系。对于一个梁结构而言,需要得到结构中所有节点的力和位移之间的关系,这可以通过整体结构的变形体虚功原理得到。

对于任意单元 k,设其虚变形能为 δU^k,以 $\pmb{\delta}_e^k$ 表示该单元的节点位移向量、$\delta\pmb{\delta}_e^k$ 表示节点虚位移向量、$\pmb{K}_e^k$ 表示单元刚度矩阵,则整体结构的虚变形能为:

$$\delta U = \sum_k \delta U^k = \sum_k (\delta \pmb{\delta}_e^{k\mathrm{T}} \pmb{K}_e^k \pmb{\delta}_e^k) \tag{4-43}$$

为整理上述公式,将结构中所有节点的位移组成一个列向量 $\pmb{d}$,称为结构整体自由度向量。

对于结构中的任意单元,其虚变形能即可由单元自身的节点位移向量及其虚形式来计算,也可利用结构整体自由度向量 $\pmb{d}$ 及其虚形式 $\delta\pmb{d}$ 来计算,即存在下面关系:

$$\delta U^k = \delta \pmb{\delta}_e^{k\mathrm{T}} \pmb{K}_e^k \pmb{\delta}_e^k = \delta \pmb{d}^{\mathrm{T}} \pmb{K}_s^k \pmb{d} \tag{4-44}$$

式中,$\pmb{k}_s^k$ 为单元 k 相对于结构整体自由度向量 $\pmb{d}$ 及其虚形式 $\delta\pmb{d}$ 的扩展单元刚度矩阵。

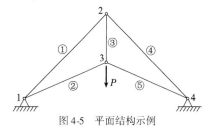

图 4-5 平面结构示例

例如,对于图 4-5 的平面结构,可记整体自由度向量 $\pmb{d}$ 为:

$$\pmb{d} = \{u_1 \quad v_1 \quad u_2 \quad v_2 \quad u_3 \quad v_3 \quad u_4 \quad v_4\}^{\mathrm{T}}$$

为不失一般性,以单元②为例来说明单元虚变形能的不同计算形式。

取单元②的节点位移向量为:

$$\pmb{\delta}_e^2 = \{u_1 \quad v_1 \quad u_3 \quad v_3\}^{\mathrm{T}}$$

相应的单元刚度矩阵为(上标 2 表示单元号):

$$\pmb{K}_e^2 = \begin{bmatrix} k_{11}^2 & k_{12}^2 & k_{13}^2 & k_{14}^2 \\ k_{21}^2 & k_{22}^2 & k_{23}^2 & k_{24}^2 \\ k_{31}^2 & k_{32}^2 & k_{33}^2 & k_{34}^2 \\ k_{41}^2 & k_{42}^2 & k_{43}^2 & k_{44}^2 \end{bmatrix} \tag{4-45}$$

则单元②的虚变形能存在如下计算方式:

$$\begin{aligned}
\delta U^2 &= \{\delta u_1 \quad \delta v_1 \quad \delta u_3 \quad \delta v_3\} \begin{bmatrix} k_{11}^2 & k_{12}^2 & k_{13}^2 & k_{14}^2 \\ k_{21}^2 & k_{22}^2 & k_{23}^2 & k_{24}^2 \\ k_{31}^2 & k_{32}^2 & k_{33}^2 & k_{34}^2 \\ k_{41}^2 & k_{42}^2 & k_{43}^2 & k_{44}^2 \end{bmatrix} \begin{Bmatrix} u_1 \\ v_1 \\ u_3 \\ v_3 \end{Bmatrix} \\
&= \delta u_1 k_{11}^2 u_1 + \delta u_1 k_{12}^2 v_1 + \delta u_1 k_{13}^2 u_3 + \delta u_1 k_{14}^2 v_3 + \\
&\quad \delta v_1 k_{21}^2 u_1 + \delta v_1 k_{22}^2 v_1 + \delta v_1 k_{23}^2 u_3 + \delta v_1 k_{24}^2 v_3 + \\
&\quad \delta u_3 k_{31}^2 u_1 + \delta u_3 k_{32}^2 v_1 + \delta u_3 k_{33}^2 u_3 + \delta u_3 k_{34}^2 v_3 + \\
&\quad \delta v_3 k_{41}^2 u_1 + \delta v_3 k_{42}^2 v_1 + \delta v_3 k_{43}^2 u_3 + \delta v_3 k_{44}^2 v_3
\end{aligned}$$

$$= \begin{Bmatrix} \delta u_1 \\ \delta v_1 \\ \delta u_2 \\ \delta v_2 \\ \delta u_3 \\ \delta v_3 \\ \delta u_4 \\ \delta v_4 \end{Bmatrix}^{\mathrm{T}} \begin{bmatrix} k_{11}^2 & k_{12}^2 & 0 & 0 & k_{13}^2 & k_{14}^2 & 0 & 0 \\ k_{21}^2 & k_{22}^2 & 0 & 0 & k_{23}^2 & k_{24}^2 & 0 & 0 \\ 0 & 0 & 0 & 0 & 0 & 0 & 0 & 0 \\ 0 & 0 & 0 & 0 & 0 & 0 & 0 & 0 \\ k_{31}^2 & k_{32}^2 & 0 & 0 & k_{33}^2 & k_{34}^2 & 0 & 0 \\ k_{41}^2 & k_{42}^2 & 0 & 0 & k_{43}^2 & k_{44}^2 & 0 & 0 \\ 0 & 0 & 0 & 0 & 0 & 0 & 0 & 0 \\ 0 & 0 & 0 & 0 & 0 & 0 & 0 & 0 \end{bmatrix} \begin{Bmatrix} u_1 \\ v_1 \\ u_2 \\ v_2 \\ u_3 \\ v_3 \\ u_4 \\ v_4 \end{Bmatrix} \quad (4\text{-}46)$$

记：

$$\boldsymbol{K}_s^2 = \begin{bmatrix} k_{11}^2 & k_{12}^2 & 0 & 0 & k_{13}^2 & k_{14}^2 & 0 & 0 \\ k_{21}^2 & k_{22}^2 & 0 & 0 & k_{23}^2 & k_{24}^2 & 0 & 0 \\ 0 & 0 & 0 & 0 & 0 & 0 & 0 & 0 \\ 0 & 0 & 0 & 0 & 0 & 0 & 0 & 0 \\ k_{31}^2 & k_{32}^2 & 0 & 0 & k_{33}^2 & k_{34}^2 & 0 & 0 \\ k_{41}^2 & k_{42}^2 & 0 & 0 & k_{43}^2 & k_{44}^2 & 0 & 0 \\ 0 & 0 & 0 & 0 & 0 & 0 & 0 & 0 \\ 0 & 0 & 0 & 0 & 0 & 0 & 0 & 0 \end{bmatrix}$$

其为 $\boldsymbol{K}_e^2$ 的扩展形式,可称为单元②的扩展单元刚度矩阵。

如图4-6所示,上面单元②的单元刚度矩阵转化为扩展单元刚度矩阵的方式也可形象地表示为：

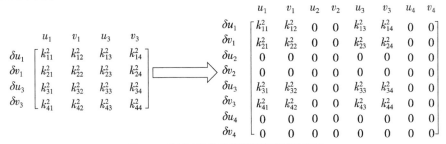

图4-6 单元②的单元刚度矩阵扩展示意图

式(4-46)和图4-6表明：

(1)单元的虚变形能计算公式中,每一个刚度矩阵元素同时与一个虚位移分量和一个位移分量相乘。

(2)无论使用单元的节点位移向量进行计算,还是采用结构整体自由度向量进行计算,与一个刚度矩阵元素相乘的虚位移分量和位移分量不发生改变。

(3)由于结构整体自由度向量 $\boldsymbol{d}$ 及其虚形式 $\delta\boldsymbol{d}$ 具有相同的自由度次序,扩展单元刚度矩阵也具有对称性。

(4)扩展单元刚度矩阵中存在大量的零元素。这种存在大量零元素的矩阵称为稀疏矩阵。

由于各单元刚度矩阵的扩展形式具有相同的维数,具有简单可加性,因此对于结构的总虚变形能,有:

$$\begin{aligned}\delta U &= \sum_k \delta U^k \\ &= \sum_k (\delta \boldsymbol{\delta}_e^{k\mathrm{T}} \boldsymbol{K}_e^k \boldsymbol{\delta}_e^k) \\ &= \sum_k (\delta \boldsymbol{d}^\mathrm{T} \boldsymbol{K}_s^k \boldsymbol{d}) \\ &= \delta \boldsymbol{d}^\mathrm{T} \left(\sum_k \boldsymbol{K}_s^k\right) \boldsymbol{d} \\ &= \delta \boldsymbol{d}^\mathrm{T} \boldsymbol{K}_s \boldsymbol{d}\end{aligned} \qquad (4\text{-}47)$$

式中:$\boldsymbol{K}_s$——结构的总体刚度矩阵(简称结构总刚或总刚):

$$\boldsymbol{K}_s = \sum_k \boldsymbol{K}_s^k \qquad (4\text{-}48)$$

总刚矩阵可由各单元刚度矩阵的扩展形式简单相加,其对称性得到保留,零元素仍然大量存在。

在实际的计算机处理中,为节省计算机内存和提高执行效率,并不真正形成各单元的扩展单元刚度矩阵,而是利用单元刚度矩阵的扩展方法,直接对原始单元刚度矩阵中的元素进行组装。

对于一个结构,利用单元刚度矩阵和总刚矩阵的对称性,实际的组装方法为:

(1)初始化总刚矩阵,将全部元素置为0。

(2)对于每一个单元,计算单元刚度矩阵;对单元刚度矩阵的每个元素,根据所在行列位置,找到其对应的两个位移分量,将其加入总刚矩阵中与该两个位移分量对应的行列位置。

4.4 结构荷载

对于任意单元 k,其单元节点力所做的虚功即可由单元自身的节点虚位移向量 $\delta \boldsymbol{\delta}_e^k$ 来计算,也可利用结构整体自由度向量的虚形式 $\delta \boldsymbol{d}$ 来计算,即存在下面关系:

$$\delta W^k = \delta \boldsymbol{\delta}_e^{k\mathrm{T}} \boldsymbol{F}_e^k = \delta \boldsymbol{d}^\mathrm{T} \boldsymbol{F}_s^k \qquad (4\text{-}49)$$

对于图4-7结构中单元②的受力情况,其节点力的虚功可表示为:

$$\begin{aligned}\delta W^2 &= \delta u_1 F_{1x}^2 + \delta v_1 F_{1y}^2 + \delta u_3 F_{3x}^2 + \delta v_3 F_{3y}^2 \\ &= \{\delta u_1 \quad \delta v_1 \quad \delta u_3 \quad \delta v_3\} \begin{Bmatrix} F_{1x}^2 \\ F_{1y}^2 \\ F_{3x}^2 \\ F_{3y}^2 \end{Bmatrix}\end{aligned}$$

$$= \{\delta u_1 \quad \delta v_1 \quad \delta u_2 \quad \delta v_2 \quad \delta u_3 \quad \delta v_3 \quad \delta u_4 \quad \delta v_4\} \begin{Bmatrix} F_{1x}^2 \\ F_{1y}^2 \\ 0 \\ 0 \\ F_{3x}^2 \\ F_{3y}^2 \\ 0 \\ 0 \end{Bmatrix} \quad (4\text{-}50)$$

也即有:

$$\boldsymbol{F}_e^2 = \{F_{1x}^2 \quad F_{1y}^2 \quad F_{3x}^2 \quad F_{3y}^2\}^\mathrm{T} \quad (4\text{-}51)$$

$$\boldsymbol{F}_s^2 = \{F_{1x}^2 \quad F_{1y}^2 \quad 0 \quad 0 \quad F_{3x}^2 \quad F_{3y}^2 \quad 0 \quad 0\}^\mathrm{T} \quad (4\text{-}52)$$

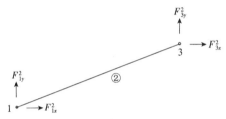

图 4-7　单元②的受力示意图

无论使用 $\delta\boldsymbol{\delta}_e^k$ 还是 $\delta\boldsymbol{d}$，每个节点力元素与相对应的虚位移分量相乘得到虚功。

在 $\delta W^k = \delta \boldsymbol{d}^\mathrm{T} \boldsymbol{F}_s^k$ 中，$\delta \boldsymbol{d}^\mathrm{T}$ 对于每个单元都是相同的向量，各 $\boldsymbol{F}_s^k$ 因具有相同的维数可实现简单相加，从而整体结构全部荷载的总虚功可表示为:

$$\delta W = \sum \delta W^k = \sum (\delta \boldsymbol{\delta}_e^{k\mathrm{T}} \boldsymbol{F}_e^k) = \sum (\delta \boldsymbol{d}^\mathrm{T} \boldsymbol{F}_s^k) = \delta \boldsymbol{d}^\mathrm{T} (\sum \boldsymbol{F}_s^k) = \delta \boldsymbol{d}^\mathrm{T} \boldsymbol{F}_s \quad (4\text{-}53)$$

式中: $\boldsymbol{F}_s$——整体结构的荷载向量:

$$\boldsymbol{F}_s = \sum \boldsymbol{F}_s^k \quad (4\text{-}54)$$

说明:

(1) 对于单元之间的作用力和反作用力，由于等值、反向，在相同的节点、虚位移数值上所做总虚功之和为 0，实际组装时不必考虑。即使组装，单元间的作用力和反作用力在荷载向量中也会互相抵消，并不产生任何效果。

(2) 为减小计算量、节省内存空间，软件实现中每个单元并不需要实际生成 $\boldsymbol{F}_s^k$，而是直接针对需要组装的 $\boldsymbol{F}_e^k$，按照向量中各元素对应的位移分量位置，直接组装到整体结构的荷载向量中。

具体方法为:

①初始化整体结构的荷载向量，将全部元素置为 0。

②对于外部节点力，找到其对应的(虚)位移在整体结构自由度向量中的序号位置，

将其加入整体结构荷载向量中与该位移分量对应的位置。

③对于需要组装的单元荷载向量,针对其中的每个元素,找到对应的(虚)位移在整体结构自由度向量中的序号位置,将其加入整体结构荷载向量中与该位移分量对应的位置。

4.5 静力平衡方程的求解

利用前面得到的总虚变形能 δU 和总虚功 δW 的结果:

$$\delta U = \delta \boldsymbol{d}^{\mathrm{T}} \boldsymbol{K}_s \boldsymbol{d} \tag{4-55}$$

$$\delta W = \delta \boldsymbol{d}^{\mathrm{T}} \boldsymbol{F}_s \tag{4-56}$$

根据整体结构的虚功原理 $\delta U = \delta W$,考虑到虚位移 $\delta \boldsymbol{d}$ 的任意性,就得到整体结构的平衡方程:

$$\boldsymbol{K}_s \boldsymbol{d} = \boldsymbol{F}_s \tag{4-57}$$

由于没有引入结构的位移边界条件,因此结构存在刚体位移。由于刚体位移的影响,此时存在无穷多组位移满足上述方程组。根据线性代数方程组解的性质,当方程组存在无穷多解时,其系数矩阵(也即总刚矩阵)不可逆,不能通过求逆矩阵的方法进行求解。

对于图4-5的桁架结构,节点1在水平和竖直方向有位移约束:$u_1 = \bar{u}_1 = 0$、$v_1 = \bar{v}_1 = 0$ (这里 $\bar{u}_1$、$\bar{v}_1$ 表示已知位移量,下同),设其相应的支座约束反力分别为 R_x^1、R_y^1,节点4在竖直方向有位移约束 $v_4 = \bar{v}_4 = 0$,设其相应的支座约束反力为 R_y^4。再根据结构的已知受力情况可得到结构平衡方程的具体形式为:

$$\begin{bmatrix} K_{11} & K_{12} & K_{13} & K_{14} & K_{15} & K_{16} & K_{17} & K_{18} \\ K_{21} & K_{22} & K_{23} & K_{24} & K_{25} & K_{26} & K_{27} & K_{28} \\ K_{31} & K_{32} & K_{33} & K_{34} & K_{35} & K_{36} & K_{37} & K_{38} \\ K_{41} & K_{42} & K_{43} & K_{44} & K_{45} & K_{46} & K_{47} & K_{48} \\ K_{51} & K_{52} & K_{53} & K_{54} & K_{55} & K_{56} & K_{57} & K_{58} \\ K_{61} & K_{62} & K_{63} & K_{64} & K_{65} & K_{66} & K_{67} & K_{68} \\ K_{71} & K_{72} & K_{73} & K_{74} & K_{75} & K_{76} & K_{77} & K_{78} \\ K_{81} & K_{82} & K_{83} & K_{84} & K_{85} & K_{86} & K_{87} & K_{88} \end{bmatrix} \begin{Bmatrix} \bar{u}_1 \\ \bar{v}_1 \\ u_2 \\ v_2 \\ u_3 \\ v_3 \\ u_4 \\ \bar{v}_4 \end{Bmatrix} = \begin{Bmatrix} R_x^1 \\ R_y^1 \\ 0 \\ 0 \\ 0 \\ -P \\ 0 \\ R_y^4 \end{Bmatrix} \tag{4-58}$$

上述8个方程中,有8个未知量(5个未知的位移分量和3个未知的约束反力),是一组可解的方程组,但是此方程组与常规线性代数方程组不同的是,未知量分别处于方程组的两边,不能直接采用矩阵求逆的方法求解。

为便于计算机的存储和计算,采用以下步骤进行求解:

(1)根据已知位移情况,对荷载已知的方程进行移项处理,得到:

$$\begin{bmatrix} K_{11} & K_{12} & K_{13} & K_{14} & K_{15} & K_{16} & K_{17} & K_{18} \\ K_{21} & K_{22} & K_{23} & K_{24} & K_{25} & K_{26} & K_{27} & K_{28} \\ 0 & 0 & K_{33} & K_{34} & K_{35} & K_{36} & K_{37} & 0 \\ 0 & 0 & K_{43} & K_{44} & K_{45} & K_{46} & K_{47} & 0 \\ 0 & 0 & K_{53} & K_{54} & K_{55} & K_{56} & K_{57} & 0 \\ 0 & 0 & K_{63} & K_{64} & K_{65} & K_{66} & K_{67} & 0 \\ 0 & 0 & K_{73} & K_{74} & K_{75} & K_{76} & K_{77} & 0 \\ K_{81} & K_{82} & K_{83} & K_{84} & K_{85} & K_{86} & K_{87} & K_{88} \end{bmatrix} \begin{Bmatrix} \bar{u}_1 \\ \bar{v}_1 \\ u_2 \\ v_2 \\ u_3 \\ v_3 \\ u_4 \\ \bar{v}_4 \end{Bmatrix} = \begin{Bmatrix} R_x^1 \\ R_y^1 \\ 0 - K_{31}\bar{u}_1 - K_{32}\bar{v}_1 - K_{38}\bar{v}_4 \\ 0 - K_{41}\bar{u}_1 - K_{42}\bar{v}_1 - K_{48}\bar{v}_4 \\ 0 - K_{51}\bar{u}_1 - K_{52}\bar{v}_1 - K_{58}\bar{v}_4 \\ -P - K_{61}\bar{u}_1 - K_{62}\bar{v}_1 - K_{68}\bar{v}_4 \\ 0 - K_{71}\bar{u}_1 - K_{72}\bar{v}_1 - K_{78}\bar{v}_4 \\ R_y^4 \end{Bmatrix}$$

(4-59)

(2)记录下约束反力对应方程的系数,系数矩阵的第1、2、8行。

(3)人为地修改约束反力对应方程的系数和右端项,使之成为与约束位移对应的恒等方程,得到:

$$\begin{bmatrix} 1 & 0 & 0 & 0 & 0 & 0 & 0 & 0 \\ 0 & 1 & 0 & 0 & 0 & 0 & 0 & 0 \\ 0 & 0 & K_{33} & K_{34} & K_{35} & K_{36} & K_{37} & 0 \\ 0 & 0 & K_{43} & K_{44} & K_{45} & K_{46} & K_{47} & 0 \\ 0 & 0 & K_{53} & K_{54} & K_{55} & K_{56} & K_{57} & 0 \\ 0 & 0 & K_{63} & K_{64} & K_{65} & K_{66} & K_{67} & 0 \\ 0 & 0 & K_{73} & K_{74} & K_{75} & K_{76} & K_{77} & 0 \\ 0 & 0 & 0 & 0 & 0 & 0 & 0 & 1 \end{bmatrix} \begin{Bmatrix} \bar{u}_1 \\ \bar{v}_1 \\ u_2 \\ v_2 \\ u_3 \\ v_3 \\ u_4 \\ \bar{v}_4 \end{Bmatrix} = \begin{Bmatrix} R_x^1 \\ R_y^1 \\ 0 - K_{31}\bar{u}_1 - K_{32}\bar{v}_1 - K_{38}\bar{v}_4 \\ 0 - K_{41}\bar{u}_1 - K_{42}\bar{v}_1 - K_{48}\bar{v}_4 \\ 0 - K_{51}\bar{u}_1 - K_{52}\bar{v}_1 - K_{58}\bar{v}_4 \\ -P - K_{61}\bar{u}_1 - K_{62}\bar{v}_1 - K_{68}\bar{v}_4 \\ 0 - K_{71}\bar{u}_1 - K_{72}\bar{v}_1 - K_{78}\bar{v}_4 \\ R_y^4 \end{Bmatrix}$$ (4-60)

(4)求解,即可得到满足位移约束条件的各节点位移。在上面的变换下,系数矩阵的对称性保持不变。在结构没有刚体位移的情况下,系数矩阵就成为对称正定矩阵,可以采用良好的算法进行求解。

(5)根据求得的节点位移向量和利用记录的约束反力对应方程的系数,计算各约束反力:

$$R_x^1 = \{K_{11} \quad K_{12} \quad K_{13} \quad K_{14} \quad K_{15} \quad K_{16} \quad K_{17} \quad K_{18}\} \boldsymbol{d} \quad (4\text{-}61)$$

$$R_y^1 = \{K_{21} \quad K_{22} \quad K_{23} \quad K_{24} \quad K_{25} \quad K_{26} \quad K_{27} \quad K_{28}\} \boldsymbol{d} \quad (4\text{-}62)$$

$$R_y^4 = \{K_{81} \quad K_{82} \quad K_{83} \quad K_{84} \quad K_{85} \quad K_{86} \quad K_{87} \quad K_{88}\} \boldsymbol{d} \quad (4\text{-}63)$$

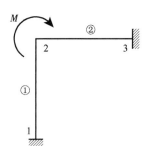

图 4-8 例 4-1 受力图示

例 4-1 如图 4-8 所示结构各单元的参数为：①和②单元参数相同，长度 $l = 8\mathrm{m}$，截面面积 $A = 2.6\mathrm{m}^2$，惯性矩 $I = 1.465\mathrm{m}^4$，弹性模量 $E = 3.7 \times 10^4 \mathrm{MPa}$，弯矩 $M = 2500\mathrm{kN \cdot m}$。

求：(1) 求结构原始刚度矩阵。
(2) 用有限元法求结构各节点的位移。
(3) 计算两个单元的弯矩。
(4) 绘制两个单元的弯矩图。

解：(1) 求结构原始刚度矩阵

设结构的总体自由度向量为 $\{u_1 \ v_1 \ \theta_1 \ u_2 \ v_2 \ \theta_2 \ u_3 \ v_3 \ \theta_3\}^{\mathrm{T}}$。

初始化总刚矩阵为：

$$\boldsymbol{K}_s = \begin{bmatrix} 0 & 0 & 0 & 0 & 0 & 0 & 0 & 0 & 0 \\ 0 & 0 & 0 & 0 & 0 & 0 & 0 & 0 & 0 \\ 0 & 0 & 0 & 0 & 0 & 0 & 0 & 0 & 0 \\ 0 & 0 & 0 & 0 & 0 & 0 & 0 & 0 & 0 \\ 0 & 0 & 0 & 0 & 0 & 0 & 0 & 0 & 0 \\ 0 & 0 & 0 & 0 & 0 & 0 & 0 & 0 & 0 \\ 0 & 0 & 0 & 0 & 0 & 0 & 0 & 0 & 0 \\ 0 & 0 & 0 & 0 & 0 & 0 & 0 & 0 & 0 \\ 0 & 0 & 0 & 0 & 0 & 0 & 0 & 0 & 0 \end{bmatrix}$$

对于单元①：节点取 1、2，自由度向量设为 $\{u_1 \ v_1 \ \theta_1 \ u_2 \ v_2 \ \theta_2\}$，其方向余弦为：$\cos\alpha = 0, \sin\alpha = 1$

其局部坐标系下的单元刚度矩阵为：

$$\boldsymbol{K}_e^1 = \begin{bmatrix} 1.7747 & 0 & 0 & -1.7747 & 0 & 0 \\ 0 & 0.1875 & 0.75 & 0 & -0.1875 & 0.75 \\ 0 & 0.75 & 4 & 0 & -0.75 & 2 \\ -1.7747 & 0 & 0 & 1.7747 & 0 & 0 \\ 0 & -0.1875 & -0.75 & 0 & 0.1875 & -0.75 \\ 0 & 0.75 & 2 & 0 & -0.75 & 4 \end{bmatrix} \times 0.6775625 \times 10^{10}$$

变换到整体坐标系下后为：

$$\boldsymbol{K}_s^1 = \begin{bmatrix} 0.1875 & 0 & -0.75 & -0.1875 & 0 & -0.75 \\ 0 & 1.7747 & 0 & 0 & -1.7747 & 0 \\ -0.75 & 0 & 4 & 0.75 & 0 & 2 \\ -0.1875 & 0 & 0.75 & 0.1875 & 0 & 0.75 \\ 0 & -1.7747 & 0 & 0 & 1.7747 & 0 \\ -0.75 & 0 & 2 & 0.75 & 0 & 4 \end{bmatrix} \times 0.6775625 \times 10^{10}$$

扩展到总刚矩阵后,总刚矩阵成为:

$$K_s = \begin{bmatrix} 0.1875 & 0 & -0.75 & -0.1875 & 0 & -0.75 & 0 & 0 & 0 \\ 0 & 1.7747 & 0 & 0 & -1.7747 & 0 & 0 & 0 & 0 \\ -0.75 & 0 & 4 & 0.75 & 0 & 2 & 0 & 0 & 0 \\ -0.1875 & 0 & 0.75 & 0.1875 & 0 & 0.75 & 0 & 0 & 0 \\ 0 & -1.7747 & 0 & 0 & 1.7747 & 0 & 0 & 0 & 0 \\ -0.75 & 0 & 2 & 0.75 & 0 & 4 & 0 & 0 & 0 \\ 0 & 0 & 0 & 0 & 0 & 0 & 0 & 0 & 0 \\ 0 & 0 & 0 & 0 & 0 & 0 & 0 & 0 & 0 \\ 0 & 0 & 0 & 0 & 0 & 0 & 0 & 0 & 0 \end{bmatrix} \times$$

0.6775625×10^{10}

对于单元②:节点取2、3,自由度向量设为$\{u_2 \ v_2 \ \theta_2 \ u_3 \ v_3 \ \theta_3\}$,其方向余弦为:$\cos\alpha = 1, \sin\alpha = 1$。

其局部坐标系下的单元刚度矩阵与其整体坐标系下的单元刚度矩阵相同为:

$$K_s^2 = \begin{bmatrix} 1.7747 & 0 & 0 & -1.7747 & 0 & 0 \\ 0 & 0.1875 & 0.75 & 0 & -0.1875 & 0.75 \\ 0 & 0.75 & 4 & 0 & -0.75 & 2 \\ -1.7747 & 0 & 0 & 1.7747 & 0 & 0 \\ 0 & -0.1875 & -0.75 & 0 & 0.1875 & -0.75 \\ 0 & 0.75 & 2 & 0 & -0.75 & 4 \end{bmatrix} \times 0.6775625 \times 10^{10}$$

扩展到总刚矩阵后,总刚矩阵成为:

$$K_s = \begin{bmatrix} 0.1875 & 0 & -0.75 & -0.1875 & 0 & -0.75 & 0 & 0 & 0 \\ 0 & 1.7747 & 0 & 0 & -1.7747 & 0 & 0 & 0 & 0 \\ -0.75 & 0 & 4 & 0.75 & 0 & 2 & 0 & 0 & 0 \\ -0.1875 & 0 & 0.75 & 1.9622 & 0 & 0.75 & -1.7747 & 0 & 0 \\ 0 & -1.7747 & 0 & 0 & 1.9622 & 0.75 & 0 & -0.1875 & 0.75 \\ -0.75 & 0 & 2 & 0.75 & 0.75 & 8 & 0 & -0.75 & 2 \\ 0 & 0 & 0 & -1.7747 & 0 & 0 & 1.7747 & 0 & 0 \\ 0 & 0 & 0 & 0 & -0.1875 & -0.75 & 0 & 0.1875 & -0.75 \\ 0 & 0 & 0 & 0 & 0.75 & 2 & 0 & -0.75 & 4 \end{bmatrix} \times$$

0.6775625×10^{10}

(2)求节点位移

根据题设条件,荷载向量和位移向量为:

$$P = \begin{pmatrix} R_{1x} \\ R_{1y} \\ M_1 \\ 0 \\ 0 \\ -2.5\times10^6 \\ R_{1x} \\ R_{1x} \\ R_{1x} \end{pmatrix}, \delta = \begin{pmatrix} u_1 \\ v_1 \\ \theta_1 \\ u_2 \\ v_2 \\ \theta_2 \\ u_3 \\ v_3 \\ \theta_3 \end{pmatrix} = \begin{pmatrix} 0 \\ 0 \\ 0 \\ u_2 \\ v_2 \\ \theta_2 \\ 0 \\ 0 \\ 0 \end{pmatrix}, P = K\delta$$

①在 K 中将零位数所对应的行和列去掉；
②在 P 中将零位数所对应的行去掉；
③在 δ 中将零位数所对应的行去掉。

得到矩阵：$\begin{bmatrix} 1.9622 & 0 & 0.75 \\ 0 & 1.9622 & 0.75 \\ 0.75 & 0.75 & 8 \end{bmatrix} \times 0.6775625 \times 10^{10}$

即：

$$\begin{bmatrix} 1.9622 & 0 & 0.75 \\ 0 & 1.9622 & 0.75 \\ 0.75 & 0.75 & 8 \end{bmatrix} \times 0.6775625 \times 10^{10} \times \begin{pmatrix} \mu_2 \\ v_2 \\ \theta_2 \end{pmatrix} = \begin{pmatrix} 0 \\ 0 \\ -2500\times10^3 \end{pmatrix}$$

$$\begin{pmatrix} \mu_2 \\ v_2 \\ \theta_2 \end{pmatrix} = \begin{pmatrix} 0.1899 \\ 0.1899 \\ -0.4968 \end{pmatrix} \times 10^{-4}$$

节点 1、3 的水平位移、竖直位移、转角均为 0。

(3) 求两个单元的弯矩

两单元的坐标变换矩阵为：

$$R^{(2)} = \begin{bmatrix} 1 & & & & & \\ & 1 & & & & \\ & & 1 & & & \\ & & & 1 & & \\ & & & & 1 & \\ & & & & & 1 \end{bmatrix}$$

单元杆端力（局部坐标）为：

$$F'^2 = k'^2\delta'^2 = k^2R^2\delta^2$$

$$= \begin{bmatrix} 1.7747 & 0 & 0 & -1.7747 & 0 & 0 \\ 0 & 0.1875 & 0.75 & 0 & -0.1875 & 0.75 \\ 0 & 0.75 & 4 & 0 & -0.75 & 2 \\ -1.7747 & 0 & 0 & 1.7747 & 0 & 0 \\ 0 & -0.1875 & -0.75 & 0 & 0.1875 & -0.75 \\ 0 & 0.75 & 2 & 0 & -0.75 & 4 \end{bmatrix} \times 0.6775625 \times 10^{10} \times$$

$$\begin{bmatrix} 1 & 0 & 0 & 0 & 0 & 0 \\ 0 & 1 & 0 & 0 & 0 & 0 \\ 0 & 0 & 1 & 0 & 0 & 0 \\ 0 & 0 & 0 & 1 & 0 & 0 \\ 0 & 0 & 0 & 0 & 1 & 0 \\ 0 & 0 & 0 & 0 & 0 & 1 \end{bmatrix} \times \begin{pmatrix} \mu_2 \\ v_2 \\ \theta_2 \\ 0 \\ 0 \\ 0 \end{pmatrix}$$

$$= \begin{bmatrix} 1.7747 & 0 & 0 & -1.7747 & 0 & 0 \\ 0 & 0.1875 & 0.75 & 0 & -0.1875 & 0.75 \\ 0 & 0.75 & 4 & 0 & -0.75 & 2 \\ -1.7747 & 0 & 0 & 1.7747 & 0 & 0 \\ 0 & -0.1875 & -0.75 & 0 & 0.1875 & -0.75 \\ 0 & 0.75 & 2 & 0 & -0.75 & 4 \end{bmatrix} \times 0.6775625 \times 10^{10} \times$$

$$\begin{bmatrix} 1 & 0 & 0 & 0 & 0 & 0 \\ 0 & 1 & 0 & 0 & 0 & 0 \\ 0 & 0 & 1 & 0 & 0 & 0 \\ 0 & 0 & 0 & 1 & 0 & 0 \\ 0 & 0 & 0 & 0 & 1 & 0 \\ 0 & 0 & 0 & 0 & 0 & 1 \end{bmatrix} \times \begin{pmatrix} 0.1899 \\ 0.1899 \\ -0.4968 \\ 0 \\ 0 \\ 0 \end{pmatrix} \times 10^{-4}$$

$$= \begin{pmatrix} 0.2284 \\ -0.2283 \\ -1.25 \\ -0.2284 \\ 0.2283 \\ -0.5767 \end{pmatrix} \times 10^6$$

其中，$M_i = M_2 = -1.25 \times 10^6 \text{N} \cdot \text{m}$；$M_j = M_3 = -0.5767 \times 10^6 \text{N} \cdot \text{m}$。

单元①：

一单元的坐标变换矩阵为：

$$\boldsymbol{R}^{(1)} = \begin{bmatrix} 0 & 1 & & & & \\ -1 & 0 & & & & \\ & & 1 & & & \\ & & & 0 & 1 & \\ & & & -1 & 0 & \\ & & & & & 1 \end{bmatrix}$$

$\boldsymbol{F}'^1 = \boldsymbol{k}'^1 \boldsymbol{\delta}'^1 = \boldsymbol{k}^1 \boldsymbol{R}^1 \boldsymbol{\delta}^1$

$$= \begin{bmatrix} 1.7747 & 0 & 0 & -1.7747 & 0 & 0 \\ 0 & 0.1875 & 0.75 & 0 & -0.1875 & 0.75 \\ 0 & 0.75 & 4 & 0 & -0.75 & 2 \\ -1.7747 & 0 & 0 & 1.7747 & 0 & 0 \\ 0 & -0.1875 & -0.75 & 0 & 0.1875 & -0.75 \\ 0 & 0.75 & 2 & 0 & -0.75 & 4 \end{bmatrix} \times 0.6775625 \times 10^{10} \times$$

$$\begin{bmatrix} 0 & 1 & 0 & 0 & 0 & 0 \\ -1 & 0 & 0 & 0 & 0 & 0 \\ 0 & 0 & 1 & 0 & 0 & 0 \\ 0 & 0 & 0 & 0 & 1 & 0 \\ 0 & 0 & 0 & -1 & 0 & 0 \\ 0 & 0 & 0 & 0 & 0 & 1 \end{bmatrix} \times \begin{pmatrix} \mu_1 \\ v_1 \\ \theta_1 \\ 0.1899 \\ 0.1899 \\ -0.4968 \end{pmatrix}$$

$$= \begin{bmatrix} 1.7747 & 0 & 0 & -1.7747 & 0 & 0 \\ 0 & 0.1875 & 0.75 & 0 & -0.1875 & 0.75 \\ 0 & 0.75 & 4 & 0 & -0.75 & 2 \\ -1.7747 & 0 & 0 & 1.7747 & 0 & 0 \\ 0 & -0.1875 & -0.75 & 0 & 0.1875 & -0.75 \\ 0 & 0.75 & 2 & 0 & -0.75 & 4 \end{bmatrix} \times 0.6775625 \times 10^{10} \times$$

$$\begin{bmatrix} 0 & 1 & 0 & 0 & 0 & 0 \\ -1 & 0 & 0 & 0 & 0 & 0 \\ 0 & 0 & 1 & 0 & 0 & 0 \\ 0 & 0 & 0 & 0 & 1 & 0 \\ 0 & 0 & 0 & -1 & 0 & 0 \\ 0 & 0 & 0 & 0 & 0 & 1 \end{bmatrix} \times \begin{pmatrix} 0 \\ 0 \\ 0 \\ 0.1899 \\ 0.1899 \\ -0.4968 \end{pmatrix} \times 10^{-4}$$

$$= \begin{pmatrix} -0.2284 \\ -0.2283 \\ -0.5767 \\ 0.2284 \\ 0.2283 \\ -1.25 \end{pmatrix} \times 10^{6}$$

其中，$M_i = M_1 = -0.5767 \times 10^6 \mathrm{N \cdot m}$；$M_j = M_2 = -1.25 \times 10^6 \mathrm{N \cdot m}$。

(4) 绘制弯矩图(图 4-9)

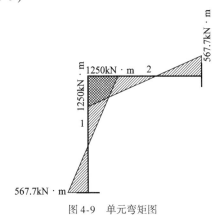

图 4-9 单元弯矩图

1. 对于杆系结构单元，为什么要在局部坐标系内建立单元刚度矩阵？为什么还要坐标变换？

2. 如何由单元刚度矩阵组建整体刚度矩阵(叠加法)？

3. 如图 4-10 所示结构各单元的参数为：

①和②单元参数相同，长度 $l = 8\mathrm{m}$，截面面积 $A = 2.6\mathrm{m}^2$，惯性矩 $I = 1.465\mathrm{m}^4$，弹性模量 $E = 3.7 \times 10^4 \mathrm{MPa}$，弯矩 $M = 2500\mathrm{kN \cdot m}$，外荷载力 $F = 250\mathrm{kN}$。

局部坐标下的单元刚度矩阵为：

单元①的刚度矩阵：$i=1 \quad j=2$

$$k^1 = \begin{bmatrix} 1.7747 & 0 & 0 & -1.7747 & 0 & 0 \\ 0 & 0.1875 & 0.75 & 0 & -0.1875 & 0.75 \\ 0 & 0.75 & 4 & 0 & -0.75 & 2 \\ -1.7747 & 0 & 0 & 1.7747 & 0 & 0 \\ 0 & -0.1875 & -0.75 & 0 & 0.1875 & -0.75 \\ 0 & 0.75 & 2 & 0 & -0.75 & 4 \end{bmatrix} \times 0.6775625 \times 10^{10}$$

单元②的刚度矩阵：$i=2 \quad j=3$

$$k^2 = \begin{bmatrix} 1.7747 & 0 & 0 & -1.7747 & 0 & 0 \\ 0 & 0.1875 & 0.75 & 0 & -0.1875 & 0.75 \\ 0 & 0.75 & 4 & 0 & -0.75 & 2 \\ -1.7747 & 0 & 0 & 1.7747 & 0 & 0 \\ 0 & -0.1875 & -0.75 & 0 & 0.1875 & -0.75 \\ 0 & 0.75 & 2 & 0 & -0.75 & 4 \end{bmatrix} \times 0.6775625 \times 10^{10}$$

结构原始刚度矩阵为：

$$K = \begin{bmatrix} 0.1875 & 0 & -0.75 & -0.1875 & 0 & -0.75 & 0 & 0 & 0 \\ 0 & 1.7747 & 0 & 0 & -1.7747 & 0 & 0 & 0 & 0 \\ -0.75 & 0 & 4 & 0.75 & 0 & 2 & 0 & 0 & 0 \\ -0.1875 & 0 & 0.75 & 1.9622 & 0 & 0.75 & -1.7747 & 0 & 0 \\ 0 & -1.7747 & 0 & 0 & 1.9622 & 0.75 & 0 & -0.1875 & 0.75 \\ -0.75 & 0 & 2 & 0.75 & 0.75 & 8 & 0 & -0.75 & 2 \\ 0 & 0 & 0 & -1.7747 & 0 & 0 & 1.7747 & 0 & 0 \\ 0 & 0 & 0 & 0 & -0.1875 & -0.75 & 0 & 0.1875 & -0.75 \\ 0 & 0 & 0 & 0 & 0.75 & 2 & 0 & -0.75 & 4 \end{bmatrix} \times 0.6775625 \times 10^{10}$$

求：(1) 用有限元法求结构各节点的位移。
(2) 计算两个单元的弯矩。
(3) 绘制两个单元的弯矩图。

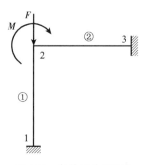

图 4-10　各单元受力图示

第5章

有限元软件ANSYS简介及隧道计算常用单元

5.1 ANSYS 软件概述

本节将介绍 ANSYS 软件在计算机辅助工程中的地位、主要特点和主要功能,以及 ANSYS 软件最新版在隧道工程应用中的常用单元和分析过程。

ANSYS 软件在计算机辅助工程(CAE)中的地位包括以下几个方面:

ANSYS 公司是有限元法(FEM)界唯一获得美国"技术先导公司"称号的公司。 ANSYS软件是在世界范围内通过 ISO 9001 质量认证的计算机辅助工程设计分析类软件。

ANSYS 软件是美国 ASME(美国机械工程师协会)、NQA(美国核安全局)及近二十种专业技术协会认证的标准科学技术分析软件。

世界各国有 70%的高校和科研单位都采用 ANSYS 软件进行有限元分析。ANSYS 软件是在世界范围内用户增长最快的 CAE 软件。ANSYS 公司建立了多方位、多层次的售后服务机构。ANSYS 软件有广大的中国用户群。

1. ANSYS 软件的主要特点

ANSYS 软件的主要特点包括以下 12 个方面:

(1)ANSYS 软件可实现前后处理、分析与求解以及多场分析中数据库相统一的有限元分析。

(2) ANSYS 软件可进行建模、加载、求解和分析结果输出。

(3) ANSYS 软件是具有快速求解器和最早采用并行计算技术的 FEM 软件。

(4) ANSYS 软件具有智能网格划分功能。

(5) ANSYS 软件具有强大的非线性分析功能。

(6) ANSYS 软件支持从微机、工作站到大型计算机乃至巨型计算机的所有硬件平台，且用户界面是统一的。

(7) ANSYS 软件可实现在微机、工作站到大型计算机乃至巨型计算机的所有硬件平台上的数据文件兼容。

(8) ANSYS 软件可与大多数 CAD(计算机辅助设计)软件进行数据交换。

(9) ANSYS 软件具有良好的用户自己开发环境和自动生成分析报告等功能。

(10) ANSYS 软件是具有独一无二的优化功能以及流场优化功能的分析软件。

(11) ANSYS 软件具有多层次、多种类的计算分析模块。

(12) ANSYS 软件是目前唯一具有多场及多场耦合功能的大型通用有限元分析软件。

2. ANSYS 软件的主要功能

ANSYS 软件是融结构、热力学、流体、电磁和声学等于一体的大型通用有限元分析软件，可广泛用于核工业、铁路与公路交通、石油化工、航空航天、机械制造、能源、汽车、电子与家电、国防军工、造船、生物医学、轻工业、地矿、水利水电，以及土木建筑工程等方面的工程技术力学问题求解，以便指导其工程设计。

ANSYS 软件所支持的 CAD 系统有 Engineer、Unigraphics、Pro/E、Autodesk Inventor、SolidWorks、Mechanical Desktop 和 Solid Edge。ANSYS 软件所支持的图形传递标准为 Parasolid 和 Sat。

5.2　隧道计算常用单元类型

本章节中，各单元符号解释见表 5-1。

符号释义　　　　　　　　　　　　　　　　表 5-1

符号类型	符号	描述	符号类型	符号	描述
材料特性	EX	X 方向弹性模量	材料特性	PRXZ	XZ 平面主泊松比
	EY	Y 方向弹性模量		PRYZ	YZ 平面主泊松比
	EZ	Z 方向弹性模量		NUXY	XY 平面次泊松比
	PRXY	XY 平面主泊松比		NUXZ	XZ 平面次泊松比

续上表

符号类型	符号	描述	符号类型	符号	描述
材料特性	NUYZ	YZ 平面次泊松比	自由度	UY	Y 方向位移
	ALPX	X 方向热膨胀系数		UZ	Z 方向位移
	ALPY	Y 方向热膨胀系数		ROTX	沿 X 轴转动
	ALPZ	Z 方向热膨胀系数		ROTY	沿 Y 轴转动
	DENS	密度		ROTZ	沿 Z 轴转动
	DAMP	对于阻尼域的矩阵乘数 K		WARP	翘曲
	GXY	XY 平面剪切模量	实常数	AREA	横截面面积
	GYZ	YZ 平面剪切模量		ISTRN	初始应变值
	GXZ	XZ 平面剪切模量		ADDMAS	附加的单位长度质量
	CTEX	X 方向瞬时热膨胀系数		TK	节点厚度
	CTEY	Y 方向瞬时热膨胀系数		THETA	第一个表面方向的角度
	CTEZ	Z 方向瞬时热膨胀系数		ADMSUA	单位面积增加的质量
	THSX	X 方向热应变	截面控制	TXZ	XZ 平面横向剪切刚度
	THSY	Y 方向热应变		TXY	XY 平面横向剪切刚度
	THSZ	Z 方向热应变		ADDMAS	附加的单位长度质量
自由度	UX	X 方向位移			

5.2.1　Link 单元

1. 概述

Link180 单元是有着广泛工程应用的杆单元,它可以用来模拟桁架、缆索、连杆、弹簧等,如图 5-1 所示。这种三维杆单元是沿杆轴方向的拉压单元,每个节点具有三个自由度:沿节点坐标系 X、Y、Z 方向的平动,就像在铰接结构中的表现一样,该单元不承受弯矩。该单元具有塑性、蠕变、旋转、大变形、大应变等功能。默认情况下,无论进行何种分析,当使用命令 NLGEOM,ON 时,Link180 单元的应力刚化效应开关打开。同时该单元还具有弹性、各向同性塑性硬化、动力塑性硬化、Hill(各向异性塑性)、Chaboche(非线性塑性硬化)以及蠕变等性能。仅受拉或仅受压杆单元可使用 Link10。

2. 输入数据

Link180 单元的输入数据见表 5-2。

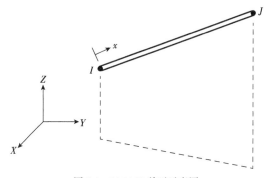

图 5-1　Link180 单元示意图

Link180 单元的输入数据　　　　　　　　　　　　　表 5-2

输入名称	输入数据
节点	I,J
自由度	UX、UY、UZ
实常数	AREA、ISTRN
材料特性	EX、ALPX、DENS、DAMP
面荷载	无
体荷载	温度—$T(I),T(J)$；热流量—$FL(I),FL(J)$
计算特性	应力刚化模式，大变形模式，单元生死，塑性、蠕变和膨胀等

通常用 Link1 和 Link8 模拟桁架结构，如屋架、网架、网壳、桁架桥、桅杆、塔架等结构，以及吊桥的吊杆、拱桥的系杆等构件，必须注意线性静力分析时，结构不能是几何可变的，否则会造成位移超限的提示错误。Link10 可模拟绳索、地基弹簧、支座等，如斜拉桥的斜拉索、悬索、索网结构、缆风索、弹性地基、橡胶支座等。Link180 除不具备双线性特性（Link10）外，均可应用于上述结构中，并且其可应用的非线性性质更加广泛，还包括黏弹塑性材料。Link1、Link8 和 Link180 单元还可用于普通钢筋和预应力钢筋的模拟，其初应变可作为施加预应力的方式。

3. 输出数据

与单元有关的结果输出有两种形式：

(1) 包括全部节点解的节点位移；

(2) 附加的单元输出，见表 5-3。

Link 单元输出　　　　　　　　　　　　　表 5-3

名称	定义	O	R
EL	单元号	Y	Y
NODES	单元节点号（I and J）	Y	Y

续上表

名称	定义	○	R
MAT	单元材料号	Y	Y
VOLU:	单元体积	—	Y
XC,YC,ZC	输出结果的位置	Y	3
AREA	截面面积	Y	Y
FORCE	单元坐标系中力的项	Y	Y
STRESS	轴向应力	Y	Y
EPEL	轴向弹性应变	Y	Y
TEMP	温度 $T(I)$, $T(J)$	Y	Y
EPTH	轴向热应变	Y	Y
EPPL	轴向塑性应变	1	1
PWRK	塑性功	1	1
EPCR	轴向蠕应变	2	2
CWRK	蠕变功	2	2

注:表中冒号表示该项可以用分量名方法[ETABLE,ESOL]来处理;○列表示该项存在于 Jobname.OUT 文件;R 列表示该项存在于结果文件。无论○或 R 列,"Y"表示该项总是可用的,数字的含义见表下注(说明了使用该项的条件),"—"表示该项不可用。
①1 表示只有单元定义了非线性材料时才会有的非线性结果。
②2 表示只有存在蠕变时才会有的非线性结果。
③3 表示采用 *GET 命令确定质心坐标时可用。

部分输出项目如图 5-2 所示。

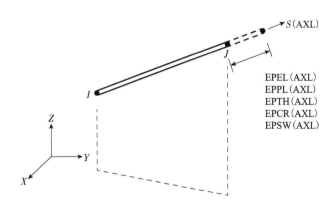

图 5-2　Link180 单元输出示意图

表 5-4 中列出了可通过 ETABLE 和 ESOL 命令输出的项和序列号。更详细的内容参见《ANSYS 基本分析指南》中有关"The General Postprocessor(POST1)"和"The Item and Sequence Number Table"部分。

Link 单元用于 ETABLE 和 ESOL 命令的输出项和序列号 表 5-4

名称	项	E	I	J
STRESS	LS	1	—	—
EPEL	LEPEL	1	—	—
EPTH	LEPTH	1	—	—
EPPL	LEPPL	1	—	—
EPCR	LEPCR	1	—	—
FORCE	SMISC	1	—	—
TEMP	LBFE	—	1	2

注：Name 为"单元输出数据说明表"中定义的输出量值。
　　Item 为命令 ETABLE 预先确定的项目标记。
　　E 为单元数据为常数或单一值时所对应的序号。
　　I,J 为在节点 I 和 J 处数据的序号。

5.2.2　beam 单元

1. 概述

梁单元有多种单元类型，分别具有不同的特性，是一类可承受轴向拉压、弯曲、扭转的（3D）单元。Beam188 单元适合于分析从细长到中等粗短的梁结构，该单元基于铁木辛柯梁结构理论，并考虑了剪切变形的影响。

Beam188 是三维线性（2 节点）或者二次梁单元，见图 5-3。每个节点有 6 个或者 7 个自由度，自由度的个数取决于 KEYOPT(1) 的值。当 KEYOPT(1) = 0（缺省）时，每个节点有 6 个自由度，即节点坐标系的 x、y、z 方向的平动和绕 x、y、z 轴的转动。当 KEYOPT(1) = 1 时，每个节点有 7 个自由度，这时引入了第 7 个自由度（横截面的翘曲）。这个单元非常适合解决线性、大角度转动和大应变等非线性问题。

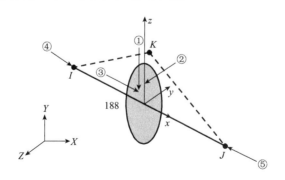

图 5-3　Beam188 单元几何示意图

当 NLGEOM 选项打开的时候,Beam188 的应力刚化,在任何分析中都是缺省项。应力刚化选项使本单元能分析弯曲、横向及扭转稳定问题(用弧长法分析特征值屈曲和塌陷)。

Beam188 可以采用 sectype、secdata、secoffset、secwrite 及 secread 命令定义横截面。本单元支持弹性、蠕变及塑性模型(不考虑横截面子模型)。这种单元类型的截面可以是由不同材料组成的组合截面。

Beam188 从 6.0 版本开始忽略任何实参数,参考 seccontrols 命令来定义横向剪切刚度和附加质量。单元坐标系统(/psymb,esys)与 Beam188 单元无关。

2. 输入数据

Beam188 的输入数据如表 5-5 所示。

Beam188 单元的输入数据　　　　　　　　　表 5-5

输入名称	输入数据
节点	I,J,K(K 为方向节点,是可选的)
自由度	UX,UY,UZ,ROTX,ROTY,ROTZ;如果 KEYOPT(1) = 0, UX,UY,UZ,ROTX,ROTY,ROTZ,WARP 如果 KEYOPT(1) = 1,截面控制
截面控制	TXZ,TXY,ADDMAS(TXZ 和 TXY 默认分别是 $A×GXZ$ 和 $A×GXY$,这里 A 是截面面积)
材料属性	EX,(PRXY 或 NUXY),ALPX,DENS,GXY,GYZ,GXZ,DAMP
面荷载	压力:面①(I-J)($-Z$ 法线方向);面②(I-J)($-Y$ 法线方向);面③(I-J)($+X$ 切线方向);面④(J)($+X$ 轴方向);面⑤(I)($-X$ 轴方向)。说明:负值表示作用方向相反,I 和 J 是端节点
体荷载	温度 $T(0,0),T(1,0),T(0,1)$
计算特性	塑性,黏弹性,蠕变,应力刚化,大挠曲,大应变,初始应力引入,单元的生死,自动选择单元技术等

3. 输出数据

Beam188 单元的输出数据如表 5-6 和表 5-7 所示。

Beam188 单元的输出数据　　　　　　　　　表 5-6

名称	定义	O	R
EL	单元号	Y	Y
NODES	节点	Y	Y
MAT	材料号	Y	Y
C.G.:X,Y,Z	重心	Y	Y
AREA	截面面积	1	Y
SF:Y,Z	截面剪力	1	Y
SE:Y,Z	截面剪应变	1	Y
S:XX,XZ,XY	截面点应力	2	Y
E:XX,XZ,XY	截面应变	2	Y

续上表

名称	定义	O	R
MX	扭矩	Y	Y
K:X,Y,Z	扭应变	Y	Y
K:X,Y,Z	曲率	Y	Y
EX	轴向应变	Y	Y
FX	轴向力	Y	Y
MY,MZ	弯矩	Y	Y
BM	双向力矩	3	3
BK	双曲率	3	3

注：表中无论 O 或 R 列，Y 表示该项总是可用的，数字表示表的一个注解（说明了使用该项的条件），"—"表示该项不可用。

① 1 参照 KEYOPT(6)功能说明。
② 2 参照 KEYOPT(7)、KEYOPT(8)、KEYOPT(9)功能说明。
③ 3 参照 KEYOPT(1)功能说明。

Beam188 单元输出项和序列号　　　　表 5-7

输出量名称	单元表和单元计算命令		
	Item	I	J
FX	SMISC	1	14
MY	SMISC	2	15
MZ	SMISC	3	16
MX	SMISC	4	17
SFZ	SMISC	5	18
SFY	SMISC	6	19
EX	SMISC	7	20
KY	SMISC	8	21
KZ	SMISC	9	22
KX	SMISC	10	23
SEZ	SMISC	11	24
SEY	SMISC	12	25
Area	SMISC	13	26
BM	SMISC	27	29
BK	SMISC	28	30

注：Item 为命令 ETABLE 预先确定的项目标记。
I,J 为在节点 I 和 J 处数据的序列号。

5.2.3 Plane 单元

1. 概述

Plane182 单元适用于二维实体结构建模,其既可用作平面单元(平面应力、平面应变或广义平面应变),也可作为轴对称单元。Plane182 单元有 4 个节点,每个节点有 2 个自由度(节点 X 和 Y 方向的平移),见图 5-4。单元具有塑性、超弹性、应力刚度、大变形和大应变能力,并具有力-位移混合公式的能力,可以模拟接近不可压缩的弹塑性材料和完全不可压缩的超弹性材料的变形。

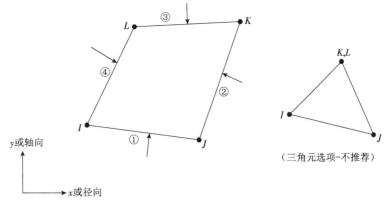

图 5-4　Plane182 单元几何示意图

2. 输入数据

Plane182 单元的输入数据如表 5-8 所示。

Plane182 单元的输入数据　　　　表 5-8

输入名称	输入数据
节点	I,J,K,L
自由度	UX,UY
实常数	THK—厚度[仅用于 KEYOPT(3)=3] HGSTF—沙漏刚度比例因子[仅用于 KEYOPT(1)=1];默认为 1.0(如果输入 0.0,使用默认值)
材料性能	EX,EY,EZ,PRXY,PRYZ,PRXZ(或 NUXY,NUYZ,NUXZ),ALPX,ALPY,ALPZ(或 CTEX,CTEY,CTEZ 或 THSX,THSY,THSZ),DENS,GXY,GYZ,GXZ,DAMP
面荷载	压力—边①(J-I),边②(K-J),边③(L-K),边④(I-L)
体荷载	温度—$T(I),T(J),T(K),T(L)$
计算特性	塑性、超弹性、黏弹性、黏塑性、蠕变、应力刚度、大变形、大应变、初应力输入、单元技术自动选择、生死单元

续上表

输入名称	输入数据
关键选项 KEYOPT(1)	单元技术:0—使用B-bar方法的全积分;1—由沙漏控制的均匀减缩积分;2—增强的应变公式;3—简化的增强应变公式
关键选项 KEYOPT(3)	单元特性:0—平面应力;1—轴对称;2—平面应变(Z向应变为0.0);3—有厚度输入的平面应力;5—广义平面应变
关键选项 KEYOPT(6)	单元公式:0—纯位移公式(默认);1—使用位移/力(U/P)混合公式(对平面应力无效)
关键选项 KEYOPT(10)	用户定义初始应力:0—不使用子程序提供初始应力(默认);1—由USTRESS子程序读入初始应力

3. 输出数据

图 5-5 显示了几个输出项,单元应力的方向平行于单元坐标系。Plane182 单元的输出数据见表 5-9 和表 5-10。

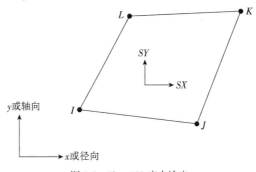

图 5-5　Plane182 应力输出

Plane182 单元的输出数据　　　　表 5-9

名称	定义	O	R
EL	单元号	—	Y
NODES	节点—I,J,K,L	—	Y
MAT	材料号	—	Y
THICK	平均厚度	—	Y
VOLU	体积	—	Y
XC,YC	结果输出点位置	Y	3
PRES	压力,P1 在节点 J,I;P2 在 K,J;P3 在 L,K;P4 在 I,L	—	Y
TEMP	温度 $T(I),T(J),T(K),T(L)$	—	Y
S:X,Y,Z,XY	应力(对平面应力单元 SZ=0.0)	Y	Y

续上表

名称	定义	O	R
S:1,2,3	主应力	—	Y
S:INT	应力强度	—	Y
S:EQV	当量应力	Y	Y
EPEL:X,Y,Z,XY	弹性应变	Y	Y
EPEL:1,2,3	弹性主应变	—	Y
EPEL:EQV	当量弹性应变6	Y	Y
EPTH:X,Y,Z,XY	热应变	2	2
EPTH:EQV	当量热应变6	2	2
EPPL:X,Y,Z,XY	塑性应变7	1	1
EPPL:EQV	当量塑性应变6	1	1
EPCR:X,Y,Z,XY	蠕变应变	1	1
EPCR:EQV	当量蠕变应变6	1	1
EPTO:X,Y,Z,XY	总工程应变(EPEL+EPPL+EPCR)	Y	—
EPTO:EQV	总当量工程应变(EPEL+EPPL+EPCR)	Y	—
NL:EPEQ	累积的当量塑性应变	1	1
NL:CREQ	累积的当量蠕变应变	1	1
NL:SRAT	塑性屈服(1=进入屈服,0=未屈服)	1	1
NL:PLWK	塑性功	1	1
NL:HPRES	静水压力	1	1
SEND:ELASTIC, PLASTIC,CREEP	应变能密度	—	1
LOCI:X,Y,Z	积分点位置	—	4
SVAR:1,2,…,N	状态变量	—	5

注:表中无论 O 或 R 列,Y 表示该项总是可用的,数字表示表的一个注解(说明了使用该项的条件),"—"表示该项不可用。

① 1 表示非线性结果,只有在单元材料为非线性时输出。
② 2 表示仅当单元有热荷载时输出。
③ 3 表示仅用于 *GET 命令,给出单元中心处结果。
④ 4 表示仅在使用 OUTRES,LOCI 时可用。
⑤ 5 表示仅在使用 USERMAT 子程序和 TB,STATE 命令时可用。
⑥ 6 表示当量应变使用有效泊松比,对于弹性和热问题,该值由用户给出(MP,PRXY 命令);对于塑性和蠕变问题,该值为 0.5。
⑦ 7 表示对于形状记忆合金材料模型,转换应变作为塑性应变 EPPL 输出。

Plane182 单元输出项和序列号(仅适用于 ETABLE 和 ESOL 命令)　　表 5-10

输出量名称	ETABLE 和 ESOL 命令输入					
	项	E	I	J	K	L
P1	SMISC	—	2	1	—	—
P2	SMISC	—	—	4	3	—
P3	SMISC	—	—	—	6	5
P4	SMISC	—	7	—	—	8
THICK	NMISC	1	—	—	—	—

注：Item 为命令 ETABLE 预先确定的项目标记。
　　E 为单元数据为常数或单一值时所对应的序号。
　　I,J,K,L 为在节点 I,J,K,L 处数据的序列号。

5.2.4　Combin 单元

1. 概述

Combin14 具有一维,二维或三维应用中的轴向拉压或扭转的性能,如图 5-6 所示。轴向的弹簧-阻尼器选项是一维的拉伸或压缩单元。单元的每个节点具有 3 个自由度(x,y,z 的轴向移动),不能考虑弯曲或扭转。扭转的弹簧-阻尼器选项是一个纯扭转单元,它的每个节点具有 3 个自由度(x,y,z 的旋转),它不能考虑弯曲或轴向力。

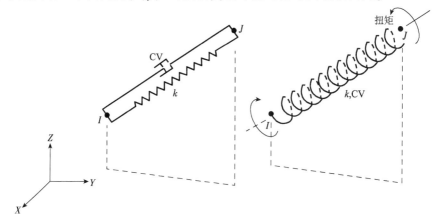

图 5-6　Combin14 几何形状图

弹簧-阻尼器没有质量,质量可以通过其他合适的质量单元添加,弹簧或阻尼特性可以在单元里去除。更一般的弹簧或阻尼单元可以用刚度矩阵单元(Matrix27)。另一种弹簧-阻尼单元是 Combin40,其作用方向由节点坐标方向决定。

2. 输入数据

Combin14 单元的输入数据如表 5-11 所示。

Combin14 单元的输入数据 表 5-11

输入名称	输入数据
节点	I,J
自由度	UX,UY,UZ,假如 KEYOPT(3)=0;ROTX,ROTY,ROTZ,假如 KEYOPT(3)=1;UX,UY,假如 KEYOPT(3)=2
实常数	K—弹簧常数;CV1—阻尼系数;CV2—阻尼系数[KEYOPT(1)须置成1]
材料属性	DAMP
面荷载	无
体荷载	无
计算特性	非线性、应力刚度、大变形、生死单元
关键项 KEYOPT(1)	求解类型:0—线性解(缺省);1—非线性解(假定 CV2 不为 0)
关键项 KEYOPT(2)	一维时的自由度选择:0—使用 KEYOPT(3)选项;1——维轴向弹簧-阻尼器(UX 自由度);2——维轴向弹簧-阻尼器(UY 自由度);3——维轴向弹簧-阻尼器(UZ 自由度);4——维扭转弹簧-阻尼器(ROTX 自由度);5——维扭转弹簧-阻尼器(ROTY 自由度);6——维扭转弹簧-阻尼器(ROTZ 自由度);7—压力自由度单元;8—温度自由度单元
关键项 KEYOPT(3)	二维和三维时的自由度选择:0—三维轴向弹簧-阻尼器;1—三维扭转弹簧-阻尼器;2—二维轴向弹簧-阻尼器(二维单元必须位于 X-Y 面内)

3. 输出数据

Combin14 单元输出数据如图 5-7、表 5-12 和表 5-13 所示。

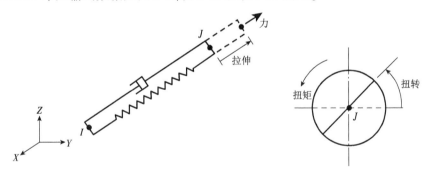

图 5-7 Combin14 单元应力输出示意图

Combin14 单元的输出数据 表 5-12

名称	定义	O	R
EL	单元号	Y	Y
NODES	节点—I,J	Y	Y
XC,YC,ZC	输出结果的位置	Y	1
FORC 或 TORQ	弹簧力或弯矩	Y	Y

续上表

名称	定义	O	R
STRETCH 或 TWIST	弹簧的升长或弹簧的扭曲(弧度)	Y	Y
RATE	弹簧常数	Y	Y
VELOCITY	速度	—	Y
DAMPING FORCE 或 TORQUE	阻尼力或弯矩(为 0 除非 ANTYPE, TRANS 并且阻尼出现)	Y	Y

注:表中无论 O 或 R 列,Y 表示该项总是可用的,数字表示表的一个注解(说明了使用该项的条件),"—"表示该项不可用。

Combin14 单元输出项和序列号(仅适用于 ETABLE 和 ESOL 命令)　　表 5-13

输出量名称	ETABLE 和 ESOL 命令输入	
	条目	E
FORC	SMISC	1
STRETCH	NMISC	1
VELOCITY	NMISC	2
DAMPING FORCE	NMISC	3

5.2.5 Shell 单元

1. 概述

Shell181 单元适用于薄到中等厚度的壳结构。该单元有 4 个节点,单元每个节点有 6 个自由度,分别为沿节点 X,Y,Z 方向的平动及绕节点 X,Y,Z 轴的转动,见图 5-8。退化的三角形选项用于网格生成的过渡单元,Shell181 单元具有应力刚化及大变形功能,该单元有强大的非线性功能,并有截面数据定义、分析、可视化等功能,还能定义复合材料多层壳。Shell181 单元可以应用在多层结构的材料,如复合层压壳体或者夹层结构的建模。在复合壳体的建模过程中,其精确度取决于第一剪切形变理论(通常指明德林-雷斯那壳体理论)。

Shell181 壳单元的截面定义了垂直于壳 X-Y 平面的形状,通过截面命令可以定义 Z 方向连续层,每层的厚度、材料、铺层角及积分点数都可以不同。

2. 输入数据

Shell181 单元的输入数据如表 5-14 所示。

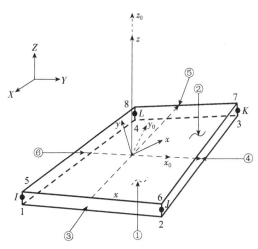

图 5-8　Shell181 单元图(①～⑥含义见表 5-14)

Shell181 单元的输入数据 表 5-14

输入名称	输入数据
节点	I,J,K,L
自由度	UX,UY,UZ,ROTX,ROTY,ROTZ
实常数	TK(I),TK(J),TK(K),TK(L),THETA,ADMSUA
材料参数	EX,EY,EZ,(PRXY,PRYZ,PRXZ,或 NUXY,NUYZ,NUXZ),ALPX,ALPY,ALPZ(或 CTEX,CTEY,CTEZ 或 THSX,THSY,THSZ),DENS,GXY,GYZ,GXZ
面荷载	压力,面①(I-J-K-L)(底部,+N 方向),面②(I-J-K-L)(顶部,−N 方向),面③(J-I),面④(K-J),面⑤(L-K),面⑥(I-L)
体荷载	温度,$T1,T2,T3,T4$(在 1 层的底部),$T5,T6,T7,T8$(在 1 层和 2 层之间)
计算特性	可塑性,超弹性,黏弹性,黏塑性,蠕变,应力刚化,大挠度,大应变,初始应力输入,生与死等
KEYOPT(1)	0—弯曲和薄膜刚度;1—薄膜刚度
KEYOPT(3)	0—有沙漏控制的缩减积分;2—不调和方式的完全积分
KEYOPT(8)	0—存储底层底部数据和顶层顶部数据(多层单元);1—存储所有层顶部,底部的数据(多层单元);2—存储所有层顶部,中部,底部的数据;可以应用于多层和单层结构单元
KEYOPT(9)	0—没有提供初始厚度的用户子程序(默认);1—从用户子程序 UTHICK 中读取初始厚度数据
KEYOPT(10)	0—无提供初始应力的用户子程序(默认);1—从用户子程序 USTRESS 中读取初始应力数据

3. 输出数据

Shell181 单元的输出数据如表 5-15 和表 5-16 所示,包括单元和节点号、节点坐标、单元应变和应力以及结构的内力和变形等,单元应力输出图见图 5-9。

Shell181 单元的输出数据 表 5-15

名称	定义	O	R
EL	单元号	—	Y
NODES	单元节点号(I,J,K,L)	—	Y
MAT	单元材料号	—	Y
THICK:	平均厚度	—	Y
XC,YC,ZC	输出结果的位置	—	4
VOLU	体积	—	Y
PRES	压强	—	Y
TEMP	$T1,T2,T3,T4,T5,T6,T7,T8$	—	Y
LOC	TOP,MID,BOT	—	1
S:X,Y,Z,XY,YZ,XZ	应力	3	1
S:INT	应力强度	—	1
S:EQV	等效应力	—	1

续上表

名称	定义	○	R
EPEL:X,Y,Z,XY	弹性应变	3	1
EPEL:EQV	等效弹性应变	3	1
EPTH:X,Y,Z,XY	热应变	3	1
EPTH:EQV	等效热应变	3	1
EPPL:X,Y,Z,XY	平均塑性应变	3	2
EPPL:EQV	等效塑性应变	3	2
EPCR:X,Y,Z,XY	平均蠕变应变	3	2
EPCR:EQV	等效蠕变应变	3	2
EPTO:X,Y,Z,XY	总机械应变	Y	—
EPTO:EQV	总等效机械应变	Y	—
NL:EPEQ	累积等效塑性应变	—	2
NL:CREQ	累积等效蠕变应变	—	2
NL:SRAT	塑性屈服	—	2
NL:PLWK	塑性功	—	2
NL:HPRES	静水压力	—	2
SEND:ELASTIC,PLASTIC,CREEP	应变能密度	—	2
N11,N22,N12	平面力(每单位长度)	—	Y
M11,M22,M12	平面外力矩(每单位长度)	—	8
Q13,Q23	横向剪切力(每单位长度)	—	8
$\varepsilon11,\varepsilon22,\varepsilon12$	膜应变	—	Y
k11,k22,k12	曲率	—	8
$\gamma13,\gamma23$	横向剪切应变	—	8
LOCI:X,Y,Z	积分点位置	—	5
SVAR:1,2,…,N	状态变量	—	6

注:表中无论○或R列,Y表示该项总是可用的,数字表示表的一个注解(说明了使用该项的条件),"—"表示该项不可用。

①1 下列应力解重现于顶部、中部和底部表面。
②2 如果单元有非线性材料,就可得到顶部、中部和底部表面的非线性解。
③3 单元坐标系的应力、总应变、塑性应变、弹性应变、蠕变应变和热应变,可用输出得到(在通过厚度的所有五个截面的节点处)。
④4 表示仅用于 *GET 命令,给出单元中心处理结果。
⑤5 只有使用 OUTRES,LOCI 获得。
⑥6 只有使用 USERMAT 子程序和 TB,STATE 获得。
⑦7 等效应变使用有效的泊松比:对于弹性和热计算,泊松比由用户设置(MP,PRXY);对于塑性和蠕变,其值用 0.5。
⑧8 对膜单元,选项(KEYOPT(1)=1)不可使用。

Shell181 单元输出项和序列号 表 5-16

名称	项	E	I	J	K	L
N11	SMISC	1	—	—	—	—
N22	SMISC	2	—	—	—	—
N12	SMISC	3	—	—	—	—
M11	SMISC	4	—	—	—	—
M22	SMISC	5	—	—	—	—
M12	SMISC	6	—	—	—	—
Q13	SMISC	7	—	—	—	—
Q23	SMISC	8	—	—	—	—
$\varepsilon11$	SMISC	9	—	—	—	—
$\varepsilon22$	SMISC	10	—	—	—	—
$\varepsilon12$	SMISC	11	—	—	—	—
k11	SMISC	12	—	—	—	—
k22	SMISC	13	—	—	—	—
k12	SMISC	14	—	—	—	—
$\gamma13$	SMISC	15	—	—	—	—
$\gamma23$	SMISC	16	—	—	—	—
THICK	SMISC	17	—	—	—	—
P1	SMISC	—	18	19	20	21
P2	SMISC	—	22	23	24	25
P3	SMISC	—	27	26	—	—
P4	SMISC	—	—	29	28	—
P5	SMISC	—	—	—	31	30
P6	SMISC	—	32	—	—	33

注：Item 为命令 ETABLE 预先确定的项目标记。
E 为单元数据为常数或单一值时所对应的序号。
I,J,K,L 为在节点 I,J,K,L 处数据的序列号。

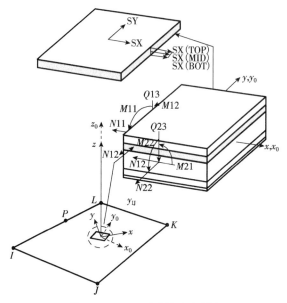

图 5-9　Shell181 应力输出示意图

5.2.6　Solid 单元

1. 概述

Solid185 单元用于构造三维实体结构，单元有 8 个节点，每个节点有 3 个自由度（沿着 x、y、z 方向的平移），如图 5-10 所示，单元具有超弹性、应力刚化、蠕变、大变形和大应变能力，还可采用混合模式模拟几乎不可压缩弹塑性材料和完全不可压缩超弹性材料。

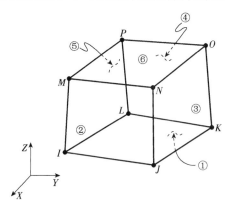

图 5-10　Solid185 单元几何示意图

2. 输入数据

Solid185 单元的输入数据如表 5-17 所示。

Solid185 单元的输入数据　　　　表 5-17

输入名称	输入数据
节点	I,J,K,L,M,N,O,P
自由度	UX,UY,UZ
实常数	如果 KEYOPT(2)=0,没有实常数。HGSTF-如果 KEYOPT(2)=1 沙漏刚度缩减因子默认为 1.0,任何正数都是合法的,如果设为 0.0,则自动取 1.0
材料参数	EX,EY,EZ,(PRXY,PRYZ,PRXZ 或 NUXY,NUYZ,NUZ),ALPX,ALPY,ALPZ(或者 CTEX,CTEY,CTEZ 或 THSX,THSY,THSZ),DENS,GXY,GYZ,GXZ,DAMP
面荷载	压力:表面1(J-I-L-K),表面2(I-J-N-M),表面3(J-K-O-N),表面4(K-L-P-O),表面5(L-I-M-P),表面6(M-N-O-P)
体荷载	温度:$T(I),T(J),T(K),T(L),T(M),T(N),T(O),T(P)$
计算特性	塑性、超弹性、黏弹性、黏塑性、蠕变应力强化、大变形、大应变、初始应力导入、自动单元选择技术、单元死活
KEYOPT(2)	单元技术:1—带沙漏控制的一致缩减积分;2—增强应变公式;3—简单增强应变公式
KEYOPT(6)	单元公式:0—使用纯位移模式(默认);1—使用混合模式
KEYOPT(10)	用户定义初始应力:0—没有用户子程序提供初始应力(默认);1—通过用户子程序读取初始应力

3. 输出数据

Solid185 单元的输出数据如表 5-18 和表 5-19 所示,包括单元和节点号、节点坐标、单元应变和应力以及结构的内力和变形等,单元应力输出图见图 5-11 所示。

Solid185 单元的输出数据　　　　表 5-18

名称	定义	O	R
EL	单元号	Y	Y
NODES	单元节点号(I,J,K,L,M,N,P,O)	—	Y
MAT	单元材料号	—	Y
VOLU:	单元体积	—	Y
XC,YC,ZC	输出结果的位置	Y	3
PRES	压力 P1 在节点 J,I,L,K;P2 在 I,J,N,M;P3 在 J,K,O,N;P4 在 K,L,P,O;P5 在 L,I,M,P;P6 在 M,N,O,P	—	Y
TEMP	温度 $T(I),T(J),T(K),T(L),T(M),T(N),T(O),T(P)$	—	Y
S:X,Y,Z,XY,YZ,XZ	应力	Y	Y
S:1,2,3	主应力	—	Y
S:INT	应力强度	—	Y
S:EQV	等效应力	—	Y

续上表

名称	定义	○	R
EPEL:X,Y,Z,XY,YZ,XZ	弹性应变	Y	Y
EPEL:1,2,3	主弹性应变	—	Y
EPEL:EQV	等效弹性应变6	—	Y
EPTH:X,Y,Z,XY,YZ,XZ	热应变	2	2
EPTH:EQV	等效应变6	2	2
EPPL:X,Y,Z,XY,YZ,XZ	塑性应变7	1	1
EPPL:EQV	等效塑性应变6	1	1
EPCR:X,Y,Z,XY,YZ,XZ	蠕变应变	1	1
EPCR:EQV	等效蠕变应变6	1	1
EPTO:X,Y,Z,XY,YZ,XZ	总机械应变(EPEL + EPPL + EPCR)	Y	—
EPTO:EQV	总等效机械应变(EPEL + EPPL + EPCR)	Y	—
NL:EPEQ	累积等效塑性应变	1	1
NL:CREQ	累积等效蠕变应变	1	1
NL:SRAT	塑性屈服(1 = 已经屈服,0 = 没有屈服)	1	1
NL:HPRES	静水压力	1	1
SEND:ELASTIC,PLASTIC,CREEP	应变能密度	—	1
LOCI:X,Y,Z	积分点坐标	—	4
SVAR:1,2,…,N	静态变量	—	5

注:表中无论○或R列,Y表示该项总是可用的,数字表示表的一个注解(说明了使用该项的条件),"—"表示该项不可用。
① 1 表示非线性求解,仅当单元为非线性材料时输出。
② 2 表示仅当单元存在热载荷时输出。
③ 3 表示仅在命令 *GET 中有效。
④ 4 表示仅当 OUTRES,LOCI 使用时有效。
⑤ 5 表示仅当 USERMAT 用户子程序和 TB,STATE 使用有效
⑥ 6 表示等效应变使用有效泊松比:对于弹性和热分析,有效泊松比由用户指定(MP,PRXY);对于塑性和蠕变分析,有效泊松比为0.5。
⑦ 7 表示对于形状记忆合金材料,转化应变作为塑性应变输出。

Solid185 单元输出项和序列号　　　　表 5-19

名称	项	*I*	*J*	*K*	*L*	*M*	*N*	*O*	*P*
*P*1	SMISC	2	1	4	3	—	—	—	—
*P*2	SMISC	5	6	—	—	8	7	—	—
*P*3	SMISC	—	9	10	—	—	12	11	—
*P*4	SMISC	—	—	13	14	—	—	16	15
*P*5	SMISC	18	—	—	17	19	—	—	20
*P*6	SMISC	—	—	—	—	21	22	23	24

注：表格中 *I*, *J*, …, *P* 为在节点相应处数据的序列号。

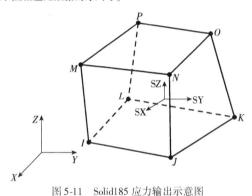

图 5-11　Solid185 应力输出示意图

5.3　ANSYS 有限元分析基本过程

5.3.1　操作界面简介

ANSYS 操作界面如图 5-12 所示。

ANSYS 的操作有两种方法：①通过 ANSYS 界面进行人机交互式操作（GUI 操作），这需要操作者熟悉各板块的具体功能和用途，但是这个操作比较慢，需要一步一步仔细检查。②通过 ANSYS 命令流进行操作，命令流的操作方法比较简便快捷，但是需要操作者熟悉命令流的具体作用，否则就会出现错误。

一般利用前处理器板块定义材料各类参数，创建几何模型，划分网格的工作；利用求解器板块设置求解类型，定义荷载类型，定义边界条件以及进行求解工作；最后利用后处理器进行结果分析工作。

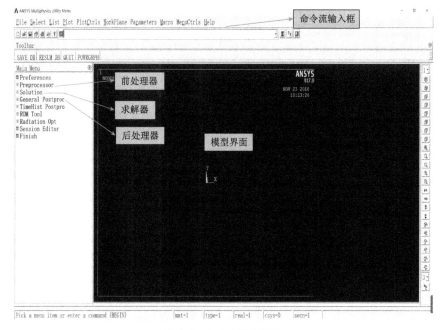

图 5-12　ANSYS 操作界面

5.3.2　过程简介

一个典型的 ANSYS 分析过程可分为以下 6 步:定义参数;创建几何模型;划分网格;设置边界条件、加载;求解;结果分析。

1. 定义参数

(1)指定工程名和分析标题

启动 ANSYS 软件,选择 File→Change Jobname 命令。

选择 File→Change Title 菜单命令。

(2)定义分析类型

①设置计算类型

ANSYS Main Menu:Preference→Material Props→Material Models→Structural→OK,如图 5-13 所示。

②定义分析类型

ANSYS Main Menu:Preprocessor→Loads→Analysis Type→New Analysis→STATIC→OK,如图 5-14 所示。

(3)定义单元类型

选择 Main Menu→Preprocessor→Element Type→Add/Edit/Delete 命令。

单击[add]按钮,在[library of element types]下拉列表中选择单元类型,单击确定,如图 5-15 所示。

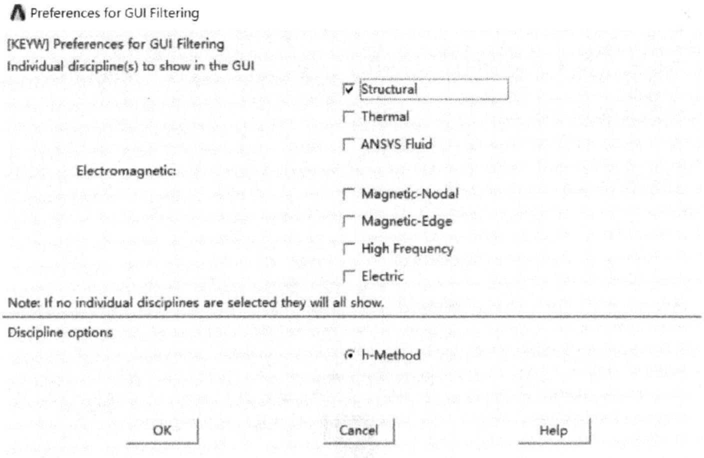

图 5-13 设置计算类型

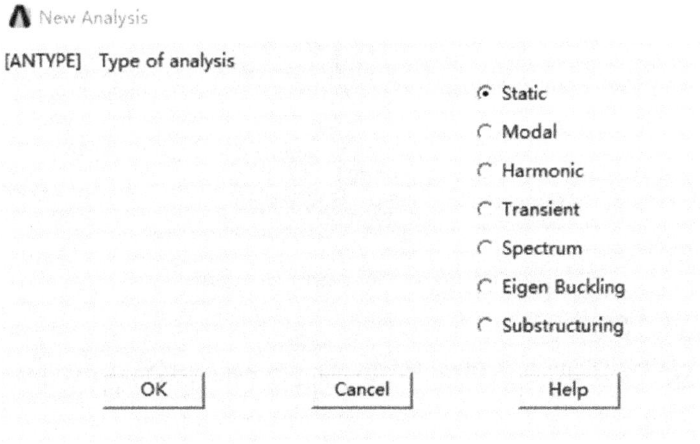

图 5-14 定义分析类型

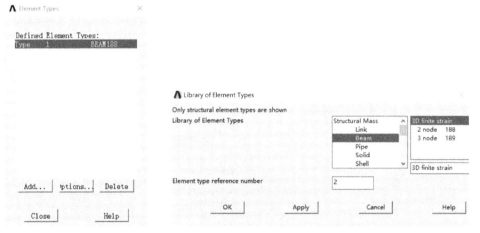

图 5-15 设置单元种类

(4)定义单元截面参数

在 ANSYS 程序主界面中选择 Main Menu→Preprocessor→Sections→Common 命令,设定截面及截面参数后点击 OK,如图 5-16 所示。

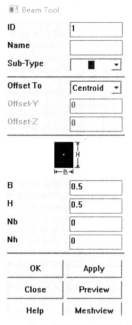

图 5-16 设置截面及定义截面参数

(5)定义材料参数

在 ANSYS 程序主界面,选择 Main Menu→Preprocessor→Material Props→Material Models 命令。

选择对话框右侧 Structural→Linear→Elastic→Isotropic 命令,并单击[Isotropic]选项,接着弹出[Linear Isotropic Properties for Material Number 1]对话框。

在[EX]文本框中输入弹性模量"3000000000",在[PRXY]文本框中输入泊松比"0.2",单击 OK,如图 5-17 所示。

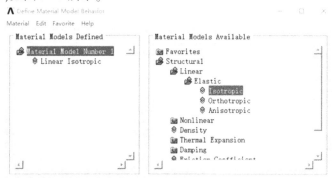

图 5-17

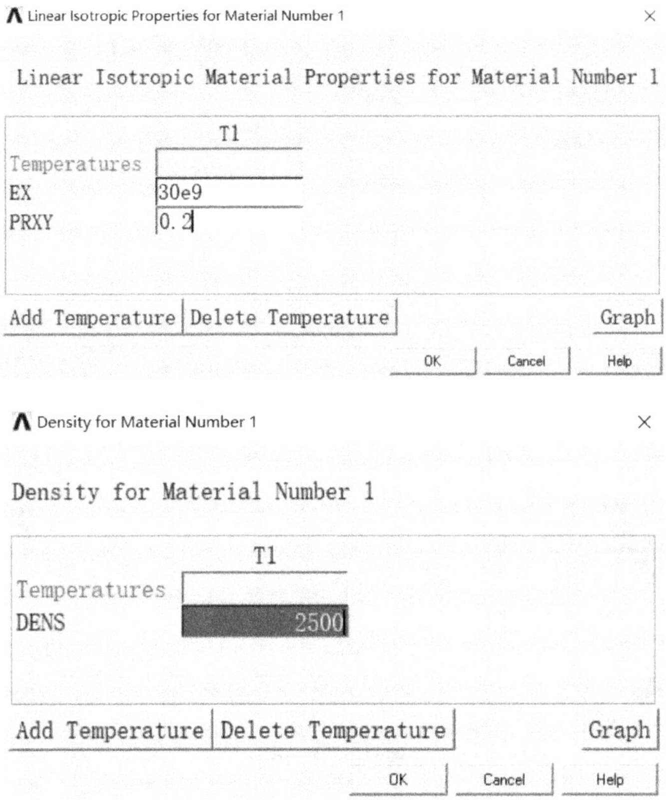

图 5-17　设置单元材料参数

选择对话框右侧 Structural→Linear→Density 命令,接着弹出[Density for Material Number 1]对话框。在[DENS]文本框中输入密度"2500"。

2. 创建几何模型

在 ANSYS 程序主界面,选择 Main Menu→Preprocessor→Modeling→Creat→Keypoints→In Active CS 命令,创建关键点,如图 5-18 所示。

选择 Main Menu→Preprocessor→Modeling→Creat→linesAreas→lines→Straight LineCircle→Solid Circle 命令,选择关键点 1,关键点 2 构建直线,如图 5-19 所示。

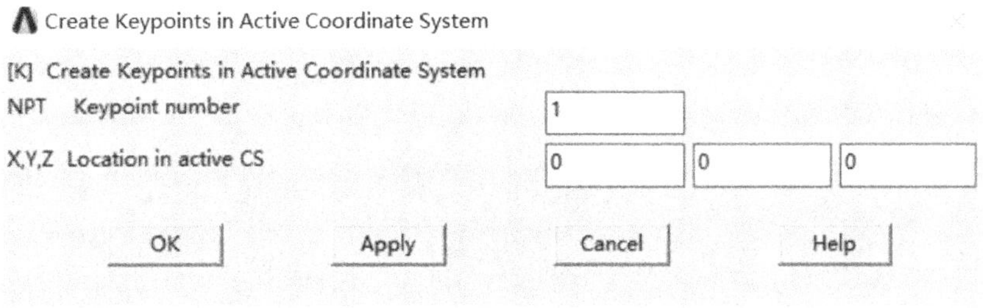

图　5-18

隧道结构计算与分析

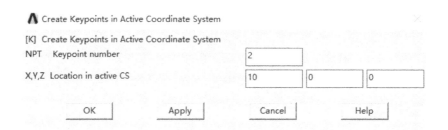

图 5-18　创建关键点

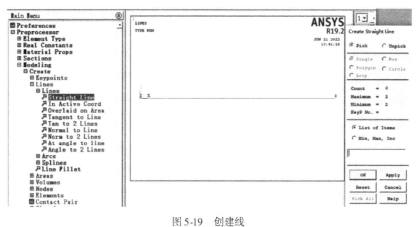

图 5-19　创建线

3. 网格划分（之前一定要进行单元属性的定义和分配）

选择 Main Menu→Preprocessor→Meshing→Mesh Attributes→Default Attribs 命令。在弹出的 Meshing Attributes 对话框中定义材料及截面参数，如图 5-20 所示。

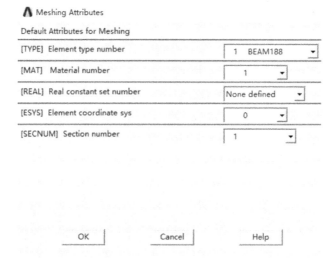

图 5-20　定义材料及截面参数

选择 Main Menu→Preprocessor→Modeling→Operate→Booleans→Subtract→Arears Circle 命令。

选择 Main Menu→Preprocessor→Meshing→Mesh Tool 命令,弹出 Mesh Tool 对话框,单击划分实体的[set]按钮,定义网格尺寸控制,点击 OK,如图 5-21 所示。

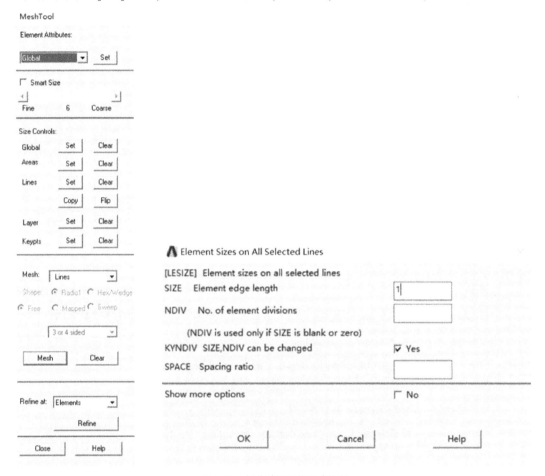

图 5-21 划分单元网格尺寸控制

定义网格尺寸后,在 Mesh Tool 对话框中,点击 Mesh,并选择需要划分的网格。

4. 设置边界条件、加载

设置边界:选择 Main Menu→Solution→Difine Loads→Apply→Structural→Displacement→On Nodes 命令,选择 1 号节点,出现如图 5-22 所示对话框,选择约束[UX,UY]选项,并设置[Displacement value]为 0,单击 OK。再用同样的方法,约束 2 号节点 UY。

加载:选择 Main Menu→Solution→Difine Loads→Apply→Structural→Force/Moment→On Nodes 命令。出现如图 5-23 所示对话框,施加 100kN 集中力。

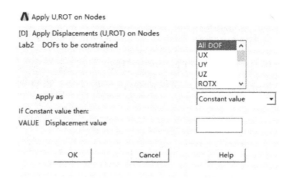

图 5-22 定义边界条件

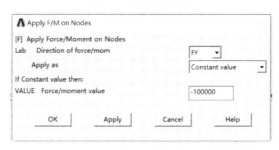

图 5-23 定义节点力

5. 求解

选择 Main Menu→Solution→Solve→Current LS 命令,弹出窗口,如图 5-24 所示。

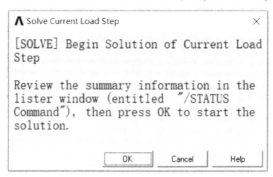

图 5-24 求解命令

6. 结果分析

(1) 显示变形图。

选择 Main Menu→General PostProc→Plot Results→Deformed Shape 命令,弹出 [Plot Deformed Shape] 对话框,如图 5-25 所示。

(2) 显示梁单元应力。

①选择 Utility Menu→PlotCtrls→Style→Size and Shape 命令,弹出 [Size and Shape] 对话框,勾选 Display of element,如图 5-26 所示。

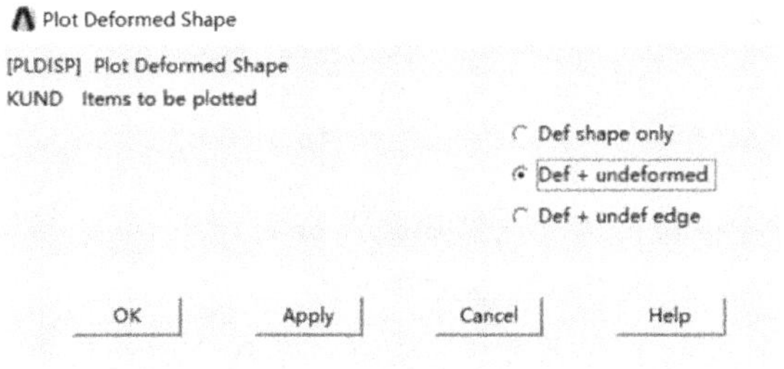

图 5-25　显示变形图

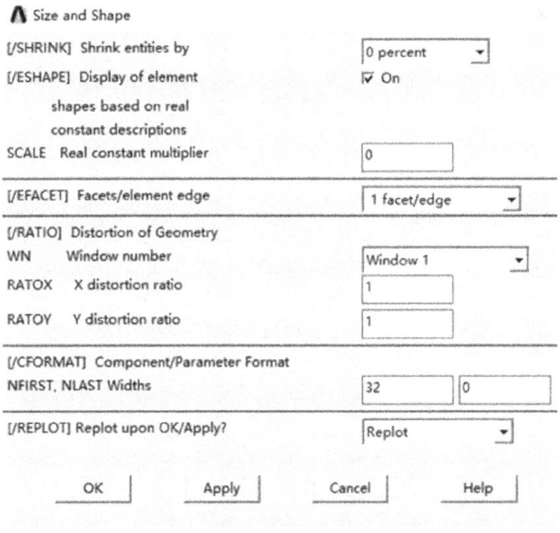

图 5-26　显示梁单元截面

②选择 Main Menu→General PostProc→Plot Results→Contour Plot→Nodal Solu 命令,在弹出的 Contour Nodal Solution Data 对话框选择需要查看的结果,如图 5-27 所示。

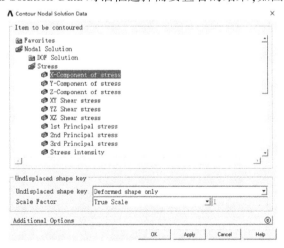

图 5-27　查看位移及应力结果

1. 简述 ANSYS 软件分析静力学问题的基本步骤。
2. ANSYS 软件提供的分析问题类型有哪些?
3. ANSYS 软件计算过程主要使用哪些模块? 各部分的作用是什么?
4. 在 ANSYS 中模拟隧道建模过程中,我们一般采用何种单元模拟围岩? 采用何种单元模拟锚杆? 采用何种单元模拟混凝土衬砌?

第6章

荷载-结构法数值模拟

6.1 荷载-结构法概述

6.1.1 原理与适用范围

荷载-结构法是将二次衬砌和和围岩分开考虑,二次衬砌是承载主体,围岩作为荷载的来源和二次衬砌的弹性支撑约束。在此类模型中隧道二次衬砌与围岩的相互作用是通过弹性支撑约束二次衬砌来体现的,围岩的承载能力则在确定围岩压力和弹性支撑的约束能力时间接考虑。围岩的承载能力越高,二次衬砌受到的围岩压力越小,弹性支撑约束二次衬砌变形的抗力越大。计算时先根据基于围岩分级的围岩压力计算方法或实用公式确定围岩压力,然后按弹性地基梁的计算方法获得二次衬砌的内力,进行结构截面设计和验算。荷载-结构法是目前隧道结构设计中的常用方法,荷载一般参照现行《公路隧道设计规范》相关规定计算。

荷载-结构法以其结构清晰、荷载作用明确、计算结果可靠等特点,在隧道二次衬砌设计和验算中得到了广泛应用。深埋隧道中的整体式衬砌、浅埋隧道中的整体式或复合式衬砌的二次衬砌及明洞衬砌等宜采用荷载-结构法计算。深埋隧道中复合式衬砌的二次衬砌也可采用荷载-结构法计算。

6.1.2 计算理论与单元选择

荷载-结构法计算中的基本未知量为二次衬砌结构的节点位移,由最小势能原理或变分原理可得整体结构求解时的平衡方程：

$$K\delta = P \tag{6-1}$$

式中：K——衬砌结构的总刚度矩阵，为 $m \times m$ 阶方阵，m 为有限元模型节点自由度的总数；

δ——由衬砌结构节点位移组成的列向量，即 $\delta = \begin{bmatrix} \delta_1 & \delta_2 & \cdots & \delta_m \end{bmatrix}^T$；

P——由衬砌结构节点力组成的列向量，即 $P = \begin{bmatrix} P_1 & P_2 & \cdots & P_m \end{bmatrix}^T$。

P、K 和 δ 由所有单元的单元荷载向量 P^e、刚度矩阵 K^e 和位移向量 δ^e 组装而成，故在采用有限元方法进行分析时，需先划分单元，建立单元刚度矩阵 K^e 和单元荷载向量 P^e。式(6-1)的求解过程已在第4章进行了详细讲解说明，这里不再赘述。

基于荷载-结构法的原理和《公路隧道设计规范　第一册　土建工程》(JTG 3370.1—2018)的相关规定，荷载-结构法计算中采用梁单元模拟二次衬砌，弹簧单元模拟围岩对二次衬砌的约束作用。二次衬砌的轴线一般为弧形，计算时需用直线梁单元模拟曲线。因而划分单元时，单元长度尽量小，使单元构成的形状尽量与衬砌轴线几何形状接近。梁单元厚度 d 即为二次衬砌的厚度，梁单元宽度取为 1m。相应的梁单元横截面面积为 $A = d \times 1 (\text{m}^2)$，抗弯惯性矩为 $I = \dfrac{1}{12} \times 1 \times d^3 (\text{m}^4)$，弹性模量 $E(\text{kN/m}^2)$ 为混凝土的弹性模量。

荷载-结构法中使用弹簧单元模拟围岩对二次衬砌的约束作用时，在二次衬砌轴线外侧的径向建立弹簧单元，弹簧单元建在梁单元的节点上，即弹簧单元的数量与节点的数量一致。弹簧单元的参数根据围岩的弹性抗力系数确定。由于弹簧单元的作用是考虑围岩对二次衬砌的约束，初次计算完成后要检查弹簧单元的受力状态，找出受拉弹簧单元并删除(或杀死)，重新计算。重复上述步骤直至没有受拉弹簧单元为止，此时的计算结果为最终结果。

6.2　隧道结构荷载

隧道结构荷载分为永久荷载、可变荷载和偶然荷载三类，具体的分类如表6-1所示，而对于隧道深浅埋的区分、深浅埋隧道的垂直均布压力和水平均布压力分别按照《公路隧道设计规范　第一册　土建工程》(JTG 3370.1—2018)来判定和计算。

6.2.1　隧道结构上的荷载分类

隧道结构荷载分类见表6-1。

隧道结构荷载分类　　　　　　　　表6-1

编号	荷载分类		荷载名称
1	永久荷载		围岩压力
2			土压力
3			结构自重
4			结构附加恒载
5			混凝土收缩和徐变的影响力
6			水压力
7	可变荷载	基本可变荷载	公路车辆荷载,人群荷载
8			立交公路车辆荷载及其所产生的冲击力、土压力
9			立交铁路列车活载及其所产生的冲击力、土压力
10			立交渡槽流水压力
11		其他可变荷载	温度变化的影响力
12			冻胀力
13			施工荷载
14	偶然荷载		落石冲击力
15			地震力

注:编号1~10为主要荷载;编号11、12、14为附加荷载;编号13、15为特殊荷载。

6.2.2 一般规定

(1)荷载应根据隧道所处的地形、地质条件、埋置深度、结构特征和工作条件、施工方法、相邻隧道间距等因素确定。施工中如发现以上因素与实际不符,应及时修正。对于地质复杂的隧道,必要时荷载应通过实地量测确定。

(2)在隧道结构上可能同时出现的荷载,应按承载能力和满足正常使用要求的检验分别进行组合,并按最不利组合进行设计。

(3)明洞荷载组合时应符合下列规定:

①计算明洞洞顶回填土压力,当有落石危害需验算冲击力时,可只计洞顶实际填土重力和落石冲击力的影响,不计塌方堆积土石重力。

②当明洞上方与公路立体交叉时,应考虑公路车辆荷载。公路车辆荷载计算应按现行《公路工程技术标准》(JTG B01)的有关规定执行。

③当明洞上方与铁路立体交叉时,应考虑列车活载。列车活载应按铁路标准活载的有关规定计算。

6.3 基于围岩分级的围岩压力计算

在荷载-结构法中,围岩压力是隧道结构所受的主要荷载,目前确定围岩压力的方法主要有太沙基法、普氏理论、基于围岩分级的确定方法等。运用这些方法,人们建立了一些围岩压力计算模型,主要有岩柱体结构模型、基于太沙基法的楔体结构模型、基于普氏理论的平衡拱模型等。

6.3.1 深埋隧道围岩压力的计算

由《公路隧道设计规范 第一册 土建工程》(JTG 3370.1—2018)可知,深埋隧道松散荷载垂直均布压力及水平均布压力,在不产生显著偏压及膨胀力的围岩条件下,垂直均布压力 $q(kN/m^2)$ 可按下式计算:

$$q = 0.45 \times 2^{S-1} \times \gamma\omega \tag{6-2}$$

式中:S——围岩级别,按 1、2、3、4、5、6 整数取值;

γ——围岩重度(kN/m^3);

ω——宽度影响系数,$\omega = 1 + i(B - 5)$;

B——隧道宽度(m);

i——B 每增减 1m 时的围岩压力增减率。以 $B=5m$ 的围岩垂直均布压力为准,按表 6-2 取值。

围岩压力增减率 i 取值表 表 6-2

隧道宽度 B(m)	$B<5$	$5 \leqslant B < 14$	$14 \leqslant B < 25$	
围岩压力增减率 i	0.2	0.1	考虑施工过程分导洞开挖	0.07
			上下台阶法或一次性开挖	0.12

有围岩 BQ 或 $[BQ]$ 值时,式(6-2)中的 S 可用 $[S]$ 代替。$[S]$ 可按式(6-3)或式(6-4)计算:

$$[S] = S + \frac{\frac{[BQ]_\text{上} + [BQ]_\text{下}}{2} - [BQ]}{[BQ]_\text{上} - [BQ]_\text{下}} \tag{6-3}$$

或

$$[S] = S + \frac{\frac{BQ_\text{上} + BQ_\text{下}}{2} - BQ}{BQ_\text{上} - BQ_\text{下}} \tag{6-4}$$

式中： [S]——围岩级别修正值(精确至小数点后一位)，当[BQ]或BQ值大于800时，取800；

$BQ_上$、[BQ]$_上$——分别为该围岩级别的岩体基本质量指标BQ和岩体修正质量指标[BQ]的上限值，按表6-3取值；

$BQ_下$、[BQ]$_下$——分别为该围岩级别的岩体基本质量指标BQ和岩体修正质量指标[BQ]的下限值，按表6-3取值。

岩体基本质量指标BQ和岩体修正质量指标[BQ]的上、下限值　　　表6-3

围岩级别	Ⅰ	Ⅱ	Ⅲ	Ⅳ	Ⅴ
$BQ_上$、[BQ]$_上$	800	550	450	350	250
$BQ_下$、[BQ]$_下$	550	450	350	250	0

围岩的水平均布压力e，按表6-4中的经验公式计算。

围岩水平均布压力　　　表6-4

围岩级别	Ⅰ、Ⅱ	Ⅲ	Ⅳ	Ⅴ	Ⅵ
水平均布压力e	0	$<0.15q$	$(0.15\sim0.3)q$	$(0.3\sim0.5)q$	$(0.5\sim1.0)q$

6.3.2　浅埋隧道围岩压力的计算

浅埋隧道一般出现在山岭隧道的洞口附近，埋置深度较浅，深埋和浅埋隧道的分界，按荷载等效高度值，并结合地质条件、施工方法等因素综合判定，荷载等效高度的判定式为：

$$H_p = (2 \sim 2.5)h_q \tag{6-5}$$

式中：H_p——深浅埋隧道分界深度(m)；

h_q——荷载等效高度(m)，按下式计算：

$$h_q = q/\gamma \tag{6-6}$$

式中：q——深埋隧道竖向均布压力(kN/m²)；

γ——围岩重度(kN/m³)。

在钻爆法或浅埋暗挖法施工的条件下，Ⅳ~Ⅵ级围岩取：

$$H_p = 2.5h_q \tag{6-7}$$

Ⅰ~Ⅲ级围岩取：

$$H_p = 2h_q \tag{6-8}$$

浅埋隧道围岩压力分下述两种情况分别计算：

(1)埋深(H)小于或等于等效荷载高度h_q

此时，荷载视为均布竖向压力，即：

$$q = \gamma H \tag{6-9}$$

式中：q——垂直均布压力(kN/m²)；

γ——隧道上覆围岩重度(kN/m^3);

H——隧道埋深,指隧道顶至地面的距离(m)。

侧向压力e,按均布压力考虑时,其值为:

$$e = \gamma(H + 1/2H_t)\tan^2(45° - \Phi/2) \quad (6\text{-}10)$$

式中:e——侧向均布压力(kN/m^2);

γ——围岩重度(kN/m^3);

H——隧道埋深(m);

H_t——隧道高度(m);

Φ——围岩计算摩擦角,其值可查有关规范(°)。

(2)埋深大于h_q小于等于H_p时

为便于计算,做如下假定:假定土体中形成的破裂面是一条与水平成β角的斜直线,如图6-1所示;$EFHG$岩(土)体下沉,带动两侧三棱土体(如图中FDB及ECA)下沉,整个土体$ABDC$下沉时,又要受到未扰动岩(土)体的阻力;斜直线AC或BD是假定的破裂面,分析时考虑黏聚力C,并采用了计算摩擦角Φ;另一滑面FH或EG则并非破裂面,因此,滑面阻力要小于破裂滑面的阻力,若该滑面的摩擦角为θ,则θ值应小于Φ值。

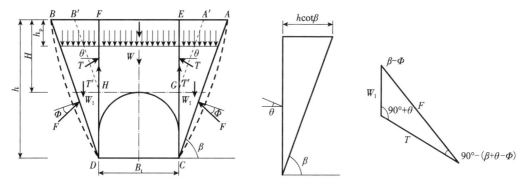

图6-1 浅埋隧道围岩压力

设图6-1中隧道上覆岩体$EFHG$的重力为W,两侧三棱岩体FDB或ECA的重力为W_1,未扰动岩体对整个滑动土体的阻力为F,当$EFHG$下沉,两侧受到的阻力为T或T',可见作用于HG面上的垂直压力总值$Q_{浅}$为:

$$Q_{浅} = W - 2T' = W - 2T\sin\theta \quad (6\text{-}11)$$

三棱岩体自重为:

$$W_1 = 1/2\gamma h(h/\cot\beta) \quad (6\text{-}12)$$

式中:γ——围岩重度(kN/m^3);

h——隧道底部到地面的距离(m);

β——破裂面与水平面的夹角(°)。

由图6-1,根据正弦定律可得:

$$T = \{\sin(\beta - \Phi)/\sin[90° - (\beta - \Phi + \theta)]\}W_1 \quad (6\text{-}13)$$

将式(6-12)代入可得：

$$T = 1/2\gamma h^2 \lambda/\cos\theta \quad (6\text{-}14)$$

其中，λ 为侧压力系数，即：

$$\lambda = (\tan\beta - \tan\Phi)/\{\tan\beta[1 + \tan\beta(\tan\Phi - \tan\theta) + \tan\Phi\tan\theta]\} \quad (6\text{-}15)$$

$$\tan\beta = \tan\Phi + \{(\tan^2\Phi + 1)\tan\Phi/(\tan\Phi - \tan\theta)\}^{1/2} \quad (6\text{-}16)$$

式中符号意义同前。

至此，极限最大阻力 T 值可求得。得到 T 值后，代入式(6-11)，可求得作用在 HG 面上的总竖向压力 $Q_{浅}$：

$$Q_{浅} = W - 2T\sin\theta = W - \gamma h^2 \lambda \tan\theta \quad (6\text{-}17)$$

由于 GC、HD 与 EG、FH 相比往往较小，而且衬砌与土之间的摩擦角也不同，前面分析时按 θ 计，当中间土块下滑时，由 FH 及 EG 面传递，考虑压力稍大些对设计的结构也偏于安全，因此，摩擦力不计隧道部分而只计洞顶部分，即在计算中用埋深 H 代替 h，式(6-17)为：

$$Q_{浅} = W - \gamma H^2 \lambda \tan\theta$$

由于 $W = B_t H\gamma$

故

$$Q_{浅} = \gamma H(B_t - H\lambda\tan\theta) \quad (6\text{-}18)$$

式中：B_t——隧道宽度(m)；

H——洞顶至地面距离，即埋深(m)；

其他符号意义同前。

换算为作用在支护结构上的均布荷载，如图6-2所示。

$$q_{浅} = Q_{浅}/B_t = \gamma H(1 - H/B_t \cdot \lambda\tan\theta) \quad (6\text{-}19)$$

式中：$q_{浅}$——作用在支护结构上的均布荷载（kN/m^2）；

其他符号意义同前。

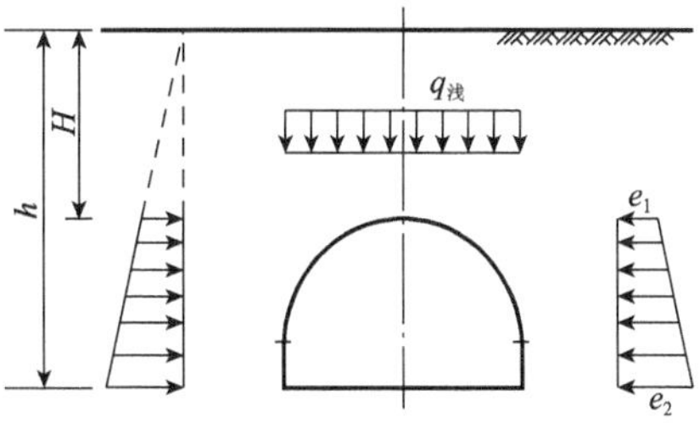

图6-2 浅埋隧道换算均布荷载

作用在支护结构两侧的水平侧压力为：

$$\begin{cases} e_1 = \gamma H\lambda \\ e_2 = \gamma h\lambda \end{cases} \quad (6\text{-}20)$$

式中符号意义同前。侧压力视为均布时，侧压力为：

$$e = 1/2(e_1 + e_2) \quad (6\text{-}21)$$

6.4 围岩弹性抗力的处理方法

在分析隧道衬砌内力时,要考虑墙底围岩产生的弹性抗力的影响。由于墙底与围岩之间有较大的摩擦力和黏着力,故假定墙底不产生水平位移。

在经由边墙传递轴力和弯矩的作用下,墙底产生下沉和转动,而墙底的弹性支座单元相应地产生位移和转角。根据墙底变形协调条件,墙底的位移和转角应与弹性支座单元端点的位移和转角相等。

如图 6-3 所示,沿路线方向取 1m 隧道衬砌计算,墙底的弹性抗力合力为:

$$\left.\begin{array}{l} N_B = B\sigma_0 \\ M_B = \int_{-\frac{B}{2}}^{\frac{B}{2}} \sigma_x x \mathrm{d}x \end{array}\right\} \quad (6\text{-}22)$$

式中:B——墙底宽度;

σ_0, σ_x——沿墙底宽分布的弹性抗力。

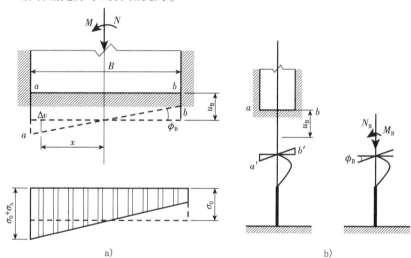

图 6-3 弹性支撑单元

根据温克尔假定,又考虑到墙底变形微小,故可写出:

$$\left.\begin{array}{l} \sigma_x = \Delta y K_B = x\phi_B K_B \\ \sigma_0 = u_B K_B \end{array}\right\} \quad (6\text{-}23)$$

即得:

$$\left.\begin{array}{l} N_B = B K_B u_B \\ M_B = \dfrac{1}{12} B^3 K_B \phi_B \end{array}\right\} \quad (6\text{-}24)$$

式中：u_B——由轴向力引起的墙底垂直方向位移；

ϕ_B——由弯矩引起的墙底转角位移；

K_B——墙底围岩弹性抗力系数，通常取 $K_B = 1.2K$，K 为侧向围岩弹性抗力系数。

根据墙底的变形协调条件及力的传递作用，弹性支座单元的端点位移和端点力应与墙底位移和墙底力相对应，如图6-3b)所示，由于弹性支座单元的局部坐标与结构坐标系一致，无须进行坐标转换，故可按结构坐标系直接写出弹性支座单元端点与端点反力关系式，即式(6-24)的矩阵形式：

$$\begin{bmatrix} N_B \\ M_B \end{bmatrix} = \begin{bmatrix} K_B B & 0 \\ 0 & \dfrac{K_B B^3}{12} \end{bmatrix} \begin{bmatrix} u_B \\ \phi_B \end{bmatrix} \tag{6-25}$$

为了在理论上阐明结构刚度方程的形成过程，也将式(6-25)扩充改写成下列形式：

$$\begin{bmatrix} N_B \\ Q_B \\ M_B \end{bmatrix} = \begin{bmatrix} K_B B & 0 & 0 \\ 0 & 0 & 0 \\ 0 & 0 & \dfrac{K_B B^3}{12} \end{bmatrix} \begin{bmatrix} u_B \\ v_B \\ \phi_B \end{bmatrix} \tag{6-26}$$

式(6-26)缩写成：

$$\boldsymbol{S}_B = \boldsymbol{K}_{rB} \boldsymbol{V}_B \tag{6-27}$$

其中墙底弹性支座单元刚度矩阵为：

$$\boldsymbol{K}_{rB} = \begin{bmatrix} K_B B & 0 & 0 \\ 0 & 0 & 0 \\ 0 & 0 & \dfrac{K_B B^3}{12} \end{bmatrix} \tag{6-28}$$

根据胡克定律，还可以得到弹性支座单元端点位移与端点力的关系式，即：

$$\left. \begin{array}{l} N_B = \dfrac{E_B F_B}{l_B} u_B \\ M_B = \dfrac{4 E_B I_B}{l_B} \phi_B \end{array} \right\} \tag{6-29}$$

式中：E_B——弹性支座单元的弹性模量；

F_B——墙底截面面积，$F_B = 1 \times B = B$；

l_B——弹性支座单元的长度；

I_B——弹性支座单元的惯性矩。

由式(6-24)及式(6-28)可得：

$$K_B = \dfrac{E_B}{l_B} \tag{6-30}$$

$$I_B = \dfrac{1}{48} B^3 \tag{6-31}$$

取 $l_B = 1$，代入式(6-30)得：

$$E_B = K_B \tag{6-32}$$

由此可见,墙底弹性支座单元的几何特性参数为:

$$\left.\begin{aligned} F_B &= B \\ E_B &= K_B \\ I_B &= \frac{1}{48}B^3 \end{aligned}\right\} \quad (6\text{-}33)$$

6.5 计算实例与分析

以两车道公路隧道为例,介绍其二次衬砌设计与截面强度验算。

1. 工程概况

某山岭公路隧道,其围岩主要为二叠系、三叠系长石石英砂岩、泥岩、泥质砂岩、页岩、砂质泥岩。其围岩级别为Ⅳ级,隧道埋深为5~20m。根据《公路隧道设计规范 第一册 土建工程》(JTG 3370.1—2018),初拟该隧道标准断面的支护设计参数见表6-5,其内轮廓几何尺寸如图6-4所示。

Ⅳ级围岩支护参数 表6-5

围岩类别	初期支护						二次衬砌
	锚杆			钢筋网 (cm×cm)	钢拱架 (工字钢)	喷射混凝土	
	长度	直径	间距				
Ⅳ级	3.0m	25mm	1.0m	25×25	14#@1.0m	20cmC20	50cmC30

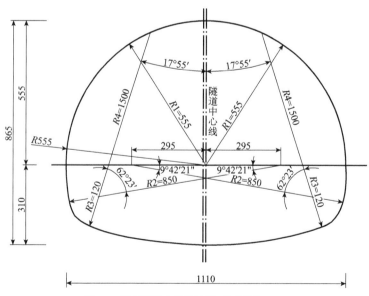

图6-4 Ⅳ级围岩支护设计图(尺寸单位:cm)

2. 计算参数选取

采用荷载-结构法计算二次衬砌时,仅需要二次衬砌和围岩的计算参数,围岩和二次衬砌的物理力学参数见表6-6。

围岩和二次衬砌的物理力学参数　　表6-6

围岩及结构	重度（kN/m³）	弹性模量（GPa）	泊松比	围岩抗力系数（MPa/m）	凝聚力（MPa）	内摩擦角（°）
C30钢筋混凝土	25	30	0.2	—	—	—
Ⅳ级围岩	22	3.2	0.32	400	0.5	35

3. 计算荷载的确定

(1) 围岩压力计算

本算例中,二次衬砌所受荷载主要考虑围岩压力。竖向围岩压力为土柱自重,水平围岩压力为0.5倍的竖向围岩压力(根据现行《公路隧道设计规范　第一册　土建工程》(JTG 3370.1—2018)取值)。该公路隧道地下水不丰富,故不考虑地下水的静水压力和动水压力。本次计算取埋深为 $2B$ 的断面(B 为隧道跨度, $B=10.5\mathrm{m}$),即计算埋深 H 为 5m。围岩压力的计算过程如下:

首先判定隧道深浅埋:

$h_q = q/\gamma = (0.45 \times 2^{s-1} \times \gamma\omega)/\gamma = 0.45 \times 2^3 \times \omega = 0.45 \times 2^3 \times [1+0.1(10.5-5)] = 5.58(\mathrm{m})$, $H_p = 2.5 h_q = 2.5 \times 5.58 = 13.95(\mathrm{m})$

$H = 5\mathrm{m} < h_q = 5.58\mathrm{m}$

该隧道为浅埋隧道。

竖向围岩压力: $q_上 = \gamma_{围岩} H = 22 \times 5 = 110 (\mathrm{kN/m^2})$

拱顶水平围岩压力: $e_上 = q_上 \times 0.5 = 110 \times 0.5 = 55 (\mathrm{kN/m^2})$

墙脚水平围岩压力: $e_下 = (q_上 + h\gamma_{围岩}) \times 0.5 = (110 + 8.65 \times 22) \times 0.5 = 150.15 (\mathrm{kN/m^2})$

荷载示意见图6-5,荷载计算结果如表6-7所示。

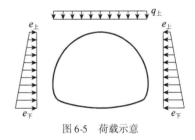

图6-5　荷载示意

荷载计算表　　表6-7

荷载	竖向围岩压力(kN/m²)	水平围岩压力(kN/m²)	
	拱顶 $q_上$	拱顶 $e_上$	墙脚 $e_下$
数值	110	55	150.15

(2) 围岩压力等效节点荷载的转化

荷载-结构法中,围岩压力荷载是通过施加等效节点力的方式传递到二次衬砌上,因此,需要将通过规范公式计算所得的围岩压力等效转化为各节点的节点力。其转换方式为对线荷载进行积分。即以节点相连的两个单元的一半为积分长度,分别将竖向线荷载积分等效为节点在 Y 方向的节点力,将水平向线荷载积分等效为节点在 X 方向的节点力。即:

$$F_{X_j} = \int_{[y(k)+y(j)]/2}^{[y(i)+y(j)]/2} e(y)\mathrm{d}y$$

$$F_{Y_j} = \int_{[x(k)+x(j)]/2}^{[x(i)+x(j)]/2} q(x)\mathrm{d}x$$

通过积分的含义可知,F_{X_j} 为图中梯形的面积,F_{Y_j} 为图中矩形的面积,见图6-6,即:

$$F_{X_j} = \frac{1}{4}[y(i)-y(k)]\left\{2e_{\text{上}} + (e_{\text{下}}-e_{\text{上}})\frac{2y_{\text{上}}-[y(i)+y(j)]/2-[y(k)+y(j)]/2}{y_{\text{上}}-y_{\text{下}}}\right\}$$

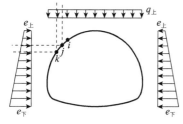

$$F_{Y_j} = \frac{1}{2}[x(i)-x(k)]q_{\text{上}}$$

式中:F_{X_j}、F_{Y_j}——j 号节点水平方向和竖直方向的等效节点力;

$x(i)$、$y(i)$——i 号节点的横坐标和纵坐标;

$e(y)$——竖向任意位置的水平荷载;

$q(x)$——水平向任意位置的竖向荷载。

图6-6 围岩压力等效节点荷载转化示意图

4. 计算单元的选取及围岩弹性抗力模拟过程

荷载-结构法的计算过程包括前处理、加载与求解、围岩抗力模拟过程,以及后处理。在前处理中,包括启动 ANSYS 程序,定义材料、实常数和单元类型,建立几何模型以及进行网格划分等。本计算模型用 Beam188 单元模拟二次衬砌,用 Combin14 单元模拟围岩弹性抗力,弹簧单元的实常数等于围岩弹性抗力系数与单元长度的乘积。

围岩对于结构作用包括主动的围岩压力荷载和被动的对结构的变形约束,围岩对结构的变形约束仅仅是限制结构向围岩方向的变形,不能限制隧道结构向隧道内的变形。荷载-结构法中,通过弹性链杆单元(Combin14 单元)模拟围岩弹性抗力,进而模拟围岩对结构的变形约束。为了准确模拟围岩对结构变形约束特性,必须保证所有的弹簧单元只能受压,不能受拉。具体操作过程为:每求解一次后,应查看是否有弹簧受拉,然后去掉模拟围岩的受拉弹簧单元,再进入求解器进行求解,然后再查看衬砌结构变形图,若衬砌结构向围岩方向变形的部位没有弹簧单元,则要在该部分加上弹簧单元,如此反复进行,直到计算的结果中无受拉弹簧,并保证向围岩方向变形的部位存在受压弹簧为止。最后进入后处理器列出衬砌单元的内力和位移值,以及输出结果的内力图和变形图,然后根据现行《公路隧道设计规范 第一册 土建工程》进行截面验算和配筋校核。

6.5.1 前处理

1. 启动 ANSYS 程序

（1）以交互方式从开始菜单启动 ANSYS 程序。路径：开始→ANSYS→Mechanical APDL Product launcher。

（2）设置工作路径和文件名。单击 File Management 选项卡，在目录中输入：D:AnsysFX\CH6Examp，在项目名中输入 ZSTLSD2C。

（3）定义分析类型。路径：Main Menu→Preferences. 在系统弹出的对话框中，选中 Structural（结构）复选项，然后单击 OK 按钮。此项设置表明本次进行的有限元分析为结构分析，可以过滤其他菜单，如关于热分析和磁场分析的菜单等。同时，程序的求解方法为 h-Method。

提示：以下主要介绍采用 ANSYS 命令流的方式进行荷载-结构法分析，命令必须在命令行窗口中输入。

2. 定义材料、实常数和单元类型

/TITLE,Mechanical analysis on tunnel lining
！确定分析标题
/NOPR
！菜单过滤设置
/PMETH,OFF,0
KEYW,PR_SET,1
！保留结构分析部分菜单
KEYW,PR_STRUC,1
！进入前处理器
/PREP 7
ET,1,BEAM188
！设置梁单元类型
KEYOPT,1,1,1
KEYOPT,1,3,2
！设置弹簧单元类型
ET,2, COMBIN14
！设置梁单元截面
SECTYPE,   1, BEAM, RECT, , 0
SECOFFSET, CENT
SECDATA,0.5,1,0,0,0,0,0,0,0,0,0,0

！设置弹簧单元弹性常数
R,2,400000000,0,0,,,0.2,
！设置材料模型
MPTEMP,,,,,,,
MPTEMP,1,0
！输入弹性模量
MPDATA,EX,1,,30.0e9
！输入泊松比
MPDATA,PRXY,1,,0.2
MPTEMP,,,,,,,
！设置材料模型
MPTEMP,1,0
！输入密度
MPDATA,DENS,1,,2500
SAVE

3.建立几何模型
K,1,,,   ！创建关键点(隧道二次衬砌)
K,2,2.95,0,,
K,3,-2.95,0,,
K,4,0,-3.35,,
K,5,0,5.8,,
K,6,5.8,0,,
K,7,-5.8,0,,
！建立局部坐标系(圆柱坐标系)
CSKP,11,1,2,7,4,1,1,
K,8,8.75,9.71,,
K,9,7.3,9.71,,
CSKP,12,1,9,8,4,1,1,
K,10,1.45,62.38,,
wpcsys,0
LARC,5,7,1,5.8,
LARC,7,8,2,8.75,
LARC,8,10,9,1.45,
csys,0
FLST,3,3,4,ORDE,2

```
FITEM,3,1
FITEM,3,-3
LSYMM,X,P51X,,,,0,0      !镜像一半衬砌轴线
LARC,     10,     14,     4
/VIEW,1,,,1
/ANG,1
/REP,FAST
/AUTO,1
/REP,FAST
LPLOT
NUMMRG,KP,,,,LOW   !合并关键点
!创建围岩弹簧所需的线
K,20,0,-3.55,,
K,21,0,6,,
K,22,-6,0,,
CSYS,11    !激活11局部坐标系
K,23,8.95,9.71,,
CSYS,12
K,24,1.65,62.38,,
wpcsys,0
LARC,21,22,1,6,
LARC,22,23,2,8.95,
LARC,23,24,9,1.65,
wpcsys,0
csys,0
/VIEW,1,,,1
/ANG,1
/REP,FAST
FLST,3,3,4,ORDE,2
FITEM,3,8
FITEM,3,-10
LSYMM,X,P51X,,,,0,0
LARC,     24,     16,     20
NUMMRG,KP,,,,LOW
```

建成的几何模型如图 6-7 所示。

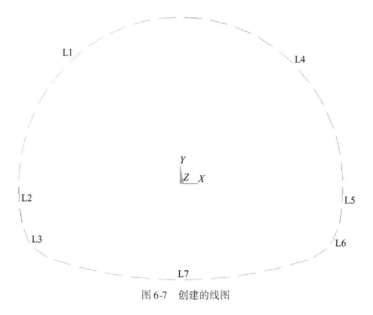

图 6-7 创建的线图

4. 单元网格划分

设置单元大小并将所有直线划分单元,其单元图如图 6-8 所示。

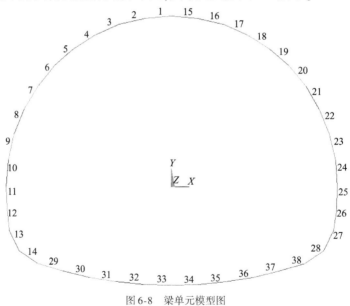

图 6-8 梁单元模型图

FLST,5,4,4,ORDE,4
FITEM,5,1
FITEM,5,4
FITEM,5,8
FITEM,5,11

```
CM,_Y,LINE
LSEL, , ,P51X
CM,_Y1,LINE
CMSEL,,_Y
LESIZE,_Y1, , ,10, , , ,1
FLST,5,2,4,ORDE,2
FITEM,5,7
FITEM,5,14
CM,_Y,LINE
LSEL, , ,P51X
CM,_Y1,LINE
CMSEL,,_Y
LESIZE,_Y1, , ,10, , , ,1
FLST,5,8,4,ORDE,8
FITEM,5,2
FITEM,5,-3
FITEM,5,5
FITEM,5,-6
FITEM,5,9
FITEM,5,-10
FITEM,5,12
FITEM,5,-13
CM,_Y,LINE
LSEL, , ,P51X
CM,_Y1,LINE
CMSEL,,_Y
LESIZE,_Y1, , ,2, , , ,1
TYPE,   1
MAT,       1       !设置将要创建单元的材料
SECNUM,   1       !设置将要创建单元的截面
FLST,2,14,4,ORDE,2
FITEM,2,1
FITEM,2,-14
LMESH,P51X        !将所有直线划分单元
/PNUM, KP, 0      !以下为显示单元编号和颜色
/PNUM, ELEM, 1
```

```
/REPLOT        ! 重新显示
TYPE, 2        ! 设置将要创建单元的类型
REAL, 2        ! 设置将要创建单元的几何常数
E,1,39         ! 通过两个节点创建弹簧单元
E,3,41
E,4,42
E,5,43
E,6,44
E,7,45
E,8,46
E,9,47
E,10,48
E,11,49
E,2,40
E,13,51
E,12,50
E,15,53
E,14,52
E,30,68
E,31,69
E,32,70
E,33,71
E,34,72
E,35,73
E,36,74
E,37,75
E,38,76
E,28,66
E,29,67
E,26,64
E,27,65
E,16,54
E,25,63
E,24,62
E,23,61
E,22,60
```

E,21,59
E,20,58
E,19,57
E,18,56
E,17,55　　　　　！清除用于创建围岩弹簧单元的外层梁单元
FLST,2,7,4,ORDE,2
FITEM,2,8
FITEM,2,-14
LCLEAR,P51X
FLST,2,7,4,ORDE,2
FITEM,2,8
FITEM,2,-14
LDELE,P51X　　　！删除外层直线
Finish　　　　　　！返回 Main Menu 主菜单

提示：在生成弹簧单元的另外一个节点时，有三种方法可以实现。①仿照建立二次衬砌的方式，在二次衬砌外侧再建一环梁单元；②采用已划分的梁单元，然后利用梁单元的节点，借助于复制功能来生成弹簧单元的另外一个节点；③根据弹簧单元的长度和加在法线方向的条件来计算节点的坐标，采用创建节点的方法生成节点。包括弹簧单元的有限元模型如图 6-9 所示。

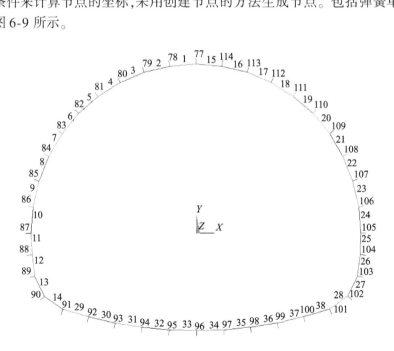

图 6-9　包括弹簧单元的有限元模型

6.5.2 加载与求解

1. 加载

```
/SOL                          ! 进入求解器
! 定义荷载参量
q = 110000
e1 = 55000
e2 = 150150
! 定义荷载施加节点数组
ALLSEL
Esel,s,type,,1                ! 定义竖向荷载施加节点群数组
Nsle,r,1
Nsel,r,loc,y,-0.1,10
NMAX1 = NDINQR(0,13)          ! 获取节点总数
*DIM,GBJD,,NMAX1              ! 定义节点群数组,存放节点号
GBJD(1) = NODE(-5.8,0,0)      ! 将起始节点号赋予节点群数组 GBJD(1),最左侧
                                节点
*DO,I,2,NMAX1                 ! 循环,从 2~NMAX(节点总数)
NI = NNEAR(GBJD(I-1))         ! 获取距离 N0 节点最近的节点号,并赋予 NI
GBJD(I) = NI                  ! 将 NI 存入数组 GBJD(I),注意下标为节点群序号
NSEL,U,,,GBJD(I-1)            ! 从当前节点集体中去掉 N0 节点,以单向获取节
                                点号

*ENDDO
ALLSEL
Esel,s,type,,1                ! 定义左侧水平荷载施加节点群数组
Nsle,r,1
Nsel,r,loc,x,-10,0.1
NMAX2 = NDINQR(0,13)          ! 获取节点总数
*DIM,ZCJD,,NMAX2              ! 定义节点群数组,存放节点号
*DIM,ZDC,,NMAX2               ! 定义节点群数组,存放节点号
ZCJD(1) = NODE(0,5.8,0)       ! 将起始节点号赋予节点群数组 ZCJD(1)
*DO,I,2,NMAX2                 ! 循环,从 2~NMAX(节点总数)
NI = NNEAR(ZCJD(I-1))         ! 获取距离 N0 节点最近的节点号,并赋予 NI
ZCJD(I) = NI                  ! 将 NI 存入数组 ZCJD(I),注意下标为节点群序号
NSEL,U,,,ZCJD(I-1)            ! 从当前节点集体中去掉 N0 节点,以单向获取节
```

点号

```
*ENDDO
ALLSEL
Esel,s,type,,1                          ! 定义右侧水平荷载施加节点群数组
Nsle,r,1
Nsel,r,loc,x,-0.1,10
NMAX3 = NDINQR(0,13)                    ! 获取节点总数
*DIM,YCJD,,NMAX3                        ! 定义节点群数组,存放节点号
*DIM,YDC,,NMAX3                         ! 定义节点群数组,存放节点号
YCJD(1) = NODE(0,5.8,0)                 ! 将起始节点号赋予节点群数组 YCJD(1)
*DO,I,2,NMAX3                           ! 循环,从 2~NMAX(节点总数)
NI = NNEAR(YCJD(I-1))                   ! 获取距离 N0 节点最近的节点号,并赋予 NI
YCJD(I) = NI                            ! 将 NI 存入数组 YCJD(I),注意下标为节点群序号
NSEL,U,,,YCJD(I-1)                      ! 从当前节点集体中去掉 N0 节点,以单向获取节
                                          点号

*ENDDO

! 施加荷载
ALLSEL
DC2 = NX(GBJD(2)) - NX(GBJD(1))                   ! 拱部左侧端点施加
                                                    节点荷载

FF = -q*DC2/2.0
F,GBJD(1),FY,FF
*DO,I,2,NMAX1-1,1                                 ! 拱部施加节点荷载
DC1 = NX(GBJD(I)) - NX(GBJD(I-1))
DC2 = NX(GBJD(I+1)) - NX(GBJD(I))
FF = -q*(DC1+DC2)/2.0
F,GBJD(I),FY,FF
*ENDDO
DC1 = NX(GBJD(NMAX1)) - NX(GBJD(NMAX1-1))         ! 拱部右侧端点施
                                                    加节点荷载

FF = -q*DC1/2.0
F,GBJD(NMAX1),FY,FF
ZDC(1) = 0
F,ZCJD(1),FX,0                                    ! 左侧顶部端点施加节
                                                    点荷载
```

```
     *DO,I,2,NMAX2-1,1                               ! 左侧施加节点荷载
     DC1 = NY(ZCJD(I-1)) - NY(ZCJD(I))
     DC2 = NY(ZCJD(I)) - NY(ZCJD(I+1))
     ZDC(I) = ZDC(I-1) + DC1
     *SET,FF,(e1+(e2-e1)*ZDC(I)/8.65)*(DC1+DC2)/2.0
     F,ZCJD(I),FX,FF
     *ENDDO
     F,ZCJD(NMAX2),FX,0                              ! 左侧底部端点施加节
                                                       点荷载

     ZDC(1) = 0
     F,YCJD(1),FX,0                                  ! 右侧顶部端点施加节
                                                       点荷载

     *DO,I,2,NMAX3-1,1                               ! 右侧施加节点荷载
     DC1 = NY(YCJD(I-1)) - NY(YCJD(I))
     DC2 = NY(YCJD(I)) - NY(YCJD(I+1))
     ZDC(I) = ZDC(I-1) + DC1
     *SET,FF,-(e1+(e2-e1)*ZDC(I)/8.65)*(DC1+DC2)/2.0
     F,YCJD(I),FX,FF
     *ENDDO
     F,YCJD(NMAX3),FX,0         ! 右侧底部端点施加节点荷载
     Save

     ! 在 Y 方向施加重力加速度
     ACEL,0,10,0,
     ! 在弹簧外侧节点施加约束
     NSEL,S,NODE,,39,76,1
     D,ALL,,,,,ALL,,,,
     ALLSEL
     ! 只考虑梁单元 XY 平面内的力学计算
     NSEL,S,NODE,,1,38,1
     D,ALL,,,,,UZ,ROTX,ROTY,,,
     ALLSEL
     Save
```

提示:在节点上加上节点力时,其节点力的大小根据作用在结构上的面荷载进行换算,即根据梁单元的长度进行计算。同时要将所有的力换算成国际单位牛顿。如果面荷载的作用方向不是平行于 X 轴,也不是平行于 Y 轴,则要进行力的分解。在模型上加重

力时,一般输入的重力加速度为 10 或 9.8,而不是 −9.8 或 −10。施加荷载和边界条件的有限元模型如图 6-10 所示。

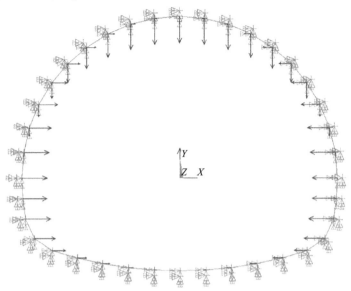

图 6-10　施加荷载和边界条件的有限元模型

2. 求解

(1) 求解设置。

```
ANTYPE,0
NLGEOM,1              ! 打开大变形
LNSRCH,1              ! 打开线搜索
NROPT, FULL, ,        ! 采用全牛顿-拉普森法进行求解
Allsel                ! 选择所有内容
Outres, all, all      ! 输出所有内容
```

(2) 求解。

```
Solve                 ! 求解计算
Finish                ! 求解结束返回 Main Menu 主菜单
SAVE
```

6.5.3　围岩抗力模拟过程

为了较真实地模拟围岩抗力,需要保证最终的模型中不存在受拉弹簧,且所有衬砌结构向围岩方向变形的部位都存在受压弹簧。具体操作过程为:每求解一次后,应查看是否有弹簧受拉,然后删除或杀死模拟围岩的受拉弹簧单元,再进入求解器进行求解,然后再查看衬砌结构变形图,若衬砌结构向围岩方向变形的部位没有弹簧单元,则要在该部分加

上弹簧单元,如此反复进行。

(1)进入后处理器,找到受拉弹簧并杀死或删除,重新计算。

　　/POST1　　　　　　　　　　！进入后处理器
　　ETABLE, , SMISC, 1　　　！1、14 表示轴力
　　ETABLE, , SMISC, 14
　　ESEL,S,TYPE,,2　　　！仅显示单元类型 2 弹簧单元
　　PLLS,SMIS1,SMIS14,1,0　　　！绘制轴力图

(2)删除受拉弹簧后,重新计算,查看是否存在受拉弹簧,或复核衬砌结构向围岩方向变形的部位是否存在弹簧单元,并杀死受拉弹簧单元,或激活衬砌结构向围岩方向变形的部位的弹簧单元,重新计算,如此反复进行。

　　/SOL　　　　　　　　　　！进入求解器
　　ALLSEL
　　ESEL,S,ELEM,,77, 89,1　　　　！选择受拉弹簧
　　ESEL,A,ELEM,,103,114,1　　　！选择受拉弹簧
　　EKILL,ALL　　　　　　　　　！杀死受拉弹簧
　　ALLSEL
　　SOLVE　　　　　　　！求解计算

再次进入后处理器,查看是否存在受拉弹簧,复核衬砌结构向围岩方向变形的部位是否存在弹簧单元。

　　/SOL　　　　　　　　　　！进入求解器
　　ALLSEL
　　ESEL,S,ELEM,,84 89,1　　　　！选择衬砌结构向围岩方向变形的部位
　　　　　　　　　　　　　　　　　　被杀死的弹簧单元
　　ESEL,A,ELEM,, 103,114,1　　　！选择衬砌结构向围岩方向变形的部位被杀
　　　　　　　　　　　　　　　　　　死的弹簧单元
　　EALIVE,ALL　　　！激活衬砌结构向围岩方向变形的部位被杀死的弹簧单元
　　ALLSEL
　　SOLVE　　　　　　　！求解计算

再次进入后处理器查看,直到不存在受拉弹簧,且衬砌结构向围岩方向变形的部位均存在弹簧单元为止。

6.5.4　后处理

进入后处理器导出梁单元的内力和位移值,输出梁单元的内力图和变形图。

　　/POST1　　　　　　　　　　！进入后处理器

```
PLDISP, 1                              ! 绘制变形和未变形图
esel,s,type,,1                         ! 仅显示单元类型1
/DSCALE,ALL,300                        ! 设置结果显示比例
PLNSOL, U,SUM, 1,1.0                   ! 绘制总变形图

ETABLE,  , SMISC,  3                   ! 3、16 表示弯矩
ETABLE,  , SMISC,  16
ETABLE,  , SMISC,  1                   ! 1、14 表示轴力
ETABLE,  , SMISC,  14
ETABLE,  , SMISC,  6                   ! 6、19 表示剪力
ETABLE,  , SMISC,  19
```

查看内力,包括弯矩、轴力和剪力。路径:General Postproc > Plot Results > Contour Plot > Line Elem Res。

```
ESEL,S,TYPE,,1              ! 仅显示单元类型1
PLLS, SMIS3, SMIS16, 0.5, 0    ! 绘制弯矩图
PLLS, SMIS1, SMIS14, 0.5, 0    ! 绘制轴力图
PLLS, SMIS6, SMIS19, 0.5, 0    ! 绘制剪力图
```

通过查看弹簧单元可知,所有弹簧都处于受压状态,因而本次计算结果为最终结果,计算结果见图6-11~图6-14。

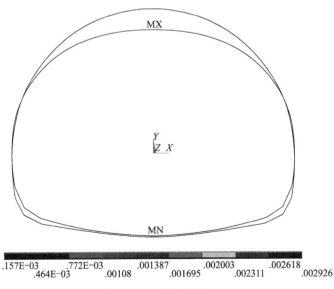

图6-11 变形图(单位:m)

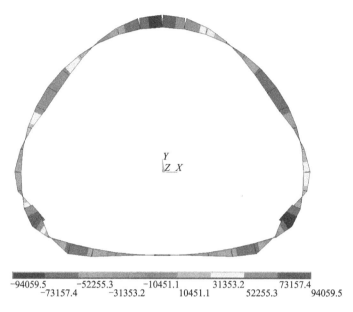

图 6-12 弯矩图(单位:N·m)

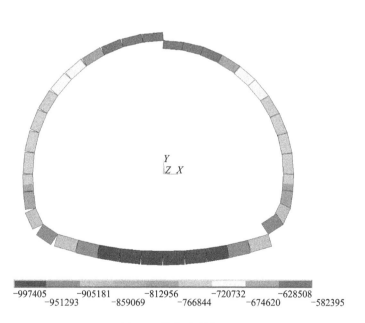

图 6-13 轴力图(单位:N)

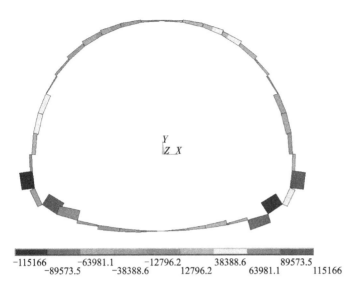

图 6-14 剪力图(单位:N)

6.5.5 安全性评价

1. 截面强度验算

为了保证衬砌结构的强度及安全性,需要在获得结构内力之后进行强度验算。我国现行《公路隧道设计规范 第一册 土建工程》(JTG 3370.1—2018)规定,隧道结构应按破损阶段法验算构件截面的强度。结构抗裂有要求时,对混凝土构件应进行抗裂验算,对钢筋混凝土构件应验算其裂缝宽度。根据混凝土和砌体材料的极限强度,计算出偏心受压构件的极限承载能力,与构件实际内力相比较,计算截面的抗压(或抗拉)强度安全系数 K,检查其是否满足规范所要求的值。整体式衬砌、明洞衬砌的混凝土偏心受压构件,其轴向力的偏心距不宜大于截面厚度的 45%;对半路堑式明洞外墙、棚洞、明洞边墙和砌体偏心受压构件,不应大于截面厚度的 30%。

混凝土和砌体的强度安全系数计算:

$$K = \frac{N_{jx}}{N} \geqslant K_{gf} \tag{6-34}$$

式中:N_{jx}——截面的极限承载能力;

N——截面的实际内力(轴力);

K_{gf}——强度安全系数,见表 6-8 和表 6-9。

混凝土和砌体结构的强度安全系数　　　　表6-8

圬工种类	混凝土		砌体	
荷载组合	永久荷载+基本可变荷载	永久荷载+基本可变荷载+其他可变荷载	永久荷载+基本可变荷载	永久荷载+基本可变荷载+其他可变荷载
混凝土或砌体达到抗压极限强度	2.4	2.0	2.7	2.3
混凝土达到抗拉极限强度	3.6	3.0	—	—

钢筋混凝土结构的强度安全系数　　　　表6-9

荷载组合	永久荷载+基本可变荷载	永久荷载+基本可变荷载+其他可变荷载
钢筋达到极限强度或混凝土达到极限抗压或抗剪强度	2.0	1.7
混凝土达到极限抗拉强度	2.4	2.0

衬砌任一截面均应满足强度安全系数要求,否则必须调整衬砌形状和尺寸,重新计算,直到满足要求为止。

对混凝土和砌体矩形截面构件,当偏心距 $e_0 \leq 0.2h$ 时,按抗压强度控制承载能力,并用下式计算:

$$KN \leq \varphi \alpha R_a bh \tag{6-35}$$

式中:K——安全系数;

N——轴向力;

b——截面宽度;

h——截面厚度;

φ——构件的纵向弯曲系数,对于隧道衬砌,可取 $\varphi = 1$;

α——轴向力的偏心影响系数,依据规范 $\alpha = 1.000 + 0.648(e_0/h) - 12.569(e_0/h)^2 + 15.444(e_0/h)^3$ 求得;

R_a——混凝土或砌体的抗压极限强度,C30混凝土取 $R_a = 22.5$MPa。

根据抗裂要求,对于混凝土矩形截面偏心受压构件,当 $e_0 > 0.2d$ 时,按抗拉强度控制承载能力,并用下式计算:

$$KN \leq \varphi \frac{1.75 R_l bh}{\frac{6e_0}{h} - 1} \tag{6-36}$$

式中:R_l——抗拉极限强度,C30混凝土取 $R_l = 2.2$MPa。

以6.5节模型计算结果为例,单元截面编号如图6-15所示,考虑模型的对称性,取一半模型的截面进行强度验算,见表6-10。

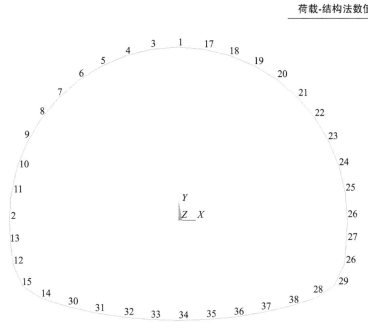

图 6-15 单元截面编号

衬砌断面强度验算表 表 6-10

截面编号	M (kN·m)	N (kN)	e (m)	与 $0.2h(=0.1m)$ 的比较	计算 K	验算 K
1	-78.595	-582.400	0.135	$e_0 > 0.2h$	5.34	3.6
3	-69.510	-593.850	0.117	$e_0 > 0.2h$	8.01	3.6
4	-44.397	-615.570	0.072	$e_0 \leq 0.2h$	16.05	2.4
5	-9.177	-643.810	0.014	$e_0 \leq 0.2h$	17.62	2.4
6	27.677	-673.990	0.041	$e_0 \leq 0.2h$	16.31	2.4
7	56.906	-701.600	0.081	$e_0 \leq 0.2h$	13.47	2.4
8	70.366	-723.200	0.097	$e_0 \leq 0.2h$	11.88	2.4
9	62.654	-736.220	0.085	$e_0 \leq 0.2h$	12.57	2.4
10	23.244	-743.140	0.031	$e_0 \leq 0.2h$	15.06	2.4
11	-15.235	-748.890	0.020	$e_0 \leq 0.2h$	15.12	2.4
2	-43.188	-761.330	0.057	$e_0 \leq 0.2h$	13.81	2.4
13	-27.290	-784.710	0.035	$e_0 \leq 0.2h$	14.19	2.4
12	57.835	-859.640	0.067	$e_0 \leq 0.2h$	11.74	2.4
15	94.060	-908.110	0.104	$e_0 > 0.2h$	8.73	3.6
14	10.234	-897.340	0.011	$e_0 \leq 0.2h$	12.64	2.4
30	-64.885	-933.380	0.070	$e_0 \leq 0.2h$	10.71	2.4
31	-49.124	-964.220	0.051	$e_0 \leq 0.2h$	11.11	2.4

续上表

截面编号	M (kN·m)	N (kN)	e (m)	与 0.2h(=0.1m)的比较	计算 K	验算 K
32	-19.760	-985.880	0.020	$e_0 \leq 0.2h$	11.49	2.4
33	-1.512	-997.030	0.002	$e_0 \leq 0.2h$	11.30	2.4
34	4.040	-997.410	0.004	$e_0 \leq 0.2h$	11.33	2.4

由表 6-10 可知，该算例所有截面的安全系数均大于规定的 K 值，均满足规范要求。若安全系数小于规范规定值的危险截面，常用三种措施调整：①增大截面厚度；②调整二次衬砌轴线的曲率半径，使曲线之间过渡更平顺；③加强配筋。

假定本例某截面的内力结果为：轴力设计值 $N=4140\text{kN}$，弯矩设计值 $M=931\text{kN}\cdot\text{m}$，剪力设计值 $Q=1317.5\text{kN}$，安全系数低于规范要求。采用配筋措施，以下给出配筋详细计算过程。

1) 已知条件

衬砌结构按钢筋混凝土偏心受压构件计算：

计算截面为 $b \times h = 1000\text{mm} \times 500\text{mm}$ 的矩形截面；

受压杆件计算长度 $l_0 = 1.00\text{m}$；

混凝土强度等级 C30，$R_1 = 2.2\text{MPa}$，$R_a = 22.5\text{MPa}$，$R_w = 28.1\text{MPa}$；

纵筋级别 HRB400，$R_g = R_g' = 360\text{MPa}$；

Ⅰ类环境条件，取保护层厚度 $c = 50\text{mm}$。

2) 偏压计算

(1) 计算相对界限受压区高度 ξ_b：

$$\xi_b = \frac{\beta_1}{1 + \frac{f_y}{E_s \varepsilon_{cu}}} = \frac{0.80}{1 + \frac{360}{200000 \times 0.0033}} = 0.518$$

(2) 计算轴向压力作用点至钢筋合力点距离 e：

取 $a_s = a_s' = 50\text{mm}$，则：

$h_0 = h - a_s = 500 - 50 = 450(\text{mm})$

$e_0 = \dfrac{M}{N} = \dfrac{931}{4140} = 225(\text{mm})$

$e_a = \max\{20, h/30\} = 20.0(\text{mm})$

$e_i = e_0 + e_a = 225 + 20 = 245(\text{mm})$

$e = e_i + \dfrac{h}{2} - a_s = 245 + \dfrac{500}{2} - 50 = 445(\text{mm})$

$x = \dfrac{N}{\alpha_1 R_a b} = \dfrac{4140 \times 10^3}{1.0 \times 22.5 \times 10^6 \times 1} = 184(\text{mm}) < 0.518 \times 450 = 233.1$

按大偏心受压构件配筋。

(3)计算对称配筋:

$$A_s = A'_s = \frac{Ne - \alpha_1 R_a bx\left(h_0 - \frac{x}{2}\right)}{R_g(h_0 - \alpha'_s)}$$

$$= \frac{4140 \times 10^3 \times 0.445 - 1 \times 22.5 \times 10^6 \times 1 \times 0.184 \times (0.45 - 0.184/2)}{360 \times 10^6 \times (0.45 - 0.05)}$$

$$= 2501.25(\text{mm}^2)$$

3)轴压验算

(1)计算稳定系数 φ:

根据《公路隧道设计规范 第一册 土建工程》(JTG 3370.1—2018),稳定系数 $\varphi = 1.00$。

(2)计算配筋:

$$A_s = \frac{\frac{N}{0.9\varphi} - R_a A}{R_g} = \frac{\frac{4140 \times 10^3}{0.9 \times 1.00} - 22.5 \times 10^6 \times 500000 \times 10^{-6}}{360 \times 10^6} = -18472(\text{mm}^2) < 0$$

取 A_s 为构造配筋:$A_s = \rho_{\min} \times A = 0.2\% \times 1000 \times 500 = 1000(\text{mm}^2)$

计算配筋结果:

偏压计算配筋:$A_s = A'_s = 2501.25\text{mm}^2$

轴压计算配筋:$A_s = A'_s = 1000\text{mm}^2$

现选择每侧钢筋为 $10\phi36$,即 $A_s = A'_s = 10179\text{mm}^2 > 0.002bh = 1000\text{mm}^2$,$a_s = a'_s = 50\text{mm}$。

《公路隧道设计规范 第一册 土建工程》(JTG 3370.1—2018)第8.6.4规定了钢筋混凝土结构构件中纵向受力钢筋的截面最小配筋率,受压构件全部纵向钢筋最小配筋率,采用HRB400钢筋时,应按规定减小0.1%,即全部纵向钢筋最小配筋。

$$\rho = \frac{A_s + A'_s}{bh} = \frac{10179 + 10179}{1000 \times 500} = 4.1\% > 0.5\%$$

4)截面复核

根据规范配置 $10\phi36$ 钢筋($A_g = A'_g = 10179\text{mm}^2$),保护层厚度 $c = a - d/2 = 50 - 36/2 = 32(\text{mm}) < 40\text{mm}$,不满足要求,设计保护层厚度为40mm。

①截面承载力验算

截面承载力验算可根据公式计算:

$$KN \leq N_u \tag{6-37}$$

$$e = e_i + \frac{h}{2} - a_s = 245 + \frac{500}{2} - 40 = 455(\text{mm})$$

$$e' = h/2 - e_i - a'_s = 500/2 - 245 - 40 = -35 \text{ (mm)}$$

由上可知，$e = 455\text{mm}$，$e' = -35\text{mm}$。假设为大偏心受压，则受压区混凝土高度 x 为：

$$x = h_0 - e + \sqrt{(h_0 - e)^2 + \frac{2R_g A_g(e - e')}{R_w b}}$$

$$= 460 - 455 + \sqrt{(460 - 455)^2 + \frac{2 \times 360 \times 10179 \times [455 - (-35)]}{28.1 \times 1000}}$$

$$= 362.5\text{mm} \begin{cases} > 0.55 h_0 = 253\text{mm} \\ > 2a' = 100\text{mm} \end{cases}$$

故确定为小偏心受压构件，截面承载力为：

$$N_u = 0.5 R_w b h_0^2 + R_g A'_g(h_0 - a')$$
$$= 0.5 \times 28.1 \times 10^6 \times 1 \times 0.45^2 + 400 \times 10^6 \times 10179 \times 10^{-6} \times (0.46 - 0.04)$$
$$= 4555.2 \text{ (kN)} > 2.4Ne = 4520.9 \text{kN}$$

所以，截面承载力满足要求。

②斜截面抗剪验算

斜截面抗剪验算可根据公式计算：

$$KQ \leq 0.07 R_a b h_0$$

已知 $Q = 1.4357\text{kN}$，$KQ = 2.4 \times 1.4357 = 3.4 \text{ (kN)} < 0.07 R_a b h_0 = 0.07 \times 22.5 \times 1000 \times 450 \div 1000 = 708.75 \text{ (kN)}$ 故截面均满足要求，所以不需要进行斜截面抗剪强度验算，按构造要求配置箍筋。

③裂缝宽度验算

经计算，$e_0 = 225\text{mm} < 0.55 h_0 = 253\text{mm}$，故不进行裂缝宽度的验算。

2. 隧道安全性评价

在隧道结构设计中，应先采用 ANSYS 有限元软件等进行衬砌结构内力计算，然后对隧道结构安全性进行分析评价。根据《公路隧道设计规范 第一册 土建工程》(JTG 3370.1—2018)的要求，需要进行破损阶段截面强度验算；各个截面安全系数都符合规范规定时，可不进行配筋计算，采用混凝土衬砌结构即可；当部分截面安全系数不满足规范规定时，可采用增大截面厚度，改善二次衬砌轴线不同曲线连接处的圆顺程度，增加配筋等措施，然后再进行截面强度验算。

以 6.5 节为例，按《公路隧道设计规范 第一册 土建工程》(JTG 3370.1—2018)规定进行评价：

(1)强度验算

根据截面强度的验算结果可知，衬砌结构混凝土强度验算满足规范要求。

(2)裂缝宽度验算

根据规范的规定，裂缝宽度满足要求。

1. 简述荷载-结构法。

2. 某地铁明挖隧道,围岩为 V 级,围岩重度为 $20kN/m^3$,埋深为 5m,设计断面位矩形断面,其净空为 $4.2m×4.5m$,二次衬砌混凝土为 C30,厚度为 50cm,水平围岩压力为竖向围岩压力的 60%,求顶部竖向围岩压力和边墙水平围岩压力。

3. 将 6.5 节中围岩级别改为 V 级,请用荷载-结构法计算二次衬砌内力,并进行强度验算。

第7章

隧道施工过程的二维数值模拟

7.1 二维数值模拟概述

目前隧道施工过程中围岩和支护结构的力学状态常采用基于有限元理论的数值模拟分析。隧道施工过程中的"空间效应"明显,因而隧道施工模拟应建立三维模型进行分析比较准确。但是三维分析计算工作量巨大、耗时长,基于弹性力学理论往往将其简化为平面应变问题,建立二维模型进行计算。相对于三维计算,二维计算的工作量将成倍地减少,容易被工程技术人员及研究人员所掌握。因此,隧道施工过程的二维数值模拟应用广泛、使用频率高。

7.2 掌子面的空间效应

未开挖围岩中任意一点的应力状态均处于应力平衡状态,由于隧道开挖和支护,围岩内原有的应力平衡将被打破,开挖边界附近的围岩发生应力重分布。因而隧道施工过程中围岩的力学行为是一个复杂的四维时空问题,围岩的变形状态决定着围岩的稳定性。

对于弹塑性围岩,其应力-应变关系是非线性的。当洞周的围岩应力达到屈服条件时,围岩便进入塑性状态,导致塑性区出现。塑性区不断向围岩深部扩展,围岩发生较大变形,当变形超过围岩本身所能承受的能力,则围岩失稳。隧道在掘进过程中,由于受到开挖面的约束,使开挖面附近的围岩不能立即释放其全部位移,这种现象称为开挖面的"空间效应"。纵向变形规律曲线(LDP)能够显著体现开挖面的"空间效应"。

纵向变形规律曲线是指在无支护条件下,以曲线表示的沿掌子面前后隧道洞周围岩某点的径向位移变化,如图7-1所示。借助于掌子面空间效应的现场监测,可以获得隧道开挖的纵向变形规律曲线。其中,水平轴表示分析断面与掌子面的距离(常采用相对距离 x/r,x 为断面与掌子面的距离,r 为隧道跨度)。竖直轴表示距开挖面一定距离处的隧道洞周围岩某点变形 $u(x)$ 与距掌子面无限远处同一位置的变形 u(在掌子面空间约束效应影响范围之外)之比(归一化位移)。

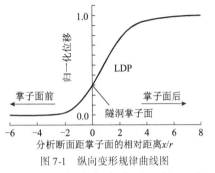

图 7-1 纵向变形规律曲线图

按平面应变问题计算隧道施工过程时,常采用应力释放的方式考虑掌子面的"空间效应",即在开挖隧道的洞周施加荷载(支撑荷载)的方法。支撑荷载能够模拟洞周荷载的释放效应。

7.3 支撑荷载

7.3.1 支撑荷载的方向

隧道开挖后,洞周围岩初始应力被解除,产生了不平衡力,围岩发生变形,洞周产生卸荷效应——释放荷载,即被开挖围岩对洞周作用力的反作用力,其数值等于该点的初始应力,方向相反,即指向洞内。围岩应力重分布后,达到新的平衡,产生新的位移场和应力场。

隧道在施工过程中随着掌子面的推进,开挖边界的应力释放并不是一次性完成的,而是随着掌子面的推进逐步释放的。按平面应变问题计算时,为了在二维数值模拟中考虑"空间效应",可采用在开挖的洞周施加荷载(支撑荷载)的方法。支撑荷载能够模拟洞周荷载的释放效应。在荷载释放以前,支撑荷载的大小与释放荷载的数值相等,但方向相反,即指向围岩。

在数值计算中,首先计算初始应力场,然后模拟开挖过程,开挖的围岩单元被删除或"杀死",这时在洞周就产生不平衡力,即"释放荷载",若在洞周不加"支撑荷载"进行下一步计算,则位移释放一次完成,所得的结果就是释放全部荷载作用下隧道的应力和位移状态。若这一步计算中施作了支护,则支护和围岩将共同承担全部的释放荷载,作用在支护上的力相对较大,与实际情况不符。围岩单元被删除或"杀死"后,为了控制释放荷载,使其逐步释放,就需要在洞周施加"支撑荷载",其大小与释放荷载相等,但方向相反(图 7-2),随着位移的释放,其数值不断减小,直至为 0。

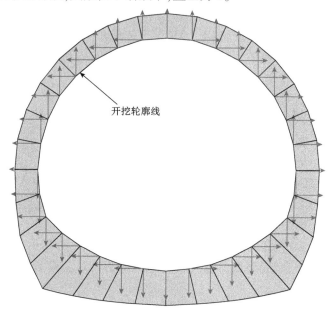

图 7-2 "支撑荷载"施加图

7.3.2 支撑荷载及荷载释放率的确定

1. 隧道施工过程各阶段的有限元分析表达式

在隧道施工过程的有限元分析中,对各开挖阶段的状态,有限元分析的表达式可写为:

$$\bm{K}_i \Delta \bm{\delta}_i = \Delta \bm{F}_{ri} + \Delta \bm{F}_{ai} \quad (i=1,\cdots,L)$$

式中:L——开挖阶段数;

$\bm{K}_i$——第 i 开挖阶段岩土体和结构的总刚度矩阵,由式 $\bm{K}_i = \bm{K}_0 + \sum\limits_{\lambda=1}^{i}\Delta \bm{K}_\lambda$ 计算;

$\bm{K}_0$——岩土体和结构(开挖开始前存在时)的初始总刚度矩阵;

$\Delta \bm{K}_\lambda$——第 λ 开挖阶段的岩土体和结构刚度的增量或减量,用以体现岩土体单元的挖除、填筑及结构单元的施作或拆除;

$\Delta \bm{F}_{ri}$——第 i 开挖阶段开挖边界上的释放荷载的等效结点力;

$\Delta \bm{F}_{ai}$——第 i 开挖阶段新增自重等的等效结点力;

$\Delta \bm{\delta}_i$——第 i 开挖阶段的结点位移增量。

采用增量初应变法解题时,对每个开挖步,增量加载过程的有限元分析的表达式为:

$$K_{ij}\Delta\delta_{ij} = \Delta F_{ri} \cdot \alpha_{ij} + \Delta F_{aij} \quad (i=1,\cdots,L; j=1,\cdots,M)$$

式中：K_{ij}——第 i 开挖步中施加第 j 增量步时的刚度矩阵，$K_{ij} = K_{i-1} + \sum_{\xi=1}^{i}\Delta K_{i\xi}$；

α_{ij}——第 i 开挖步第 j 增量步的开挖边界释放荷载系数，开挖边界荷载完全释放时有 $\sum_{j=1}^{M}\alpha_{ij} = 1$；

ΔF_{aij}——第 i 开挖步第 j 增量步新增自重等的等效结点力；

$\Delta\delta_i$——第 i 开挖步第 j 增量步的结点位移增量。

增量时步加荷过程中，部分岩土体进入塑性状态后，由材料屈服引起的过量塑性应变以初应变的形式被转移，并由整个体系中的所有单元共同负担。每一时步中，各单元与过量塑性应变相应的初应变均以等效结点力的形式起作用，并处理为再次计算时的结点附加荷载，据此进行迭代运算，直至时步最终计算时间，并满足给定的精度要求。

岩土体单元出现受拉破坏或节理、接触面单元发生受拉或受剪破坏时，也可按原理采用与上述类同的方法处理。单元发生破坏后，沿破坏方向的单元应力需予转移，计算过程将其处理为等效结点力，据此进行迭代计算。

2. 支撑荷载的确定

在隧道施工过程模拟中，隧道释放荷载（或支撑荷载）的确定是一个关键问题。在有限元分析中总的释放荷载 P_0 可由已知初始地应力或由前一步开挖支护后的应力确定。

$$\Delta F_{ri} = \left(1 - \sum_{i=1}^{n}\lambda_i\right)P_0 = k_i P_0$$

式中：λ_i——施工各阶段的位移释放率；

k_i——支撑荷载系数。

总的释放荷载 P_0 的确定方法如下：

（1）对于全断面开挖的隧道，总的释放荷载 P_0 即为初始地应力。

（2）对于分部开挖的隧道，各部分总的释放荷载 P_0 皆为该部分开挖的前一计算步结果中的开挖围岩边界上的应力。

有限元分析过程中总的释放荷载 P_0 的提取方法为：首先选取开挖部分的全部单元（可通过选取开挖面——选择面上的单元的步骤选取），然后选取开挖部分的外部边界上的节点（可通过选取开挖部分的边界线——选择线上的节点的步骤选取），最后进入后处理器，通过 nforce,all 命令得到拟开挖围岩周边（外圈）节点的等效节点力，即该部分总的释放荷载 P_0。

3. 荷载释放率的确定

对于位移释放率已有许多文献进行过研究，位移释放率可以采用现场测试的办法进行分析，但由于现场测试受到很多条件的限制，如仪器精度、测试条件、测试频率、开挖到目标断面前位移的测试等问题，因此测试结果的准确性还有待提高。位移释放率实际是模拟隧道开挖过程中掌子面的"空间效应"。通过有限元三维仿真分析模拟隧道开挖过程的"空间效应"可知,开挖到目标断面以前已有部分位移释放,位移主要在$(-0.5D,2.0D)$之间完成释放,其中 D 为隧道跨度,开挖到目标断面时的释放率为 27%,距开挖面距离为 D 的释放率为 91.0%,且这个释放率不受围岩参数的影响,见图 7-3、图 7-4。因此,在按平面应变模型模拟隧道的开挖过程时,位移释放率可按以下方法确定:初期支护施作以前释放 30%,施作初期支护释放 50%,施作仰拱释放 10%,施作二次衬砌释放 10%。相应的支撑荷载系数为 0.7、0.2、0.1、0.0。若仰拱和二次衬砌施作较晚,仰拱和二次施作时位移已释放完成,则施作初期支护时位移释放 70%,二次衬砌不再承担释放荷载,仅作为安全储备。

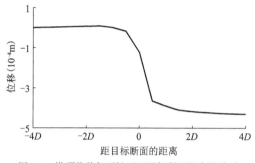

图 7-3　拱顶位移与开挖面至目标断面距离的关系　　图 7-4　位移释放率与开挖面至目标断面距离的关系

7.4　隧道施工过程数值模拟要点

1. 初始地应力

地层结构法分析中的初始地应力可以通过两种方式获得:一是只考虑围岩的自重应力,忽略构造应力,在分析的第一步,计算围岩的自重应力场;二是通过现场测试获得一些点的地应力时,通过反演获得包括构造应力的初始地应力。使用 ANSYS 软件进行计算时,首先获得所有节点的初始地应力值(存为荷载文件),然后通过荷载读入功能(ISFILE,READ,文件名,ist)施加初始地应力,以此完成初始地应力施加。在初始地应力的作用下,围岩产生了初始位移。在后续施工过程模拟中产生位移,包括初始位移,因而要获得每一个施工步产生的位移,需要扣除前一步施工产生的位移;或要获得某一施工步完成时由施工产生的累计位移时,需要扣除初始位移。此时要使用荷载步相减的功能(LCDEF,1,1 LCOPER,SUB,1)。

2. 开挖与支护过程实现

在 ANSYS 软件中,可以用杀死和激活单元来模拟材料的消去和添加。利用 ANSYS 软件的单元生死功能,可以简单有效地模拟隧道的开挖和支护过程。杀死单元时,通过用一个非常小的数乘以单元的刚度,来实现"杀死"单元。模拟隧道开挖时,直接选择将被开挖的单元,然后使用"EKILL,ALL"实现开挖模拟。施作支护时,将相应支护部分在开挖时被杀死的单元激活(EALIVE),然后使用"MPCHG"将其材料变为支护的材料。

3. 连续施工的模拟

ANSYS 软件的荷载步(LOAD STEP)功能可以实现不同工况间的连续计算,方便有效地模拟隧道施工过程。计算分析之前要建立完整的有限元模型,包括要杀死或者激活的部分,模拟过程中不需要重新划分网格或建新单元。在一个荷载步计算结束后,直接进行下道工序的施工模拟:杀死或激活单元,改变"支撑荷载"等,然后求解计算,直到施工结束。

7.5 台阶法施工过程模拟

数值计算的基本思路是:将整个开挖、支护过程设置为若干荷载步,在各个荷载步中实现岩体开挖、支护等步骤,并逐一求解,直至最终形成围岩-支护体系为止。具体步骤如下。

(1)隧道开挖之前,进行自重应力求解,得到模型的自重应力场。

(2)将上台阶范围内的单元以及所有初期支护和二次衬砌单元(所有支护单元)杀死,释放30%的荷载,即在相应节点上施加70%的反向等效节点力。

(3)激活上台阶的喷射混凝土及锚杆单元,释放50%的荷载,即在相应节点上施加反向20%的等效节点力。

(4)将下台阶的土体单元杀死,释放30%的荷载,即在相应节点上施加反向70%的等效节点力。

(5)激活下台阶的喷射混凝土及锚杆单元,释放50%的荷载,即在相应节点上施加反向20%的等效节点力。

(6)激活所有的二次衬砌单元,释放20%的荷载,不施加反向等效节点力。

根据7.3.2节荷载释放率确定方法,台阶法主要分上台阶和下台阶两个开挖部分,上台阶围岩周边的总释放荷载 F_1 在上台阶开挖前的初始应力场提取,下台阶围岩周边的总释放荷载 F_2 在下台阶开挖的前一步(即上台阶初期支护施作步)提取。上台阶初期支护的台阶法施工过程模拟各部分的荷载释放过程见表7-1。

台阶法施工过程模拟各部分的荷载释放率　　　　表7-1

计算步	F_1	F_2
自重应力场	提取 F_1	
上台阶开挖	30%	
上台阶初期支护	50%	提取 F_2
下台阶开挖	5%	30%
下台阶初期支护	5%	60%
施作二次衬砌	10%	10%

例 7-1 台阶法施工过程仿真分析

某公路隧道的围岩主要为二叠系、三叠系长石石英砂岩、泥岩、泥质砂岩、页岩、砂质泥岩。该隧道的围岩级别有Ⅲ级、Ⅳ级、Ⅴ级,本例仅分析Ⅲ级围岩情况,Ⅳ级和Ⅴ级围岩条件下的计算留给读者练习,Ⅲ级围岩的初期支护和二次衬砌参数如表 7-2 所示。

初期支护和二次衬砌参数 表 7-2

围岩类别	初期支护						二次衬砌
	锚杆			钢筋网 (cm×cm)	钢拱架 (工字钢)	喷射混凝土	
	长度	直径	间距				
Ⅲ级	3.0m	25mm	1.0m	25×25	14#@1.0m	20cmC20	40cmC30

计算模型的大小为100m(水平)×60m(竖向),左右两侧计算边界为4倍隧道跨度,下侧计算边界为3倍隧道高度。隧道支护如图 7-5 所示。

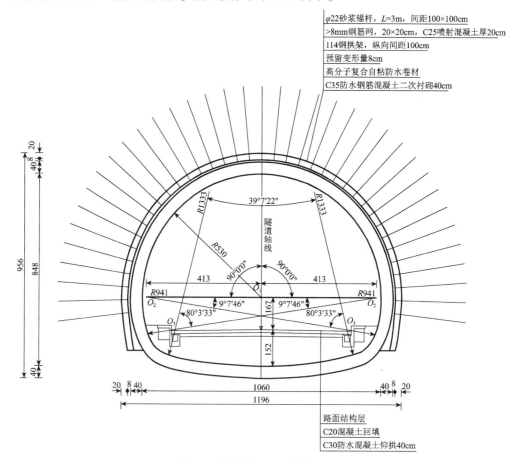

图 7-5 隧道支护图(尺寸单位:cm)

本算例中有 6 个工况,如果在某一工况分析完成后,需要进入后处理器操作或者添加更多的荷载步,就需要用到 Ansys 的重启功能(GUI 操作为:Solution Analysis Typere-start)。例如本例中开挖上台阶和下台阶后需要在后处理器中提取开挖土体周边的节点力,从而在下一个工况中施加支撑荷载,在进入下一个工况的求解之前需要重启。此时需要注意:重启后单元的生死状态将不会保留,即需要重新杀死和激活荷载步对应的单元。

1)定义单元类型、实常数和材料参数
(1)确定分析标题和类型。

```
/TITLE,Mechanical analysis on tunnel and lining   ! 确定分析标题
/NOPR                          ! 菜单过滤设置
/PMETH,OFF,0
KEYW,PR_SET,1
KEYW,PR_STRUC,1                ! 保留结构分析部分菜单
/COM,Preferences for GUI filtering have been set to display:
/COM,Structural
```

(2)定义单元类型、几何参数和材料常数。

```
/PREP7                         ! 进入前处理器
ET,1,PLANE182                  ! 设置实体单元(土体)类型
KEYOPT,1,1,0
KEYOPT,1,3,2
KEYOPT,1,6,0
ET,2,BEAM188                   ! 设置梁单元(上台阶喷射混凝土)类型
ET,3,BEAM188                   ! 设置梁单元(下台阶喷射混凝土)类型
ET,4,LINK180                   ! 设置杆单元(锚杆)类型
ET,5,BEAM188                   ! 设置梁单元(二次衬砌)类型
R,1,0.0005,,0                  ! 设置杆单元(锚杆)几何常数
SECTYPE,     1,BEAM,RECT,,0
SECOFFSET,CENT
SECDATA,0.2,1,0,0,0,0,0,0,0,0,0,0
SECTYPE,     2,BEAM,RECT,,0
SECOFFSET,CENT
SECDATA,0.4,1,0,0,0,0,0,0,0,0,0,0
MPTEMP,,,,,,,
MPTEMP,1,0
MPDATA,EX,1,,3.2e9             ! 输入弹性模量(围岩)
MPDATA,PRXY,1,,0.32            ! 输入泊松比(围岩)
```

MPDATA,DENS,1,,2200	！输入密度（围岩）
MPDATA,EX,2,,27.5e9	！输入弹性模量（喷射混凝土）
MPDATA,PRXY,2,,0.2	！输入泊松比（喷射混凝土）
MPDATA,DENS,2,,2500	！输入密度（喷射混凝土）
MPDATA,EX,3,,200e9	！输入弹性模量（锚杆）
MPDATA,PRXY,3,,0.3	！输入泊松比（锚杆）
MPDATA,DENS,3,,7800	！输入密度（锚杆）
MPDATA,EX,4,,30.0e9	！输入弹性模量（二次衬砌）
MPDATA,PRXY,4,,0.2	！输入泊松比（二次衬砌）
MPDATA,DENS,4,,2500	！输入密度（二次衬砌）
SAVE	！保存数据库

2）建立几何模型
（1）创建关键点。
！创建隧道轮廓线关键点
K,1,0,0,,
K,2,5.45,0,,
K,3,0,5.45,,
K,4,-5.45,0,,
K,5,-5.0838,-1.964,,
K,6,0,-4.15,,
K,7,5.0838,-1.964,,
！创建锚杆加固区域关键点
K,8,8.45,0,,
K,9,0,8.45,,
K,10,-8.45,0,,
K,11,13,0,,
K,12,0,13,,
K,13,-13,0,,
K,14,-13,13,,
K,15,13,13,,
K,16,8.45,-8.45,,
K,17,-8.45,-8.45,,
K,18,-13,-13,,
K,19,13,-13,,
！创建计算区域关键点
K,20,0,26,,
K,21,13,26,,
K,22,-13,26,,
K,23,-13,-34,,
K,24,13,-34,,
K,25,0,-34,,
K,26,50,-34,,
K,27,-50,-34,,
K,28,-50,26,,
K,29,50,26,,
K,30,50,13,,
K,31,50,0,,
K,32,50,-13,,
K,33,-50,-13,,
K,34,-50,0,,
K,35,-50,13,,
K,36,0,-8.45
K,37,0,-13
K,38,2.8653,-3.5371
K,39,-2.8653,-3.5371
SAVE

(2)创建线。
!* 创建隧道轮廓线
LARC,2,3,1,5.45,
LARC,3,4,1,5.45,
LARC,4,5,1,5.45,
LARC, 5, 6, 39
LARC,7,2,1,5.45,
!* 创建锚杆加固区域线
LARC,8,9,1,8.45,
LARC,9,10,1,8.45,
!* 创建其他分割线
LSTR, 1, 2
LSTR, 1, 3
LSTR, 1, 4
LSTR, 1, 6
LSTR, 2, 8
SAVE
LSTR, 4, 10
LSTR, 8, 11
LSTR, 11, 15
LSTR, 15, 12
LSTR, 12, 9
LSTR, 12, 14
LSTR, 14, 13
LSTR, 13, 10
LSTR, 10, 17
LSTR, 13, 18
LSTR, 8, 16
LSTR, 11, 19
LSTR, 17, 36
LSTR, 36, 16
LSTR, 6, 36
LSTR, 36, 37
LSTR, 18, 37
LSTR, 37, 19
LSTR, 37, 25
LSTR, 19, 24
LSTR, 18, 23
LSTR, 14, 22
LSTR, 12, 20
LSTR, 15, 21
LSTR, 22, 20
LSTR, 20, 21
LSTR, 23, 25
LSTR, 25, 24
LSTR, 24, 26
LSTR, 19, 32
LSTR, 11, 31
LSTR, 15, 30
LSTR, 21, 29
LSTR, 22, 28
LSTR, 14, 35
LSTR, 13, 34
LSTR, 18, 33
LSTR, 23, 27
LSTR, 26, 32
LSTR, 32, 31
LSTR, 31, 30
LSTR, 30, 29
LSTR, 27, 33
LSTR, 33, 34
LSTR, 34, 35
LSTR, 35, 28
LSTR, 3, 9
LARC, 6, 7, 38

! 保存数据,生成的直线如图7-6所示。

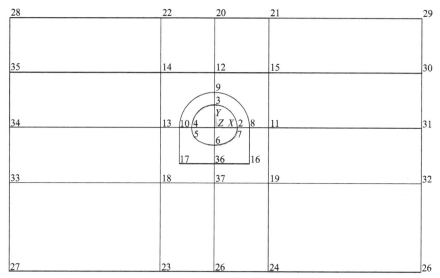

图 7-6 创建的线图

(3) 创建面。

Al,	8,	1,	9,	!采用线创建面,依次创建24个面
Al,	9,	2,	10,	
Al,	10,	3,	4,	11,
Al,	11,	60,	5,	8,
Al,	12,	6,	59,	1,
Al,	59,	7,	13,	2,
Al,	27,	26,	23,	12,	5,	60,
Al,	27,	25,	21,	13,	3,	4,
Al,	14,	15,	16,	17,	6,
Al,	17,	7,	20,	19,	18,
Al,	20,	21,	25,	28,	29,	22,
Al,	30,	24,	14,	23,	26,	28,
Al,	39,	31,	29,	33,
Al,	40,	32,	30,	31,
Al,	41,	51,	42,	32,
Al,	42,	52,	43,	24,
Al,	43,	53,	44,	15,
Al,	44,	54,	45,	36,
Al,	16,	35,	38,	36,
Al,	18,	34,	37,	35,
Al,	47,	58,	46,	34,

Al, 48,   57,   47,   19,
Al, 49,   56,   48,   22,
Al, 50,   55,   49,   33,
SAVE   !保存数据
!生成的面如图7-7所示。

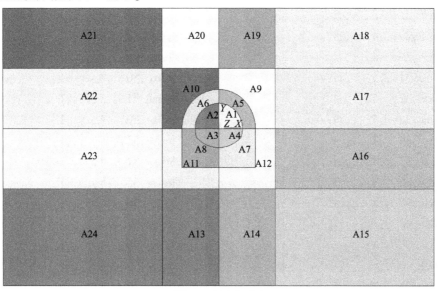

图7-7　创建的面图

3) 创建网格模型

(1) 划分线单元。

!设置单元大小,即L1线划分成8个单元

lesize,1,,,8,,,,1

!设置将要创建单元的类型

TYPE,   1

!设置将要创建单元的材料

MAT,   1

lesize,2,,,8,,,,1
lesize,3,,,2,,,,1
lesize,4,,,6,,,,1
lesize,5,,,2,,,,1
lesize,6,,,8,,,,1
lesize,7,,,8,,,,1
lesize,8,,,8,,,,1

lesize,9,,,8,,,,1
lesize,10,,,8,,,,1
lesize,11,,,8,,,,1
lesize,12,,,3,,,,1
lesize,13,,,3,,,,1
lesize,14,,,3,,,,1
lesize,15,,,4,,,,1
lesize,16,,,4,,,,1
lesize,17,,,3,,,,1
lesize,18,,,4,,,,1
lesize,19,,,4,,,,1
lesize,20,,,3,,,,1
lesize,21,,,4,,,,1
lesize,22,,,4,,,,1

lesize,23,,,4,,,,,1   lesize,42,,,8,,,,,1
lesize,24,,,4,,,,,1   lesize,43,,,8,,,,,1
lesize,25,,,4,,,,,1   lesize,44,,,8,,,,,1
lesize,26,,,4,,,,,1   lesize,45,,,8,,,,,1
lesize,27,,,3,,,,,1   lesize,46,,,8,,,,,1
lesize,28,,,3,,,,,1   lesize,47,,,8,,,,,1
lesize,29,,,4,,,,,1   lesize,48,,,8,,,,,1
lesize,30,,,4,,,,,1   lesize,49,,,8,,,,,1
lesize,31,,,5,,,,,1   lesize,50,,,8,,,,,1
lesize,32,,,5,,,,,1   lesize,51,,,5,,,,,1
lesize,33,,,5,,,,,1   lesize,52,,,4,,,,,1
lesize,34,,,4,,,,,1   lesize,53,,,4,,,,,1
lesize,35,,,4,,,,,1   lesize,54,,,4,,,,,1
lesize,36,,,4,,,,,1   lesize,55,,,5,,,,,1
lesize,37,,,4,,,,,1   lesize,56,,,4,,,,,1
lesize,38,,,4,,,,,1   lesize,57,,,4,,,,,1
lesize,39,,,4,,,,,1   lesize,58,,,4,,,,,1
lesize,40,,,4,,,,,1   lesize,59,,,3,,,,,1
lesize,41,,,8,,,,,1   lesize,60,,,6,,,,,1

! 生成的单元边长分布图如图 7-8 所示。

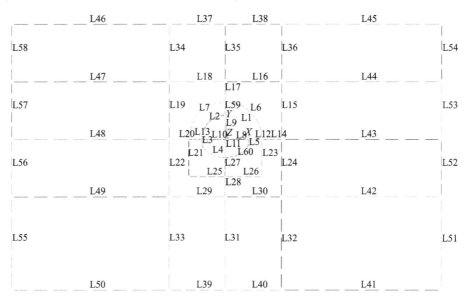

图 7-8 单元边长分布图

（2）划分面单元，如图7-9所示。

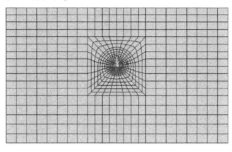

图7-9 划分面单元模型图

```
AMAP,1,1,2,3,              !划分面1,依次单击关键点1,2,3进行映射
AMAP,2,1,3,4,
AMAP,3,1,4,6,
AMAP,4,6,2,1,              !面1到4,为隧道内开挖土体
AMAP,5,2,8,9,3             !划分锚固加固区围岩单元,包括面5和6
AMAP,6,3,9,10,4
AMAP,7,6,36,8,2
AMAP,8,4,10,36,6
AMAP,9,8,11,12,9           !采用映射划分中心区域其他面
AMAP,10,9,12,13,10
AMAP,11,10,13,37,36
AMAP,12,36,37,11,8
amesh,13,24,1              !划分周边区域面
SAVE                       !存储数据
```

（3）创建模拟喷射混凝土（上下台阶）的梁单元，如图7-10所示。

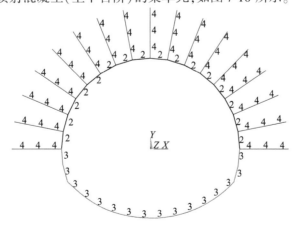

图7-10 梁单元（喷射混凝土）和杆单元（锚杆）模型图

！设置将要创建单元的类型
TYPE, 2
！设置将要创建单元的材料
MAT, 2
！设置将要创建单元的截面
SECNUM, 1
！通过两个节点创建梁单元
E,2,11
E,11,12
E,12,13
E,13,14
E,14,15
E,15,16
E,16,17
E,17,10
E,10,63
E,63,64
E,64,65
E,65,66
E,66,67
E,67,68
E,68,69
E,69,62

(4) 创建模拟锚杆的杆单元见图7-10。
！设置将要创建单元的类型
TYPE, 4
！设置将要创建单元的材料
MAT, 3
！设置将要创建单元的几何常数
REAL, 1
！通过两个节点创建梁单元
E,2,211
E,211,212
E,212,210
E,11,223
E,223,230

！设置将要创建单元的类型
TYPE, 3
！设置将要创建单元的材料
MAT, 2
！设置将要创建单元的截面
SECNUM, 1
E,115,114
E,114,117
E,117,118
E,118,119
E,119,120
E,120,121
E,121,116
E,116,167
E,167,168
E,168,169
E,169,170
E,170,171
E,171,166
E,166,172
E,62,115
E,172,2

E,230,214
E,12,224
E,224,231
E,231,215
E,13,225
E,225,232
E,232,216
E,14,226
E,226,233
E,233,217
E,15,227
E,227,234

E,234,218
E,16,228
E,228,235
E,235,219
E,17,229
E,229,236
E,236,220
E,10,221
E,221,222
E,222,213
E,63,247
E,247,254
E,254,238
E,64,248
E,248,255
E,255,239
E,65,249
E,249,256

E,256,240
E,66,250
E,250,257
E,257,241
E,67,251
E,251,258
E,258,242
E,68,252
E,252,259
E,259,243
E,69,253
E,253,260
E,260,244
E,62,245
E,245,246
E,246,237
Esel,s,type,,2,4

(5)创建模拟二次衬砌的梁单元,见图7-11。

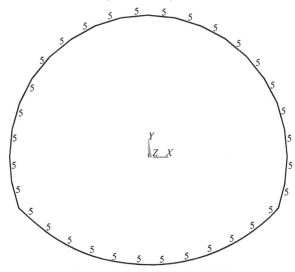

图7-11 梁单元(二次衬砌)模型图

allsel
！设置将要创建单元的类型
TYPE,   5

！设置将要创建单元的材料
MAT,   4
！设置将要创建单元的截面

SECNUM, 1
！通过两个节点创建梁单元
E,2,11
E,11,12
E,12,13
E,13,14
E,14,15
E,15,16
E,16,17
E,17,10
E,10,63
E,63,64
E,64,65
E,65,66
E,66,67
E,67,68
E,68,69
E,69,62
E,62,115
E,115,114
E,114,117
E,117,118
E,118,119
E,119,120
E,120,121
E,121,116
E,116,167
E,167,168
E,168,169
E,169,170
E,170,171
E,171,166
E,166,172
E,172,2
Esel,s,type,,5

4) 施加边界条件、重力加速度

(1) 施加边界条件,对两侧边界节点施加 X 方向约束,对底部边界节点施加 Y 方向约束,顶部为自由边界,见图7-12。

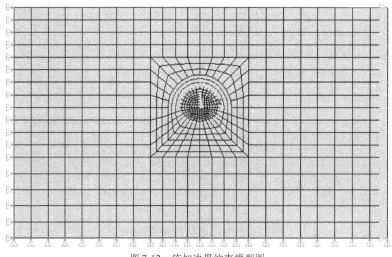

图7-12 施加边界约束模型图

allsel
/SOL　　　　　　　　　！进入求解器

```
Time,1
NSEL,S,LOC,X,-50.1,-49.9
NSEL,A,LOC,X,49.9,50.1
d,all,ux,0                      ！在选择的节点上施加 X 方向约束
Allsel                          ！选择所有内容
NSEL,S,LOC,Y,-34.1,-33.9
d,all,uy,0                      ！在选择的节点上施加 Y 方向约束
```
(2) 施加重力加速度。
```
ACEL,0,10,0,                    ！在 Y 方向施加重力加速度
SAVE
NROPT,FULL,,                    ！采用全牛顿-拉普森法进行求解
Allsel                          ！选择所有内容
ESEL,S,TYPE,,2                  ！选择 2 类单元
ESEL,A,TYPE,,3                  ！选择 3 类单元
ESEL,A,TYPE,,4                  ！选择 4 类单元
ESEL,A,TYPE,,5                  ！选择 5 类单元
Ekill,all                       ！对选择的单元给予"死属性"
```
由于梁单元和杆单元是三维单元，此处应该将其 Z 方向位移和 X、Y 方向旋转约束。
```
NSLE,R
D,all,,,,,,UZ,ROTX,ROTY,,,
Allsel                          ！选择所有内容
Solve                           ！求解计算
```
5) 上台阶开挖模拟分析

此处需要选择并提取开挖土体周围一圈单元的节点力，注意是上一阶段状态即上台阶开挖后的节点力。具体操作过程为：在上台阶土体开挖（即土体单元被杀死）后选取开挖土体周围的一圈单元，在后处理器中输入命令 NFORCE,ALL 查看所有节点力，读者可将这些节点力复制到 EXCEL 中进行处理，方便计算后期进行应力释放时所要施加的等效节点力，见图 7-13。
```
/POST1                          ！进入后处理器
Allsel
Asel,s,,,1,2
Esla,s,                         ！选择上台阶开挖的单元
Lsel,s,,,1,2
Lsel,a,,,8,10,2
Nsll,s,1                        ！选择上台阶开挖边界上的节点，如图 7-13 所示
```

NFORCE,ALL   ！对选择的节点求解节点力

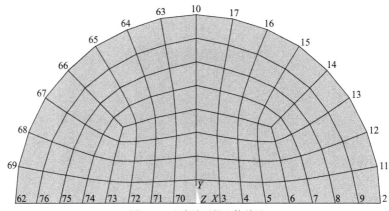

图 7-13　上台阶开挖土体单元

（1）上台阶开挖施工，见图 7-14。

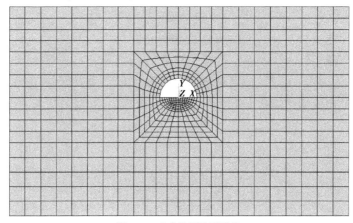

图 7-14　上台阶开挖后网格

/SOL	！进入求解器
ANTYPE,,REST,1,1,0	！重启动求解器至第 1 个荷载步的第 1 个子步

Time,2
ASEL,S,,,1,2,1	！选择上台阶面
ESLA,R	！选择上台阶土体单元
Ekill,all	！对选择的单元给予"死属性"
ESEL,S,TYPE,,2	！选择 2 类单元
ESEL,A,TYPE,,3	！选择 3 类单元
ESEL,A,TYPE,,4	！选择 4 类单元
ESEL,A,TYPE,,5	！选择 5 类单元
Ekill,all	！对选择的单元给予"死属性"

Allsel

(2)施加节点力(释放30%)。

节点力施加,加上节点力和位移边界条件后的模型如图7-15所示。(当选择围岩侧单元时,施加的节点力应反向;当选择开挖侧单元时,施加的节点力不用反向)

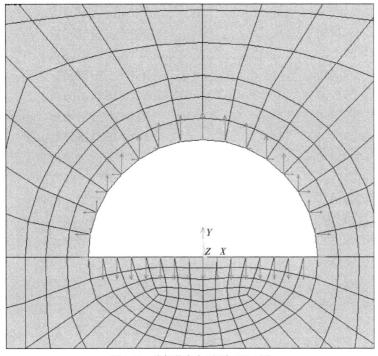

图7-15　施加节点力(释放30%)图

F,1,FX,0
F,2,FX,98490
F,3,FX,59
F,4,FX,154
F,5,FX,262
F,6,FX,364
F,7,FX,472
F,8,FX,544
F,9,FX,538
F,10,FX,0
F,11,FX,188650
F,12,FX,170590
F,13,FX,147700
F,14,FX,121310
F,15,FX,92610

F,16,FX,62356
F,17,FX,31290
F,62,FX,-98490
F,63,FX,-31290
F,64,FX,-62356
F,65,FX,-92610
F,66,FX,-121310
F,67,FX,-147700
F,68,FX,-170590
F,69,FX,-188650
F,70,FX,-59
F,71,FX,-154
F,72,FX,-262
F,73,FX,-364
F,74,FX,-472

F,75,FX,-544
F,76,FX,-538
F,1,FY,-272720
F,2,FY,-116270
F,3,FY,-272720
F,4,FY,-272720
F,5,FY,-272650
F,6,FY,-272720
F,7,FY,-272790
F,8,FY,-272930
F,9,FY,-273000
F,10,FY,337610
F,11,FY,78470
F,12,FY,149030
F,13,FY,208670
F,14,FY,256620
F,15,FY,292880

F,16,FY,318010
F,17,FY,332710
F,62,FY,-116270
F,63,FY,332710
F,64,FY,318010
F,65,FY,292880
F,66,FY,256620
F,67,FY,208670
F,68,FY,149030
F,69,FY,78470
F,70,FY,-272720
F,71,FY,-272720
F,72,FY,-272650
F,73,FY,-272720
F,74,FY,-272790
F,75,FY,-272930
F,76,FY,-273000

（3）上台阶开挖求解。
Allsel
Solve
SAVE
（4）上台阶初期支护施作。
/SOL　　　　　　　　　　　　　　！进入求解器
Time,3
ESEL,S,TYPE,,2　　　　　　　　　！选择2类单元
ESEL,A,TYPE,,4　　　　　　　　　！选择4类单元
Ealive,all　　　　　　　　　　　！对选择的单元给予"生属性"
（5）施加节点力（释放80%）。
F,1,FX,0
F,2,FX,28140
F,3,FX,17
F,4,FX,44
F,5,FX,75
F,6,FX,104
F,7,FX,135
F,8,FX,156

F,9,FX,154
F,10,FX,0
F,11,FX,53900
F,12,FX,48740
F,13,FX,42200
F,14,FX,34660
F,15,FX,26460
F,16,FX,17816

F,17,FX,8940

F,62,FX,−28140

F,63,FX,−8940

F,64,FX,−17816

F,65,FX,−26460

F,66,FX,−34660

F,67,FX,−42200

F,68,FX,−48740

F,69,FX,−53900

F,70,FX,−17

F,71,FX,−44

F,72,FX,−75

F,73,FX,−104

F,74,FX,−135

F,75,FX,−156

F,76,FX,−154

F,1,FY,−77920

F,2,FY,−33220

F,3,FY,−77920

F,4,FY,−77920

F,5,FY,−77900

F,6,FY,−77920

F,7,FY,−77940

F,8,FY,−77980

F,9,FY,−78000

F,10,FY,96460

F,11,FY,22420

F,12,FY,42580

F,13,FY,59620

F,14,FY,73320

F,15,FY,83680

F,16,FY,90860

F,17,FY,95060

F,62,FY,−33220

F,63,FY,95060

F,64,FY,90860

F,65,FY,83680

F,66,FY,73320

F,67,FY,59620

F,68,FY,42580

F,69,FY,22420

F,70,FY,−77920

F,71,FY,−77920

F,72,FY,−77900

F,73,FY,−77920

F,74,FY,−77940

F,75,FY,−77980

F,76,FY,−78000

(6)施作初期支护求解。

Allsel

Solve

SAVE

6)下台阶开挖模拟分析

提取节点力的方法同上台阶,此处不再赘述。

/POST1　　　　　　　！进入后处理器

Allsel

Asel,s,,,3,4

Esla,s,　　　　　　！选择下台阶开挖的单元

Lsel,s,,,3,5

Lsel,a,,,60

```
Nsll,s,1              ！选择下台阶开挖边界上的节点，如图7-16所示
NFORCE,ALL            ！对选择的节点求解节点力
```

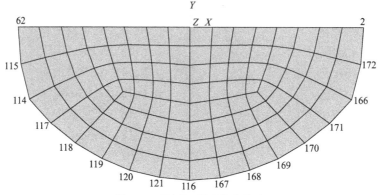

图7-16 下台阶开挖土体的单元

（1）下台阶开挖施工。

```
/SOL                  ！进入求解器
ANTYPE,,REST,3,1,0    ！重启动求解器至第3个荷载步的第1个子步
Time,4
Allsel                ！选择所有内容
ASEL,S,,,3,4,1        ！选择下台阶面
ASEL,A,,,1,2,1        ！选择上台阶面
ESLA,R                ！选择上台阶土体单元
Ekill,all             ！对选择的单元给予"死属性"
ESEL,S,TYPE,,2        ！选择2类单元
ESEL,A,TYPE,,4        ！选择4类单元
Ealive,all            ！对选择的单元给予"生属性"（激活上台阶初期支护）
```

（2）施加节点力（释放30%）。

```
F,2,FX,149520              F,166,FX,112070
F,62,FX,-149520            F,167,FX,-8638
F,114,FX,-112070           F,168,FX,-15652
F,115,FX,-229390           F,169,FX,-19152
F,116,FX,0                 F,170,FX,-19628
F,117,FX,5912              F,171,FX,-5912
F,118,FX,19628             F,172,FX,229390
F,119,FX,19152             F,2,FY,-306810
F,120,FX,15652             F,62,FY,-306810
F,121,FX,8638              F,114,FY,-272160
```

F,115,FY,-55706
F,116,FY,-234080
F,117,FY,-262500
F,118,FY,-224560
F,119,FY,-237580
F,120,FY,-233100
F,121,FY,-235410
F,166,FY,-272160
F,167,FY,-235410
F,168,FY,-233100
F,169,FY,-237580

F,170,FY,-224560
F,171,FY,-262500
F,172,FY,-55706
！删除台阶边界节点的节点荷载
FLST,2,15,1,ORDE,5
FITEM,2,1
FITEM,2,3
FITEM,2,-9
FITEM,2,70
FITEM,2,-76
FDELE,P51X,ALL

（3）下台阶开挖求解。
Allsel　　　　　　　！选择所有内容
Solve　　　　　　　！求解计算
SAVE

（4）下台阶初期支护施作。
Time,5
ESEL,S,TYPE,,3　　　！选择3类单元
Ealive,all　　　　　！对选择的单元给予"生属性"

（5）施加节点力（释放80%）。
F,2,FX,42720
F,62,FX,-42720
F,114,FX,-32020
F,115,FX,-65540
F,116,FX,0
F,117,FX,1689
F,118,FX,5608
F,119,FX,5472
F,120,FX,4472
F,121,FX,2468
F,166,FX,32020
F,167,FX,-2468
F,168,FX,-4472
F,169,FX,-5472
F,170,FX,-5608
F,171,FX,-1689

F,172,FX,65540
F,2,FY,-87660
F,62,FY,-87660
F,114,FY,-77760
F,115,FY,-15916
F,116,FY,-66880
F,117,FY,-75000
F,118,FY,-64160
F,119,FY,-67880
F,120,FY,-66600
F,121,FY,-67260
F,166,FY,-77760
F,167,FY,-67260
F,168,FY,-66600
F,169,FY,-67880
F,170,FY,-64160

F,171,FY,-75000　　　　　　　　　　　F,172,FY,-15916

(6)初期支护施作求解。

Allsel　　　　　　　　　　　！选择所有内容
Solve　　　　　　　　　　　！求解计算
SAVE

(7)二次衬砌施作。

Time,6
ESEL,S,TYPE,,5　　　　　　　！选择5类单元
Ealive,all　　　　　　　　　！对选择的单元给予"生属性"(激活二次衬砌单元)

(8)施加节点力(释放100%)。

F,1,FX,0　　　　　　　　　　F,71,FX,0
F,2,FX,0　　　　　　　　　　F,72,FX,0
F,3,FX,0　　　　　　　　　　F,73,FX,0
F,4,FX,0　　　　　　　　　　F,74,FX,0
F,5,FX,0　　　　　　　　　　F,75,FX,0
F,6,FX,0　　　　　　　　　　F,76,FX,0
F,7,FX,0　　　　　　　　　　F,1,FY,0
F,8,FX,0　　　　　　　　　　F,2,FY,0
F,9,FX,0　　　　　　　　　　F,3,FY,0
F,10,FX,0　　　　　　　　　　F,4,FY,0
F,11,FX,0　　　　　　　　　　F,5,FY,0
F,12,FX,0　　　　　　　　　　F,6,FY,0
F,13,FX,0　　　　　　　　　　F,7,FY,0
F,14,FX,0　　　　　　　　　　F,8,FY,0
F,15,FX,0　　　　　　　　　　F,9,FY,0
F,16,FX,0　　　　　　　　　　F,10,FY,0
F,17,FX,0　　　　　　　　　　F,11,FY,0
F,62,FX,0　　　　　　　　　　F,12,FY,0
F,63,FX,0　　　　　　　　　　F,13,FY,0
F,64,FX,0　　　　　　　　　　F,14,FY,0
F,65,FX,0　　　　　　　　　　F,15,FY,0
F,66,FX,0　　　　　　　　　　F,16,FY,0
F,67,FX,0　　　　　　　　　　F,17,FY,0
F,68,FX,0　　　　　　　　　　F,62,FY,0
F,69,FX,0　　　　　　　　　　F,63,FY,0
F,70,FX,0　　　　　　　　　　F,64,FY,0

F,65,FY,0	F,167,FX,0
F,66,FY,0	F,168,FX,0
F,67,FY,0	F,169,FX,0
F,68,FY,0	F,170,FX,0
F,69,FY,0	F,171,FX,0
F,70,FY,0	F,172,FX,0
F,71,FY,0	F,2,FY,0
F,72,FY,0	F,62,FY,0
F,73,FY,0	F,114,FY,0
F,74,FY,0	F,115,FY,0
F,75,FY,0	F,116,FY,0
F,76,FY,0	F,117,FY,0
F,2,FX,0	F,118,FY,0
F,62,FX,0	F,119,FY,0
F,114,FX,0	F,120,FY,0
F,115,FX,0	F,121,FY,0
F,116,FX,0	F,166,FY,0
F,117,FX,0	F,167,FY,0
F,118,FX,0	F,168,FY,0
F,119,FX,0	F,169,FY,0
F,120,FX,0	F,170,FY,0
F,121,FX,0	F,171,FY,0
F,166,FX,0	F,172,FY,0

(9) 二次衬砌施作求解。

```
Allsel                  !选择所有内容
Solve                   !求解计算
SAVE
```

7) 后处理

(1) 查看各荷载步计算结果。

二次衬砌施作求解完成后整个台阶法施工过程模拟完成,后处理时可以查看每一个荷载步中模型的变形和应力,以下是第六荷载步(施作二次衬砌阶段)的计算结果查看。

```
/post1                  !进入后处理器
SET,,,1,,6,,            !选择 time6
ESEL,S,LIVE             !选择未杀死的单元
ESEL,R,TYPE,,1          !选择土体单元
PLNSOL,U,Y,0,1          !Y 方向位移,如图 7-17 所示
```

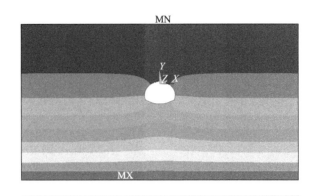

图 7-17　Y 方向位移(单位:m)

PLNSOL,S,Y,0,1　　　　　! Y 方向应力,如图 7-18 所示

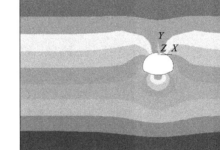

图 7-18　Y 方向应力(单位:Pa)

PLNSOL,S,1,0,1　　　　　! 第一主应力,如图 7-19 所示

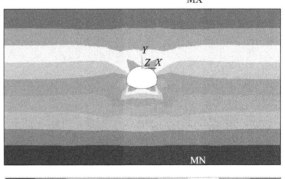

图 7-19　第一主应力(单位:Pa)

PLNSOL,S,3,0,1   ! 第三主应力,如图 7-20 所示

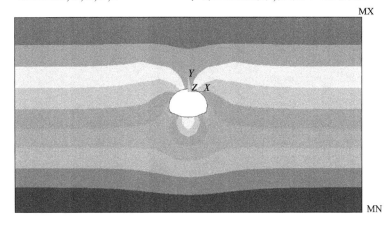

图 7-20 第三主应力(单位:Pa)

PLNSOL,S,EQV,0,1   ! 等效应力,如图 7-21 所示

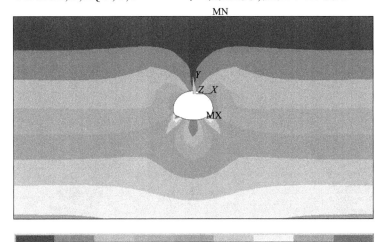

图 7-21 等效应力(单位:Pa)

```
ESEL,S,TYPE,,2             ! 选择喷射上台阶喷射混凝土梁单元
ESEL,A,TYPE,,3             ! 选择喷射下台阶喷射混凝土梁单元
ETABLE,,SMISC,1            ! 创建梁单元内力表
ETABLE,,SMISC,14
ETABLE,,SMISC,3
ETABLE,,SMISC,16
ETABLE,,SMISC,6
```

ETABLE,,SMISC,19
PLLS,SMIS6,SMIS19,-0.3,0   ！绘制弯矩图,显示比例为-0.3,如图 7-22 所示

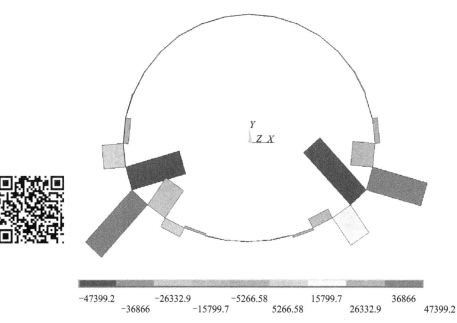

图 7-22 喷射混凝土弯矩(单位:N·m)

PLLS,SMIS1,SMIS14,0.2,0   ！绘制轴力图,显示比例为 0.2,如图 7-23 所示

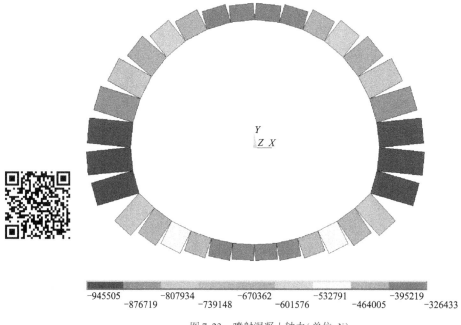

图 7-23 喷射混凝土轴力(单位:N)

```
PLLS,SMIS3,SMIS16,0.2,0        !绘制剪力图,显示比例为0.2,如图 7-24 所示
```

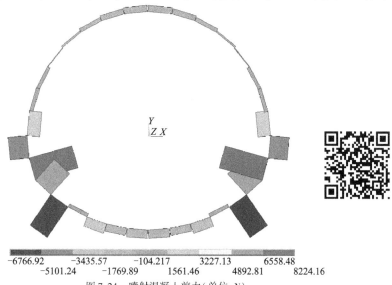

图 7-24 喷射混凝土剪力(单位:N)

```
ESEL,S,TYPE,,5                 !选择二次衬砌梁单元
ETABLE,,SMISC,1                !创建梁单元内力表
ETABLE,,SMISC,14
ETABLE,,SMISC,3
ETABLE,,SMISC,16
ETABLE,,SMISC,6
ETABLE,,SMISC,19
PLLS,SMIS6,SMIS19,-0.3,0       !绘制弯矩图,显示比例为-0.3,如图 7-25 所示
```

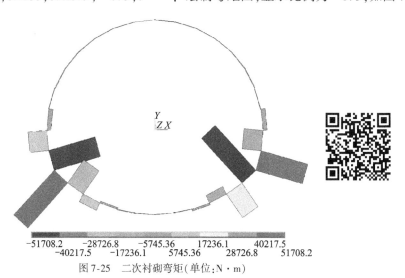

图 7-25 二次衬砌弯矩(单位:N·m)

PLLS,SMIS1,SMIS14,0.2,0   ！绘制轴力图，显示比例为0.2，如图7-26所示

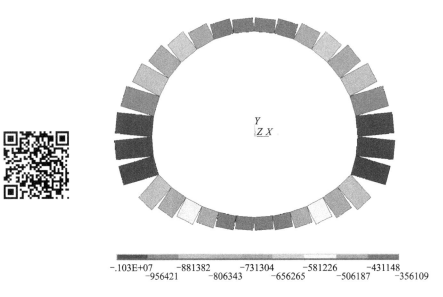

图7-26　二次衬砌轴力(单位:N)

PLLS,SMIS3,SMIS16,0.2,0   ！绘制剪力图，显示比例为0.2，如图7-27所示

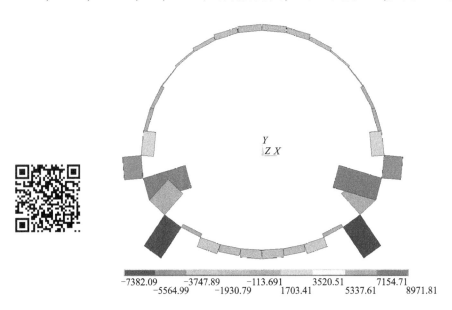

图7-27　二次衬砌剪力(单位:N)

ESEL,S,TYPE,,4   ！选择锚杆杆单元
ETABLE,,SMISC,1   ！创建梁单元内力表

PLLS,SMIS1,SMIS1,0.1,0   ！绘制轴力图,显示比例为0.2,如图7-28所示

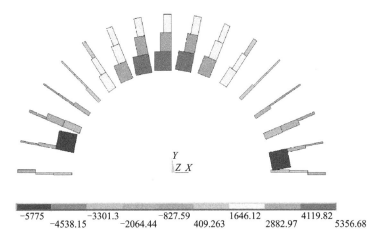

图7-28　锚杆轴力(单位:N)

ESEL,S,TYPE,,2
ESEL,A,TYPE,,3
SET,LIST   ！设置计算步骤
LCDEF,1,1,1,
LCDEF,6,6,1,
LCASE,6,
LCOPER,SUB,1,,,   ！将第六步的结果减去第一步的结果
PLDISP,1   ！喷射混凝土的变形如图7-29所示

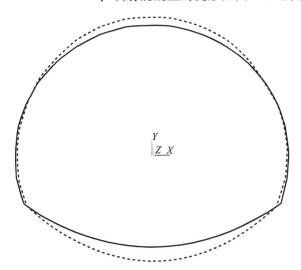

图7-29　喷射混凝土变形(单位:m)

由于第一步计算为模拟自重应力场,故其位移包含了自重作用下所产生的位移,而实际工程中的这部分位移在隧道开挖前已经完成,故最后一步计算所得到的喷射混凝土变形减去第一步的计算结果为喷射混凝土的真实变形。

（2）时间历程后处理。

与通用后处理器功能不同,时间-历程后处理器(POST26)主要用于查看分析结果与时间等相关的函数关系。一旦变量定义和存储完成,可利用图形或列表来对数据进行分析,该过程可采用 GUI 或者命令流实现。

GUI 操作：从主菜单中选择 TimeHist Postpro 进入如图 7-30 所示界面。

图 7-30 时间-历程后处理界面

在 GUI 方式下,利用变量观察器工具条上的 Graph Data 功能可将选定的变量以图表显示。一个图表中最多可显示 10 个变量。默认设置下,图表中 X 轴在静态或瞬态分析中为时间变量,可利用 X-AXIS 单选按钮在变量列表中选择一个变量作为 X 轴。

命令流实现如下：

/POST26   ！进入时间-历程后处理器
NSOL,2,10,U,Y,UY_2,   ！选取拱顶 10 号节点
STORE,MERGE
XVAR,1
PLVAR,2,   ！绘制 Y 方向位移随时程变化曲线,如图 7-31 所示

列表查看结果数据。
/POST26
FILLDATA,191,,,,1,1
REALVAR,191,191
PRVAR,2,   ！列表查看 Y 方向位移随时间变化数据,如图 7-32 所示

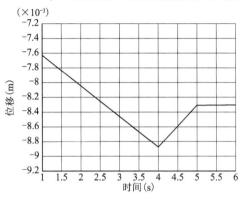

图 7-31　拱顶 Y 方向位移时程曲线

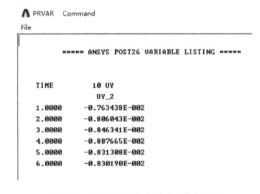

图 7-32　拱顶 Y 方向位移表(单位:m)

由于第一步计算的位移包含了自重应力场所产生的位移,故可以将数据提取到 EXCEL 中进行处理,绘制出减去自重应力场产生位移后的曲线,如图 7-33 所示。

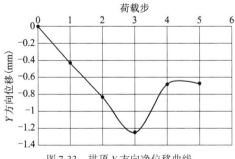

图 7-33　拱顶 Y 方向净位移曲线

围岩水平位移、应力随时程变化的结果提取留给读者自行练习。

8)支护参数评价

本节主要从喷射混凝土厚度、锚杆的内力、二次衬砌配筋和围岩的稳定性四个方面进行分析评价。

(1)喷射混凝土厚度。

由图7-22~图7-24的喷射混凝土内力可看出其受力特征为:弯矩和剪力的最大值都发生在墙脚处;轴力呈椭圆形分布,最大值发生在边墙上;弯矩图和轴力图是对称的,而剪力图是反对称的,这是由于计算模型是对称的,荷载是对称的,施工方法也是对称的。尤其是弯矩和剪力,其量值在墙脚处比在其他位置要大得多,说明墙脚处出现了应力集中,即曲线过渡得不圆滑。故设计中采用的两心圆不是很合理,应该在拱部和仰拱之间再采用一段圆弧连接,即设计成三心圆结构。计算结果的最大弯矩为47.399kN·m(轴力 -748.57kN)、最大的轴力为 -945.51kN(弯矩15.189kN·m)。

(2)锚杆的内力。

由图7-28锚杆轴力可看出,最大轴力为7.541kN,对应的拉应力为15.36MPa,而钢材的抗拉强度设计值为130MPa,满足要求。

(3)二次衬砌配筋。

计算结果的最大弯矩为51.708kN·m(轴力 -816.62kN),最大的轴力为 -1031.5kN(弯矩16.570kN·m),根据规范求得最小安全系数为8.78,大于规范规定的安全系数3.6,故二次衬砌满足要求。

(4)围岩稳定性。

①拱顶沉降:由图7-29和图7-31~图7-33可知,拱顶位移左右对称且呈漏斗状分布,最大拱顶下沉仅为1.24mm,小于预留变形量,满足要求。

②围岩应力:在第六步计算完成后,围岩中无拉应力,最大压应力为1.28MPa。

由上述分析可知本例中的台阶法施工安全,支护参数合理。

7.6 注浆加固模拟

7.6.1 常规加固模拟方法存在的问题及其原因

目前在隧道施工过程模拟中普遍使用改变管棚、注浆和锚杆加固影响区域内围岩的力学参数来模拟加固效应,这样简化处理不需要建立管棚、注浆和锚杆等单元,计算相对简单,工作量少。但是,如果处理不当会使计算结果出现较大偏差。此处以出现病害的运营隧道为研究对象进行注浆加固模拟,采用常规的加固模拟方法(直接改变加固区域材料参数)进行计算。

例 7-2 直接改变加固区材料参数模拟注浆加固

利用有限元软件 ANSYS 进行数值计算,计算模型同例 7-1,加固区厚度取 3m,加固区如图 7-34 所示。模型左、右边界法向位移约束,底部边界固定约束,上边界为自由。计算中使用了两种加固材料,加固区材料的物理力学参数见表 7-3。

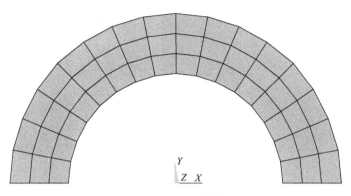

图 7-34 加固区单元

加固区材料参数 表 7-3

围岩状态	弹性模量(GPa)	泊松比	密度(kg/m³)	黏聚力(MPa)	摩擦角(°)
加固前	1.50	0.40	1900	0.10	23
加固 1 后	1.95	0.38	2000	0.12	25
加固 2 后	2.50	0.32	2000	0.15	28

由于本例的重点是模拟注浆加固,隧道采用全断面开挖。将土体视为理想弹塑性材料,采用 DP 准则。计算过程为:①计算自重应力场;②隧道开挖;③注浆加固模拟(通过直接改变加固区材料参数)。

1)确定分析标题和类型

/TITLE,Simulation analysis of grouting reinforcement (conventional reinforcement method) process !确定分析标题

/NOPR   !菜单过滤设置
/PMETH,OFF,0
KEYW,PR_SET,1
KEYW,PR_STRUC,1   !保留结构分析部分菜单
/COM,Preferences for GUI filtering have been set to display:
/COM,   Structural

2)定义单元类型、几何参数和材料常数

/PREP7   !进入前处理器
ET,1,PLANE182   !设置初始围岩单元类型

```
KEYOPT,1,1,0
KEYOPT,1,3,2
KEYOPT,1,6,0
ET,2,PLANE182                    !设置加固区新增单元类型
KEYOPT,2,1,0
KEYOPT,2,3,2
KEYOPT,2,6,0
ET,3,PLANE182                    !设置加固区新增单元类型
KEYOPT,3,1,0
KEYOPT,3,3,2
KEYOPT,3,6,0
MPTEMP,,,,,,,
MPTEMP,1,0
MPDATA,EX,1,,1.5e9               !输入弹性模量(围岩)
MPDATA,PRXY,1,,0.4               !输入泊松比(围岩)
MPDATA,DENS,1,,1900              !输入密度(围岩)
MPDATA,EX,2,,1.95e9              !输入弹性模量(加固1)
MPDATA,PRXY,2,,0.38              !输入泊松比(加固1)
MPDATA,DENS,2,,2000              !输入密度(加固1)
MPDATA,EX,3,,2.5e9               !输入弹性模量(加固2)
MPDATA,PRXY,3,,0.32              !输入泊松比(加固2)
MPDATA,DENS,3,,2000              !输入密度(加固2)
TB,DP,1,,,                       !采用DP准则进行弹塑性分析
TBMODIF,1,1,100e3                !输入凝聚力(围岩)
TBMODIF,1,2,23                   !输入摩擦角(围岩)
TBMODIF,1,3,
TB,DP,2,,,                       !采用DP准则进行弹塑性分析
TBMODIF,2,1,150e3                !输入凝聚力(加固1)
TBMODIF,2,2,25                   !输入摩擦角(加固1)
TBMODIF,2,3,
TB,DP,3,,,                       !采用DP准则进行弹塑性分析
TBMODIF,3,1,120e3                !输入凝聚力(加固2)
TBMODIF,3,2,28                   !输入摩擦角(加固2)
TBMODIF,3,3,
SAVE
```

3）建立几何模型
(1) 创建关键点。
! 创建隧道轮廓线关键点
K,1,0,0,,
K,2,5.45,0,,
K,3,0,5.45,,
K,4,-5.45,0,,
K,5,-5.0838,-1.964,,
K,6,0,-4.15,,
K,7,5.0838,-1.964,,
! 创建锚杆加固区域关键点
K,8,8.45,0,,
K,9,0,8.45,,
K,10,-8.45,0,,
K,11,13,0,,
K,12,0,13,,
K,13,-13,0,,
K,14,-13,13,,
K,15,13,13,,
K,16,8.45,-8.45,,
K,17,-8.45,-8.45,,
K,18,-13,-13,,
K,19,13,-13,,
! 创建计算区域关键点
K,20,0,26,,
K,21,13,26,,
K,22,-13,26,,
K,23,-13,-34,,
K,24,13,-34,,
K,25,0,-34,,
K,26,50,-34,,
K,27,-50,-34,,
K,28,-50,26,,
K,29,50,26,,
K,30,50,13,,
K,31,50,0,,
K,32,50,-13,,
K,33,-50,-13,,
K,34,-50,0,,
K,35,-50,13,,
K,36,0,-8.45
K,37,0,-13
K,38,2.8653,-3.5371
K,39,-2.8653,-3.5371
SAVE

(2) 创建线。
! *创建隧道轮廓线
LARC,2,3,1,5.45,
LARC,3,4,1,5.45,
LARC,4,5,1,5.45,
LARC, 5, 6, 39
LARC,7,2,1,5.45,
! *创建加固区域线
LARC,8,9,1,8.45,
LARC,9,10,1,8.45,
! *创建其他分割线
LSTR, 1, 2

LSTR, 1, 3
LSTR, 1, 4
LSTR, 1, 6
LSTR, 2, 8
LSTR, 4, 10
LSTR, 8, 11
LSTR, 11, 15
LSTR, 15, 12
LSTR, 12, 9
LSTR, 12, 14
LSTR, 14, 13

LSTR,	13,	10		LSTR,	24,	26
LSTR,	10,	17		LSTR,	19,	32
LSTR,	13,	18		LSTR,	11,	31
LSTR,	8,	16		LSTR,	15,	30
LSTR,	11,	19		LSTR,	21,	29
LSTR,	17,	36		LSTR,	22,	28
LSTR,	36,	16		LSTR,	14,	35
LSTR,	6,	36		LSTR,	13,	34
LSTR,	36,	37		LSTR,	18,	33
LSTR,	18,	37		LSTR,	23,	27
LSTR,	37,	19		LSTR,	26,	32
LSTR,	37,	25		LSTR,	32,	31
LSTR,	19,	24		LSTR,	31,	30
LSTR,	18,	23		LSTR,	30,	29
LSTR,	14,	22		LSTR,	27,	33
LSTR,	12,	20		LSTR,	33,	34
LSTR,	15,	21		LSTR,	34,	35
LSTR,	22,	20		LSTR,	35,	28
LSTR,	20,	21		LSTR,	3,	9
LSTR,	23,	25		LARC,	6,	7, 38
LSTR,	25,	24		SAVE		

(3)创建面。

! 采用线创建面,依次创建 24 个面

```
Al, 8,   1,   9,
Al, 9,   2,   10,
Al, 10,  3,   4,   11,
Al, 11,  60,  5,   8,
Al, 12,  6,   59,  1,
Al, 59,  7,   13,  2,
Al, 27,  26,  23,  12,  5,   60,
Al, 27,  25,  21,  13,  3,   4,
Al, 14,  15,  16,  17,  6,
Al, 17,  7,   20,  19,  18,
Al, 20,  21,  25,  28,  29,  22,
Al, 30,  24,  14,  23,  26,  28,
Al, 39,  31,  29,  33,
```

```
Al, 40, 32, 30, 31,
Al, 41, 51, 42, 32,
Al, 42, 52, 43, 24,
Al, 43, 53, 44, 15,
Al, 44, 54, 45, 36,
Al, 16, 35, 38, 36,
Al, 18, 34, 37, 35,
Al, 47, 58, 46, 34,
Al, 48, 57, 47, 19,
Al, 49, 56, 48, 22,
Al, 50, 55, 49, 33,
SAVE
```

4)创建有限元模型

！设置将要创建单元的类型

```
TYPE,      1
```

！设置将要创建单元的材料

```
MAT,       1
```

！设置将要创建单元的几何常数

```
REAL,      1
```

(1) 设置单元尺寸。

```
lesize,2,,,8,,,,,1                lesize,18,,,4,,,,,1
lesize,3,,,2,,,,,1                lesize,19,,,4,,,,,1
lesize,4,,,6,,,,,1                lesize,20,,,3,,,,,1
lesize,5,,,2,,,,,1                lesize,21,,,4,,,,,1
lesize,6,,,8,,,,,1                lesize,22,,,4,,,,,1
lesize,7,,,8,,,,,1                lesize,23,,,4,,,,,1
lesize,8,,,8,,,,,1                lesize,24,,,4,,,,,1
lesize,9,,,8,,,,,1                lesize,25,,,4,,,,,1
lesize,10,,,8,,,,,1               lesize,26,,,4,,,,,1
lesize,11,,,8,,,,,1               lesize,27,,,3,,,,,1
lesize,12,,,3,,,,,1               lesize,28,,,3,,,,,1
lesize,13,,,3,,,,,1               lesize,29,,,4,,,,,1
lesize,14,,,3,,,,,1               lesize,30,,,4,,,,,1
lesize,15,,,4,,,,,1               lesize,31,,,5,,,,,1
lesize,16,,,4,,,,,1               lesize,32,,,5,,,,,1
lesize,17,,,3,,,,,1               lesize,33,,,5,,,,,1
```

lesize,34,,,4,,,,1
lesize,35,,,4,,,,1
lesize,36,,,4,,,,1
lesize,37,,,4,,,,1
lesize,38,,,4,,,,1
lesize,39,,,4,,,,1
lesize,40,,,4,,,,1
lesize,41,,,8,,,,1
lesize,42,,,8,,,,1
lesize,43,,,8,,,,1
lesize,44,,,8,,,,1
lesize,45,,,8,,,,1
lesize,46,,,8,,,,1
lesize,47,,,8,,,,1
lesize,48,,,8,,,,1
lesize,49,,,8,,,,1
lesize,50,,,8,,,,1
lesize,51,,,5,,,,1
lesize,52,,,4,,,,1
lesize,53,,,4,,,,1
lesize,54,,,4,,,,1
lesize,55,,,5,,,,1
lesize,56,,,4,,,,1
lesize,57,,,4,,,,1
lesize,58,,,4,,,,1
lesize,59,,,3,,,,1
lesize,60,,,6,,,,1

(2) 划分面单元。

```
AMAP,1,1,2,3,            ！划分面1,依次单击关键点1,2,3进行映射
AMAP,2,1,3,4,
AMAP,3,1,4,6,
AMAP,4,6,2,1,            ！面1到4,为隧道内开挖土体
AMAP,5,2,8,9,3           ！划分锚固加固区围岩单元,包括面5和6
AMAP,6,3,9,10,4
AMAP,7,6,36,8,2
AMAP,8,4,10,36,6
AMAP,9,8,11,12,9         ！采用映射划分中心区域其他面
AMAP,10,9,12,13,10
AMAP,11,10,13,37,36
AMAP,12,36,37,11,8
amesh,13,24,1            ！划分周边区域面
SAVE                     ！存储数据
```

5) 加载与自重应力场求解

(1) 施加位移约束,对两侧边界节点施加 X 方向约束,对底侧边界节点施加 Y 方向约束,顶面为自由边界。

```
/SOL                     ！进入求解器
Time,1
NSEL,S,LOC,X,-50.1,-49.9
NSEL,A,LOC,X,49.9,50.1
```

d,all,ux,0	！在选择的节点上施加 X 方向约束
Allsel	
NSEL,S,LOC,Y,−34.1,−33.9	
d,all,uy,0	！在选择的节点上施加 Y 方向约束

(2)施加重力加速度。

ACEL,0,10,0,	！在 Y 方向施加重力加速度
SAVE	
NROPT,FULL,,	！采用全牛顿-拉普森法进行求解
Allsel	
Solve	
SAVE	

6)隧道开挖模拟

Time,2	
ASEL,S,,,3,4,1	
ASEL,A,,,1,2,1	！选择隧道开挖面
ESLA,R	！选择隧道开挖面土体单元
Ekill,all	！对选择的单元给予"死属性"
Allsel	
Solve	
SAVE	

7)修改加固区围岩材料属性(此处只进行第一类加固,第二类加固请读者自行练习)

Time,3	
ASEL,S,,,5,6,1	！选择加固区面
ESLA,R	！选择加固区单元,如图 7-34 所示
Mpchg,2,all	！修改所选单元的材料属性为 2
Allsel	
Solve	
SAVE	

8)后处理

/POST26	！进入时间-历程后处理器
NSOL,2,10,U,Y,UY_2,	！选取拱顶 10 号节点
FILLDATA,191,,,,1,1	
REALVAR,191,191	
PRVAR,2,	！列表查看 Y 方向位移-时程变化曲线,如图 7-35 所示

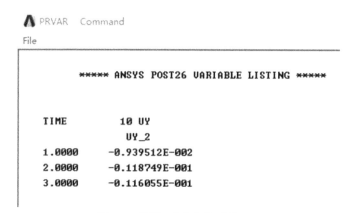

图 7-35　拱顶 Y 方向位移(单位:m)

9) 模拟加固效果评价

计算得到的拱顶的沉降情况如表 7-4 和图 7-36 所示。

拱顶沉降　　　　　　　　　　　表 7-4

工序编号	施工过程	拱顶竖向(Y方向)位移(mm)
1	自重	-9.3951
2	隧道开挖	-11.8749
3	加固1	-11.6055
3	加固2	-11.3449

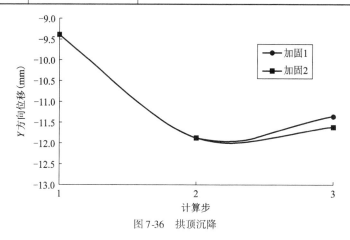

图 7-36　拱顶沉降

由图 7-36 可见,第 3 步注浆加固模拟计算,隧道拱顶产生了向上的位移。由计算可知,其他节点也产生向上的位移,计算体系产生了向上的变形即"上弹现象",且随着加固围岩参数提高程度的增加,上弹现象越明显。

但在实际工程中,并不会因为加固某部分围岩而使整个体系发生向上的位移。可见在改变围岩材料参数的过程中,体系在获得了加固效应之外,还受到一个未知力的作用,说明采用这种方法存在问题,会使计算结果出现偏差。产生此现象的原因分析如下:

对于存在初始应力场的体系进行加固的过程,通过有限元理论可分析出具体的计算过程:首先计算初始应力应变场的平衡状态,有限元数值计算过程总体平衡方程见式(7-1):

$$\sum_e C^{eT} k^e C^e \delta = \sum_e C^{eT} R_1^e + \sum_e C^{eT} F'^e \tag{7-1}$$

当体系达到平衡状态时,由作用力与反作用力的相互关系,F'^e各自互相抵消,即得式(7-2)。

$$\sum_e C^{eT} F'^e = 0 \tag{7-2}$$

式中:C^e——选择矩阵;

k^e——单元刚度矩阵;

δ——系统总位移向量;

R_1^e——单元结点荷载向量(单元上荷载的等效结点力);

F'^e——由相邻单元通过所研究单元的各结点传给此单元上的结点力。

$$F'^e = \int B^T D_{ep} \varepsilon^e dxdy \tag{7-3}$$

式中:B——应变矩阵,它只与单元的几何尺寸有关;

D_{ep}——单元的弹塑性矩阵;

ε^e——单元的节点应变。

当运用直接改变加固区单元材料参数的方法来模拟加固效应时,加固区单元的弹塑性矩阵D_{ep}会随着变化,由于这些单元在初始应力应变场的平衡状态下存在结点应变ε^e,则由式(7-3)可知,加固区单元的节点力F'^e会发生变化,而未加固区的单元的结点力F'^e不会发生改变,导致整个体系内部的节点内力不能平衡,即$\sum_e C^{eT} F'^e$不为零,从而产生一个作用力使加固模拟计算的结果出现偏差。

7.6.2 注浆加固效应模拟改进方法

根据以上分析,提出了两种加固模拟改进方法:一是在加固区域的每一个单元上都附加一个新的单元(新旧单元间共用节点),并对新单元赋予一定的密度、弹性模量等参数,但无初始应力和应变,这样新单元和原单元叠加后模拟加固;二是在加固模拟时只读入上一计算步的应力场,消除初始应变,然后通过改变围岩参数模拟加固。这两种方法由于改变材料参数的单元都不存在初始应变,避免了因改变加固区单元的材料参数而引起加固区单元的单元节点内力发生改变的情况。

当采用这两种方法模拟加固时,由于该材料参数的单元没有初始应变,则上一计算步后体系的平衡状态不会受到破坏,即$\sum_e C^{eT} F'^e$依然为0,这就避免了上述问题。同时,采用这两种方法都会改变体系的总体刚度矩阵,可以模拟加固后体系取得的加固效应。

例7-3 注浆加固(改进模拟)过程仿真分析

计算模型同例7-2,加固区厚度取3m。模型左、右边界法向位移约束,底部边界固定约束,上边界为自由。

围岩和加固区参数如表7-5所示。

围岩和加固区材料参数 表7-5

单元	弹性模量(GPa)	泊松比	密度(kg/m³)	黏聚力(MPa)	摩擦角(°)
初始围岩单元	1.5	0.4	1900	0.1	23
新增单元	2.5	0.32	2000	0.15	28

将围岩视为理想弹塑性材料,采用DP准则。建模过程中需要对加固区单元复制一层与原单元共用节点的新单元,并在自重应力场模拟前杀死新单元;计算求解到加固计算步时激活新单元模拟加固。计算过程为:①计算自重应力场;②隧道开挖;③注浆加固模拟(对加固区单元附加一层新单元)。

1)确定分析标题和类型

```
/TITLE,Simulation analysis of grouting reinforcement process    !确定分析标题
/NOPR                          !菜单过滤设置
/PMETH,OFF,0
KEYW,PR_SET,1
KEYW,PR_STRUC,1                !保留结构分析部分菜单
/COM,Preferences for GUI filtering have been set to display:
/COM,   Structural
```

2)定义单元类型、几何参数和材料常数

```
/PREP7                         !进入前处理器
ET,1,PLANE182                  !设置初始围岩单元类型
KEYOPT,1,1,0
KEYOPT,1,3,2
KEYOPT,1,6,0
ET,2,PLANE182                  !设置加固区新增单元类型
KEYOPT,2,1,0
KEYOPT,2,3,2
KEYOPT,2,6,0
MPTEMP,,,,,,,
MPTEMP,1,0
MPDATA,EX,1,,1.5e9             !输入弹性模量(围岩)
MPDATA,PRXY,1,,0.4             !输入泊松比(围岩)
MPDATA,DENS,1,,1900            !输入密度(围岩)
MPDATA,EX,2,,2.5e9             !输入弹性模量(加固区)
MPDATA,PRXY,2,,0.32            !输入泊松比(加固区)
```

MPDATA,DENS,2,,2000	！输入密度(加固区)
TB,DP,1,,,	！采用 DP 准则进行弹塑性分析
TBMODIF,1,1,100e3	！输入黏聚力(围岩)
TBMODIF,1,2,23	！输入摩擦角(围岩)
TBMODIF,1,3,	
TB,DP,2,,,	！采用 DP 准则进行弹塑性分析
TBMODIF,2,1,150e3	！输入黏聚力(加固区)
TBMODIF,2,2,28	！输入摩擦角(加固区)
TBMODIF,2,3,	
SAVE	

3) 建立几何模型

(1) 创建关键点。

！创建隧道轮廓线关键点
K,1,0,0,,
K,2,5.45,0,,
K,3,0,5.45,,
K,4,-5.45,0,,
K,5,-5.0838,-1.964,,
K,6,0,-4.15,,
K,7,5.0838,-1.964,,
！创建锚杆加固区域关键点
K,8,8.45,0,,
K,9,0,8.45,,
K,10,-8.45,0,,
K,11,13,0,,
K,12,0,13,,
K,13,-13,0,,
K,14,-13,13,,
K,15,13,13,,
K,16,8.45,-8.45,,
K,17,-8.45,-8.45,,
K,18,-13,-13,,
K,19,13,-13,,
！创建计算区域关键点

K,20,0,26,,
K,21,13,26,,
K,22,-13,26,,
K,23,-13,-34,,
K,24,13,-34,,
K,25,0,-34,,
K,26,50,-34,,
K,27,-50,-34,,
K,28,-50,26,,
K,29,50,26,,
K,30,50,13,,
K,31,50,0,,
K,32,50,-13,,
K,33,-50,-13,,
K,34,-50,0,,
K,35,-50,13,,
K,36,0,-8.45
K,37,0,-13
K,38,2.8653,-3.5371
K,39,-2.8653,-3.5371
SAVE

(2) 创建线。

！* 创建隧道轮廓线
LARC,2,3,1,5.45,

LARC,3,4,1,5.45,
LARC,4,5,1,5.45,
LARC, 5, 6, 39
LARC,7,2,1,5.45,
!* 创建加固区域线
LARC,8,9,1,8.45,
LARC,9,10,1,8.45,
!* 创建其他分割线
LSTR, 1, 2
LSTR, 1, 3
LSTR, 1, 4
LSTR, 1, 6
LSTR, 2, 8
LSTR, 4, 10
LSTR, 8, 11
LSTR, 11, 15
LSTR, 15, 12
LSTR, 12, 9
LSTR, 12, 14
LSTR, 14, 13
LSTR, 13, 10
LSTR, 10, 17
LSTR, 13, 18
LSTR, 8, 16
LSTR, 11, 19
LSTR, 17, 36
LSTR, 36, 16
LSTR, 6, 36
LSTR, 36, 37
LSTR, 18, 37
LSTR, 37, 19
LSTR, 37, 25
LSTR, 19, 24
LSTR, 18, 23
LSTR, 14, 22
LSTR, 12, 20
LSTR, 15, 21
LSTR, 22, 20
LSTR, 20, 21
LSTR, 23, 25
LSTR, 25, 24
LSTR, 24, 26
LSTR, 19, 32
LSTR, 11, 31
LSTR, 15, 30
LSTR, 21, 29
LSTR, 22, 28
LSTR, 14, 35
LSTR, 13, 34
LSTR, 18, 33
LSTR, 23, 27
LSTR, 26, 32
LSTR, 32, 31
LSTR, 31, 30
LSTR, 30, 29
LSTR, 27, 33
LSTR, 33, 34
LSTR, 34, 35
LSTR, 35, 28
LSTR, 3, 9
LARC, 6, 7, 38
SAVE

(3)创建面。
Al, 8, 1, 9,   !采用线创建面,依次创建24个面
Al, 9, 2, 10,
Al, 10, 3, 4, 11,
Al, 11, 60, 5, 8,

Al, 12, 6, 59, 1,
Al, 59, 7, 13, 2,
Al, 27, 26, 23, 12, 5, 60,
Al, 27, 25, 21, 13, 3, 4,
Al, 14, 15, 16, 17, 6,
Al, 17, 7, 20, 19, 18,
Al, 20, 21, 25, 28, 29, 22,
Al, 30, 24, 14, 23, 26, 28,
Al, 39, 31, 29, 33,
Al, 40, 32, 30, 31,
Al, 41, 51, 42, 32,
Al, 42, 52, 43, 24,
Al, 43, 53, 44, 15,
Al, 44, 54, 45, 36,
Al, 16, 35, 38, 36,
Al, 18, 34, 37, 35,
Al, 47, 58, 46, 34,
Al, 48, 57, 47, 19,
Al, 49, 56, 48, 22,
Al, 50, 55, 49, 33,
SAVE

4) 创建有限元模型
！设置将要创建单元的类型
TYPE, 1
！设置将要创建单元的材料
MAT, 1
！设置将要创建单元的几何常数
REAL, 1

(1) 设置单元尺寸。

lesize,2,,,8,,,,,1
lesize,3,,,2,,,,,1
lesize,4,,,6,,,,,1
lesize,5,,,2,,,,,1
lesize,6,,,8,,,,,1
lesize,7,,,8,,,,,1
lesize,8,,,8,,,,,1

lesize,9,,,8,,,,,1
lesize,10,,,8,,,,,1
lesize,11,,,8,,,,,1
lesize,12,,,3,,,,,1
lesize,13,,,3,,,,,1
lesize,14,,,3,,,,,1
lesize,15,,,4,,,,,1

lesize,16,,,4,,,,,1
lesize,17,,,3,,,,,1
lesize,18,,,4,,,,,1
lesize,19,,,4,,,,,1
lesize,20,,,3,,,,,1
lesize,21,,,4,,,,,1
lesize,22,,,4,,,,,1
lesize,23,,,4,,,,,1
lesize,24,,,4,,,,,1
lesize,25,,,4,,,,,1
lesize,26,,,4,,,,,1
lesize,27,,,3,,,,,1
lesize,28,,,3,,,,,1
lesize,29,,,4,,,,,1
lesize,30,,,4,,,,,1
lesize,31,,,5,,,,,1
lesize,32,,,5,,,,,1
lesize,33,,,5,,,,,1
lesize,34,,,4,,,,,1
lesize,35,,,4,,,,,1
lesize,36,,,4,,,,,1
lesize,37,,,4,,,,,1
lesize,38,,,4,,,,,1

lesize,39,,,4,,,,,1
lesize,40,,,4,,,,,1
lesize,41,,,8,,,,,1
lesize,42,,,8,,,,,1
lesize,43,,,8,,,,,1
lesize,44,,,8,,,,,1
lesize,45,,,8,,,,,1
lesize,46,,,8,,,,,1
lesize,47,,,8,,,,,1
lesize,48,,,8,,,,,1
lesize,49,,,8,,,,,1
lesize,50,,,8,,,,,1
lesize,51,,,5,,,,,1
lesize,52,,,4,,,,,1
lesize,53,,,4,,,,,1
lesize,54,,,4,,,,,1
lesize,55,,,5,,,,,1
lesize,56,,,4,,,,,1
lesize,57,,,4,,,,,1
lesize,58,,,4,,,,,1
lesize,59,,,3,,,,,1
lesize,60,,,6,,,,,1

（2）划分面单元。

AMAP,1,1,2,3,   !划分面1,依次单击关键点1,2,3进行映射
AMAP,2,1,3,4,
AMAP,3,1,4,6,
AMAP,4,6,2,1,   !面1到4,为隧道内开挖围岩
AMAP,5,2,8,9,3   !划分锚固加固去围岩单元,包括面5和6
AMAP,6,3,9,10,4
AMAP,7,6,36,8,2
AMAP,8,4,10,36,6
AMAP,9,8,11,12,9   !采用映射划分中心区域其他面
AMAP,10,9,12,13,10
AMAP,11,10,13,37,36
AMAP,12,36,37,11,8

```
amesh,13,24,1                    !划分周边区域面
SAVE                             !存储数据
```
5)复制加固区单元
```
ASEL,S,,,5,6,1                   !选择加固区面
ESLA,R                           !选择加固区单元
EGEN,2,0,all,,,1,1,1,,,,,,       !复制单元,节点号不变,材料属性,实常数,单元类
                                  型增加1,复制单元如图7-37所示。
```

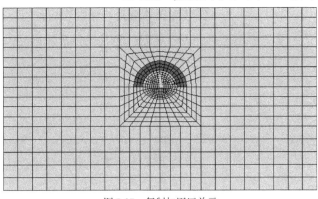

图7-37 复制加固区单元

6)加载与自重应力场求解

(1)施加位移约束,对两侧边界节点施加 X 方向约束,对底侧边界节点施加 Y 方向约束,而顶面为自由边界。

```
/SOL                             !进入求解器
Time,1
NSEL,S,LOC,X,-50.1,-49.9
NSEL,A,LOC,X,49.9,50.1
d,all,ux,0                       !在选择的节点上施加 X 方向约束
Allsel                           !选择所有内容
NSEL,S,LOC,Y,-34.1,-33.9
d,all,uy,0                       !在选择的节点上施加 Y 方向约束
```

(2)施加重力加速度。
```
ACEL,0,10,0,                     !在 Y 方向施加重力加速度
SAVE
NROPT,FULL,,                     !采用全牛顿-拉普森法进行求解
Allsel
ESEL,S,TYPE,,2
Ekill,all                        !加固区新增单元给予"死属性"
Allsel
```

```
Solve
SAVE
```

7) 隧道开挖求解

```
Time,2
ASEL,S,,,3,4,1
ASEL,A,,,1,2,1              ！选择隧道开挖面
ESLA,R                      ！选择隧道开挖面土体单元
Ekill,all                   ！对选择的单元给予"死属性"
Allsel
Solve
SAVE
```

8) 注浆加固模拟与求解

```
Time,2
ESEL,S,TYPE,,2
Ealive,all                  ！激活加固区新增单元
Allsel
Solve
SAVE
```

9) 后处理

列表查看结果数据。

```
/POST26                     ！进入时间-历程后处理器
NSOL,2,10,UY,UY_2,          ！选取拱顶10号节点
FILLDATA,191,,,,1,1
REALVAR,191,191
PRVAR,2,                    ！列表查看Y方向位移-时程变化关系,如图7-38所示
```

```
PRVAR   Command
File

          ***** ANSYS POST26 VARIABLE LISTING *****

    TIME        10 UY
                UY_2
    1.0000     -0.939512E-002
    2.0000     -0.118749E-001
    3.0000     -0.126422E-001
```

图7-38　拱顶 Y 方向位移表(单位:m)

10)模拟加固效果评价

计算得到的拱顶变形情况如表 7-6 和图 7-39 所示。

拱顶沉降　　　　　　　　　　表 7-6

工序编号	施工过程	拱顶竖向(Y方向)位移(mm)
1	自重	−9.3951
2	隧道开挖	−11.8749
3	加固 2	−12.6422

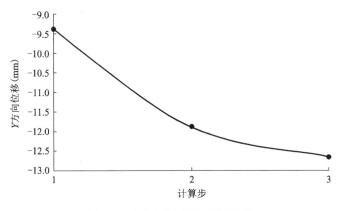

图 7-39　改进方法加固模拟拱顶沉降

由图 7-39 可见,第 3 步注浆加固模拟计算,隧道拱顶位移是向下的。由计算可知,其他节点的位移也是向下的,这是由于加固材料的自重引起的。可见采用改进方法计算体系不会出现"上弹现象",变形符合工程实际。因此,采用改进方法模拟围岩加固效应更加合理。

7.7　初期支护钢拱架的等效模拟

7.7.1　等效处理方法

初期支护的钢拱架在有限元数值模拟中有两种模拟方法:一是将钢拱架和喷射混凝土分开创建单元,分开计算;二是将钢拱架与喷射混凝土等效成为一种单元,进行计算。将钢拱架与喷射混凝分开计算符合实际工程情况,计算结果更精确。但是在三维模拟计算中,钢拱架数量多,采用第一种方法计算工作量大,采用第二种方法相对较简便。钢拱架等效方法如下:

$$E_1 = E + (A_c \times E_s)/A$$

式中：E——原混凝土弹性模量，单位 Pa；

E_s——钢材模量，单位 Pa；

A_c——钢拱架面积，通过查询《公路隧道设计规范 第一册 土建工程》可得 A_c；

A——混凝土截面面积，$A = bh$。

当初期支护采用等效方法计算时，将钢拱架的弹性模量折算给与它相邻的喷射混凝土：折算后混凝土弹性模量 = 原混凝土弹性模量 + （钢拱架面积 × 钢材弹性模量）/混凝土截面面积。

7.7.2 验证等效方法

利用 ANSYS 模拟钢拱架与喷射混凝土分开计算、等效计算两种情况。

采用 16 号工字钢，弹性模量 $E_s = 2.06 \times 10^{11}$ Pa，泊松比 0.3，密度 7800 kg/m³，截面面积为 26.11×10^{-4} m²。喷射混凝土弹性模量 $E = 27 \times 10^9$ Pa，泊松比 0.2，密度 2500 kg/m³。利用上式可以求得等效过后的混凝土弹性模量变成了 $E_1 = 27.52 \times 10^9$ Pa。①利用 BEAM188 模拟钢拱架，在喷射混凝土单元的位置上再建一层钢拱架单元，进行计算。②利用 BEAM188 直接模拟等效后的喷射混凝土单元进行计算。以 7.5 节的模型为例，模型如图 7-40 所示。

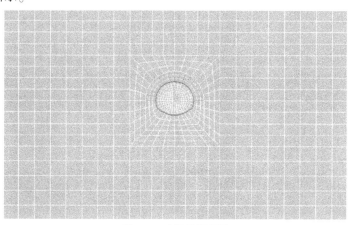

图 7-40 有限元模型图

命令流如下：

1. 钢拱架和喷射混凝土分算

/TITLE, Mechanical analysis on railway tunnel 1nd lining ! 确定分析标题

/NOPR ! 菜单过滤设置

/PMETH,OFF,0

KEYW,PR_SET,1

KEYW,PR_STRUC,1

! 保留结构分析部分菜单

/COM,Preferences for GUI filtering have

been set to display：
/COM,Structural
/PREP7　　　　！进入前处理器
！设置实体单元(土体)类型
ET,1,PLANE182
KEYOPT,1,1,0
KEYOPT,1,3,2
KEYOPT,1,6,0
！设置梁单元(喷射混凝土)
ET,2,BEAM188
！设置梁单元(钢拱架)
ET,3,BEAM188
！设置杆单元(锚杆)
ET,4,LINK180
！设置杆单元(锚杆)几何常数
R,1,0.0005,,0
SECTYPE,　1,BEAM,RECT,,0
SECOFFSET,CENT
SECDATA,0.2,1,0,0,0,0,0,0,0,0,0
SECTYPE,　2,BEAM,I,,0
SECOFFSET,CENT
SECDATA,0.088,0.088,0.16,0.006,0.006,0.0099,0,0,0,0,0,0
MPTEMP,,,,,,,
MPTEMP,1,0
！输入弹性模量(围岩)
MPDATA,EX,1,,1.9e9
！输入泊松比(围岩)
MPDATA,PRXY,1,,0.32
！输入密度(围岩)
MPDATA,DENS,1,,2200
！输入弹性模量(喷射混凝土)
MPDATA,EX,2,,27e9
！输入泊松比(喷射混凝土)
MPDATA,PRXY,2,,0.2
！输入密度(喷射混凝土)

MPDATA,DENS,2,,2500
！输入弹性模量(锚杆)
MPDATA,EX,3,,200e9
！输入泊松比(锚杆)
MPDATA,PRXY,3,,0.3
！输入密度(锚杆)
MPDATA,DENS,3,,7800
！输入弹性模量(钢拱架)
MPDATA,EX,4,,2.06e11
！输入泊松比
MPDATA,PRXY,4,,0.3
MPDATA,DENS,4,,7800
！输入密度
SAVE
！创建隧道轮廓线关键点
K,1,0,0,,
K,2,5.45,0,,
K,3,0,5.45,,
K,4,-5.45,0,,
K,5,-5.0838,-1.964,,
K,6,0,-4.15,,
K,7,5.0838,-1.964,,
！创建锚杆加固区域关键点
K,8,8.45,0,,
K,9,0,8.45,,
K,10,-8.45,0,,
K,11,13,0,,
K,12,0,13,,
K,13,-13,0,,
K,14,-13,13,,
K,15,13,13,,
K,16,8.45,-8.45,,
K,17,-8.45,-8.45,,
K,18,-13,-13,,
K,19,13,-13,,
！创建计算区域关键点

```
K,20,0,26,,
K,21,13,26,,
K,22,-13,26,,
K,23,-13,-34,,
K,24,13,-34,,
K,25,0,-34,,
K,26,50,-34,,
K,27,-50,-34,,
K,28,-50,26,,
K,29,50,26,,
K,30,50,13,,
K,31,50,0,,
K,32,50,-13,,
K,33,-50,-13,,
K,34,-50,0,,
K,35,-50,13,,
K,36,0,-8.45
K,37,0,-13
K,38,2.8653,-3.5371
K,39,-2.8653,-3.5371
SAVE
!*   绘制隧道轮廓线
LARC,2,3,1,5.45,
LARC,3,4,1,5.45,
LARC,4,5,1,5.45,
LARC,  5,  6,  39
LARC,7,2,1,5.45,
LARC,8,9,1,8.45,
!绘制锚杆加固区域线
LARC,9,10,1,8.45,
!*   绘制其他分割线
LSTR,   1,   2
LSTR,   1,   3
LSTR,   1,   4
LSTR,   1,   6
LSTR,   2,   8
LSTR,   4,   10
LSTR,   8,   11
LSTR,   11,  15
LSTR,   15,  12
LSTR,   12,  9
LSTR,   12,  14
LSTR,   14,  13
LSTR,   13,  10
LSTR,   10,  17
LSTR,   13,  18
LSTR,   8,   16
LSTR,   11,  19
LSTR,   17,  36
LSTR,   36,  16
LSTR,   6,   36
LSTR,   36,  37
LSTR,   18,  37
LSTR,   37,  19
LSTR,   37,  25
LSTR,   19,  24
LSTR,   18,  23
LSTR,   14,  22
LSTR,   12,  20
LSTR,   15,  21
LSTR,   22,  20
LSTR,   20,  21
LSTR,   23,  25
LSTR,   25,  24
LSTR,   24,  26
LSTR,   19,  32
LSTR,   11,  31
LSTR,   15,  30
LSTR,   21,  29
LSTR,   22,  28
LSTR,   14,  35
LSTR,   13,  34
```

LSTR, 18, 33
LSTR, 23, 27
LSTR, 26, 32
LSTR, 32, 31
LSTR, 31, 30
LSTR, 30, 29
LSTR, 27, 33
LSTR, 33, 34
LSTR, 34, 35
LSTR, 35, 28
LSTR, 3, 9
LARC, 6, 7, 38
SAVE
Al, 8, 1, 9,
! 采用线创建面, 依次创建24个面
Al, 9, 2, 10,
Al, 10, 3, 4, 11,
Al, 11, 60, 5, 8,
Al, 12, 6, 59, 1,
Al, 59, 7, 13, 2,
Al, 27, 26, 23, 12, 5, 60,
Al, 27, 25, 21, 13, 3, 4,
Al, 14, 15, 16, 17, 6,
Al, 17, 7, 20, 19, 18,
Al, 20, 21, 25, 28, 29, 22,
Al, 30, 24, 14, 23, 26, 28,
Al, 39, 31, 29, 33,
Al, 40, 32, 30, 31,
Al, 41, 51, 42, 32,
Al, 42, 52, 43, 24,
Al, 43, 53, 44, 15,
Al, 44, 54, 45, 36,
Al, 16, 35, 38, 36,
Al, 18, 34, 37, 35,
Al, 47, 58, 46, 34,
Al, 48, 57, 47, 19,

Al, 49, 56, 48, 22,
Al, 50, 55, 49, 33,
SAVE
! 设置单元大小, 即L1线划分成8个单元
lesize,1,,,8,,,,1
! 设置将要创建单元的类型
TYPE, 1
! 设置将要创建单元的材料
MAT, 1
lesize,2,,,8,,,,1
lesize,3,,,2,,,,1
lesize,4,,,6,,,,1
lesize,5,,,2,,,,1
lesize,6,,,8,,,,1
lesize,7,,,8,,,,1
lesize,8,,,8,,,,1
lesize,9,,,8,,,,1
lesize,10,,,8,,,,1
lesize,11,,,8,,,,1
lesize,12,,,3,,,,1
lesize,13,,,3,,,,1
lesize,14,,,3,,,,1
lesize,15,,,4,,,,1
lesize,16,,,4,,,,1
lesize,17,,,3,,,,1
lesize,18,,,4,,,,1
lesize,19,,,4,,,,1
lesize,20,,,3,,,,1
lesize,21,,,4,,,,1
lesize,22,,,4,,,,1
lesize,23,,,4,,,,1
lesize,24,,,4,,,,1
lesize,25,,,4,,,,1
lesize,26,,,4,,,,1
lesize,27,,,3,,,,1

lesize,28,,,3,,,,,1
lesize,29,,,4,,,,,1
lesize,30,,,4,,,,,1
lesize,31,,,5,,,,,1
lesize,32,,,5,,,,,1
lesize,33,,,5,,,,,1
lesize,34,,,4,,,,,1
lesize,35,,,4,,,,,1
lesize,36,,,4,,,,,1
lesize,37,,,4,,,,,1
lesize,38,,,4,,,,,1
lesize,39,,,4,,,,,1
lesize,40,,,4,,,,,1
lesize,41,,,8,,,,,1
lesize,42,,,8,,,,,1
lesize,43,,,8,,,,,1
lesize,44,,,8,,,,,1
lesize,45,,,8,,,,,1
lesize,46,,,8,,,,,1
lesize,47,,,8,,,,,1
lesize,48,,,8,,,,,1
lesize,49,,,8,,,,,1
lesize,50,,,8,,,,,1
lesize,51,,,5,,,,,1
lesize,52,,,4,,,,,1
lesize,53,,,4,,,,,1
lesize,54,,,4,,,,,1
lesize,55,,,5,,,,,1
lesize,56,,,4,,,,,1
lesize,57,,,4,,,,,1
lesize,58,,,4,,,,,1
lesize,59,,,3,,,,,1
lesize,60,,,6,,,,,1
! 划分面1,依次单击关键点1,2,3进行映射
AMAP,1,1,2,3,
AMAP,2,1,3,4,
AMAP,3,1,4,6,
! 面1到4,为隧道内开挖土体
AMAP,4,6,2,1,
! 划分锚固加固区围岩单元,包括面5和6
AMAP,5,2,8,9,3
AMAP,6,3,9,10,4
AMAP,7,6,36,8,2
AMAP,8,4,10,36,6
! 采用映射划分中心区域其他面
AMAP,9,8,11,12,9
AMAP,10,9,12,13,10
AMAP,11,10,13,37,36
AMAP,12,36,37,11,8
! 划分周边区域面
amesh,13,24,1
SAVE
! 设置将要创建单元的类型
TYPE,   2
! 设置将要创建单元的材料
MAT,   2
! 设置将要创建单元的截面
SECNUM, 1
! 通过两个节点创建梁单元(喷射混凝土)
E,2,11
E,11,12
E,12,13
E,13,14
E,14,15
E,15,16
E,16,17
E,17,10
E,10,63
E,63,64

E,64,65
E,65,66
E,66,67
E,67,68
E,68,69
E,69,62
E,115,114
E,114,117
E,117,118
E,118,119
E,119,120
E,120,121
E,121,116
E,116,167
E,167,168
E,168,169
E,169,170
E,170,171
E,171,166
E,166,172
E,62,115
E,172,2
! 设置将要创建单元的类型
TYPE,   4
! 设置将要创建单元的材料
MAT,   3
REAL,   1
! 通过两个节点创建锚杆单元
E,2,211
E,211,212
E,212,210
E,11,223
E,223,230
E,230,214
E,12,224
E,224,231

E,231,215
E,13,225
E,225,232
E,232,216
E,14,226
E,226,233
E,233,217
E,15,227
E,227,234
E,234,218
E,16,228
E,228,235
E,235,219
E,17,229
E,229,236
E,236,220
E,10,221
E,221,222
E,222,213
E,63,247
E,247,254
E,254,238
E,64,248
E,248,255
E,255,239
E,65,249
E,249,256
E,256,240
E,66,250
E,250,257
E,257,241
E,67,251
E,251,258
E,258,242
E,68,252
E,252,259

```
E,259,243
E,69,253
E,253,260
E,260,244
E,62,245
E,245,246
E,246,237
! 设置将要创建单元的类型(钢拱架)
TYPE,   3
! 设置将要创建单元的材料
MAT,    4
SECNUM, 2
FLST,5,6,4,ORDE,3
FITEM,5,1
FITEM,5,-5
FITEM,5,60
CM,_Y,LINE
LSEL,,,,P51X
CM,_Y1,LINE
CMSEL,S,_Y
CMSEL,S,_Y1
LATT,4,1,2,,   10,   9,2
CMSEL,S,_Y
CMDELE,_Y
CMDELE,_Y1
FLST,2,6,4,ORDE,3
FITEM,2,1
FITEM,2,-5
FITEM,2,60
LMESH,P51X
/SOL       ! 进入求解器
Time,1
NSEL,S,LOC,X,-50.1,-49.9
NSEL,A,LOC,X,49.9,50.1
! 在选择的节点上施加 X 方向约束
d,all,ux,0
Allsel
NSEL,S,LOC,Y,-34.1,-33.9
! 在选择的节点上施加 Y 方向约束
d,all,uy,0
! 在 Y 方向施加重力加速度
ACEL,0,10,0,
SAVE
! 采用全牛顿-拉普森法进行求解
NROPT,FULL,,
Allsel
! 选择 2 类单元
ESEL,S,TYPE,,2
! 选择 3 类单元
ESEL,A,TYPE,,3
! 选择 4 类单元
ESEL,A,TYPE,,4
! 对选择的单元给予"死属性"
Ekill,all
Allsel
FLST,2,32,1,ORDE,9
FITEM,2,2
FITEM,2,10
FITEM,2,-17
FITEM,2,62
FITEM,2,-69
FITEM,2,114
FITEM,2,-121
FITEM,2,166
FITEM,2,-172
D,P51X,,,,,,UZ,ROTX,ROTY,,,
allsel
Solve
/SOL
Time,2
! 选择上台阶面
ASEL,S,,,1,2,1
```

！选择下台阶面
ASEL,A,,,3,4,1
！选择上台阶土体单元
ESLA,R
！对选择的单元给予"死属性"
Ekill,all
！选择2类单元
ESEL,S,TYPE,,2
！选择3类单元
ESEL,A,TYPE,,3
！选择4类单元
ESEL,A,TYPE,,4
！对选择的单元给予"死属性"
Ekill,all
Allsel
F,2,FX,1.94E+05
F,10,FX,-4.71E-05
F,11,FX,1.89E+05
F,12,FX,1.71E+05
F,13,FX,1.48E+05
F,14,FX,1.21E+05
F,15,FX,9.26E+04
F,16,FX,6.24E+04
F,17,FX,3.13E+04
F,62,FX,-1.94E+05
F,63,FX,-3.13E+04
F,64,FX,-6.24E+04
F,65,FX,-9.26E+04
F,66,FX,-1.21E+05
F,67,FX,-1.48E+05
F,68,FX,-1.71E+05
F,69,FX,-1.89E+05
F,114,FX,-1.62E+05
F,115,FX,-1.92E+05
F,116,FX,-1.60E-06
F,117,FX,-1.22E+05

F,118,FX,-1.03E+05
F,119,FX,-8.02E+04
F,120,FX,-5.48E+04
F,121,FX,-2.79E+04
F,166,FX,1.62E+05
F,167,FX,2.79E+04
F,168,FX,5.48E+04
F,169,FX,8.02E+04
F,170,FX,1.03E+05
F,171,FX,1.22E+05
F,172,FX,1.92E+05
F,2,FY,1.19E+03
F,10,FY,3.38E+05
F,11,FY,7.85E+04
F,12,FY,1.49E+05
F,13,FY,2.09E+05
F,14,FY,2.57E+05
F,15,FY,2.93E+05
F,16,FY,3.18E+05
F,17,FY,3.33E+05
F,62,FY,1.19E+03
F,63,FY,3.33E+05
F,64,FY,3.18E+05
F,65,FY,2.93E+05
F,66,FY,2.57E+05
F,67,FY,2.09E+05
F,68,FY,1.49E+05
F,69,FY,7.85E+04
F,114,FY,-2.10E+05
F,115,FY,-7.72E+04
F,116,FY,-4.38E+05
F,117,FY,-3.25E+05
F,118,FY,-3.63E+05
F,119,FY,-3.95E+05
F,120,FY,-4.18E+05
F,121,FY,-4.33E+05

F,166,FY,-2.10E+05
F,167,FY,-4.33E+05
F,168,FY,-4.18E+05
F,169,FY,-3.95E+05
F,170,FY,-3.63E+05
F,171,FY,-3.25E+05
F,172,FY,-7.72E+04
Allsel
Solve
SAVE
Time,3
!选择2类单元
ESEL,S,TYPE,,2
!选择3类单元
ESEl,a,TYPE,,3
!选择4类单元
ESEL,A,TYPE,,4
!对选择的单元给予"生属性"
Ealive,all
F,2,FX,5.55E+04
F,10,FX,-1.35E-05
F,11,FX,5.39E+04
F,12,FX,4.87E+04
F,13,FX,4.22E+04
F,14,FX,3.47E+04
F,15,FX,2.65E+04
F,16,FX,1.78E+04
F,17,FX,8.94E+03
F,62,FX,-5.55E+04
F,63,FX,-8.94E+03
F,64,FX,-1.78E+04
F,65,FX,-2.65E+04
F,66,FX,-3.47E+04
F,67,FX,-4.22E+04
F,68,FX,-4.87E+04
F,69,FX,-5.39E+04

F,114,FX,-4.62E+04
F,115,FX,-5.48E+04
F,116,FX,-4.57E-07
F,117,FX,-3.49E+04
F,118,FX,-2.94E+04
F,119,FX,-2.29E+04
F,120,FX,-1.57E+04
F,121,FX,-7.96E+03
F,166,FX,4.62E+04
F,167,FX,7.96E+03
F,168,FX,1.57E+04
F,169,FX,2.29E+04
F,170,FX,2.94E+04
F,171,FX,3.49E+04
F,172,FX,5.48E+04
F,2,FY,3.39E+02
F,10,FY,9.65E+04
F,11,FY,2.24E+04
F,12,FY,4.26E+04
F,13,FY,5.96E+04
F,14,FY,7.33E+04
F,15,FY,8.37E+04
F,16,FY,9.09E+04
F,17,FY,9.51E+04
F,62,FY,3.39E+02
F,63,FY,9.51E+04
F,64,FY,9.09E+04
F,65,FY,8.37E+04
F,66,FY,7.33E+04
F,67,FY,5.96E+04
F,68,FY,4.26E+04
F,69,FY,2.24E+04
F,114,FY,-6.01E+04
F,115,FY,-2.21E+04
F,116,FY,-1.25E+05
F,117,FY,-9.29E+04

F,118,FY, -1.04E +05
F,119,FY, -1.13E +05
F,120,FY, -1.20E +05
F,121,FY, -1.24E +05
F,166,FY, -6.01E +04
F,167,FY, -1.24E +05
F,168,FY, -1.20E +05
F,169,FY, -1.13E +05
F,170,FY, -1.04E +05
F,171,FY, -9.29E +04
F,172,FY, -2.21E +04
Allsel
Solve
SAVE

2. 钢拱架与喷射混凝土等效合算

/TITLE,Mechanical analysis on railway tunnel 1st lining　!确定分析标题
/NOPR
!菜单过滤设置
/PMETH,OFF,0
KEYW,PR_SET,1
KEYW,PR_STRUC,1
!保留结构分析部分菜单
/COM,Preferences for GUI filtering have been set to display:
/COM, Structural
/PREP7　!进入前处理器
!设置实体单元(土体)类型
ET,1,PLANE182
KEYOPT,1,1,0
KEYOPT,1,3,2
KEYOPT,1,6,0
!设置梁单元(喷射混凝土)
ET,2,BEAM188
!设置杆单元(锚杆)
ET,3,LINK180
!设置杆单元(锚杆)几何常数
R,1,0.0005,,0
SECTYPE, 1,BEAM,RECT,0
SECOFFSET,CENT
SECDATA,0.2,1,0,0,0,0,0,0,0,0,0
MPTEMP,,,,,,,
MPTEMP,1,0
!输入弹性模量(围岩)
MPDATA,EX,1,,1.9e9
!输入泊松比(围岩)
MPDATA,PRXY,1,,0.32
!输入密度(围岩)
MPDATA,DENS,1,,2200
!输入弹性模量(喷射混凝土)
MPDATA,EX,2,,27.52e9
!输入泊松比(喷射混凝土)
MPDATA,PRXY,2,,0.2
!输入密度(喷射混凝土)
MPDATA,DENS,2,,2500
!输入弹性模量(锚杆)
MPDATA,EX,3,,200e9
!输入泊松比(锚杆)
MPDATA,PRXY,3,,0.3
!输入密度(锚杆)
MPDATA,DENS,3,,7800
SAVE
!创建隧道轮廓线关键点
K,1,0,0,,
K,2,5.45,0,,
K,3,0,5.45,,
K,4, -5.45,0,,
K,5, -5.0838, -1.964,,
K,6,0, -4.15,,
K,7,5.0838, -1.964,,
!创建锚杆加固区域关键点

K,8,8.45,0,,
K,9,0,8.45,,
K,10,-8.45,0,,
K,11,13,0,,
K,12,0,13,,
K,13,-13,0,,
K,14,-13,13,,
K,15,13,13,,
K,16,8.45,-8.45,,
K,17,-8.45,-8.45,,
K,18,-13,-13,,
K,19,13,-13,,
! 创建计算区域关键点
K,20,0,26,,
K,21,13,26,,
K,22,-13,26,,
K,23,-13,-34,,
K,24,13,-34,,
K,25,0,-34,,
K,26,50,-34,,
K,27,-50,-34,,
K,28,-50,26,,
K,29,50,26,,
K,30,50,13,,
K,31,50,0,,
K,32,50,-13,,
K,33,-50,-13,,
K,34,-50,0,,
K,35,-50,13,,
K,36,0,-8.45
K,37,0,-13
K,38,2.8653,-3.5371
K,39,-2.8653,-3.5371
SAVE
! * 绘制隧道轮廓线
LARC,2,3,1,5.45,
LARC,3,4,1,5.45,
LARC,4,5,1,5.45,
LARC, 5, 6, 39
LARC,7,2,1,5.45,
LARC,8,9,1,8.45,
! * 绘制锚杆加固区域线
LARC,9,10,1,8.45,
! * 绘制其他分割线
LSTR, 1, 2
LSTR, 1, 3
LSTR, 1, 4
LSTR, 1, 6
LSTR, 2, 8
LSTR, 4, 10
LSTR, 8, 11
LSTR, 11, 15
LSTR, 15, 12
LSTR, 12, 9
LSTR, 12, 14
LSTR, 14, 13
LSTR, 13, 10
LSTR, 10, 17
LSTR, 13, 18
LSTR, 8, 16
LSTR, 11, 19
LSTR, 17, 36
LSTR, 36, 16
LSTR, 6, 36
LSTR, 36, 37
LSTR, 18, 37
LSTR, 37, 19
LSTR, 37, 25
LSTR, 19, 24
LSTR, 18, 23
LSTR, 14, 22
LSTR, 12, 20

```
LSTR,     15,      21
LSTR,     22,      20
LSTR,     20,      21
LSTR,     23,      25
LSTR,     25,      24
LSTR,     24,      26
LSTR,     19,      32
LSTR,     11,      31
LSTR,     15,      30
LSTR,     21,      29
LSTR,     22,      28
LSTR,     14,      35
LSTR,     13,      34
LSTR,     18,      33
LSTR,     23,      27
LSTR,     26,      32
LSTR,     32,      31
LSTR,     31,      30
LSTR,     30,      29
LSTR,     27,      33
LSTR,     33,      34
LSTR,     34,      35
LSTR,     35,      28
LSTR,     3,       9
LARC,     6,    7,   38
SAVE
```

! 采用线创建面,依次创建 24 个面

```
Al, 8, 1, 9,
Al, 9, 2, 10,
Al, 10, 3, 4, 11,
Al, 11, 60, 5, 8,
Al, 12, 6, 59, 1,
Al, 59, 7, 13, 2,
Al, 27, 26, 23, 12, 5, 60,
Al, 27, 25, 21, 13, 3, 4,
Al, 14, 15, 16, 17, 6,
Al, 17, 7, 20, 19, 18,
Al, 20, 21, 25, 28, 29, 22,
Al, 30, 24, 14, 23, 26, 28,
Al, 39, 31, 29, 33,
Al, 40, 32, 30, 31,
Al, 41, 51, 42, 32,
Al, 42, 52, 43, 24,
Al, 43, 53, 44, 15,
Al, 44, 54, 45, 36,
Al, 16, 35, 38, 36,
Al, 18, 34, 37, 35,
Al, 47, 58, 46, 34,
Al, 48, 57, 47, 19,
Al, 49, 56, 48, 22,
Al, 50, 55, 49, 33,
SAVE
```

! 设置单元大小,即 L1 线划分成 8 个单元

```
lesize,1,,,8,,,,,1
```

! 设置将要创建单元的类型

```
TYPE,     1
```

! 设置将要创建单元的材料

```
MAT,      1
lesize,2,,,8,,,,1
lesize,3,,,2,,,,1
lesize,4,,,6,,,,1
lesize,5,,,2,,,,1
lesize,6,,,8,,,,1
lesize,7,,,8,,,,1
lesize,8,,,8,,,,1
lesize,9,,,8,,,,1
lesize,10,,,8,,,,1
lesize,11,,,8,,,,1
lesize,12,,,3,,,,1
lesize,13,,,3,,,,1
lesize,14,,,3,,,,1
```

lesize,15,,,4,,,,,1
lesize,16,,,4,,,,,1
lesize,17,,,3,,,,,1
lesize,18,,,4,,,,,1
lesize,19,,,4,,,,,1
lesize,20,,,3,,,,,1
lesize,21,,,4,,,,,1
lesize,22,,,4,,,,,1
lesize,23,,,4,,,,,1
lesize,24,,,4,,,,,1
lesize,25,,,4,,,,,1
lesize,26,,,4,,,,,1
lesize,27,,,3,,,,,1
lesize,28,,,3,,,,,1
lesize,29,,,4,,,,,1
lesize,30,,,4,,,,,1
lesize,31,,,5,,,,,1
lesize,32,,,5,,,,,1
lesize,33,,,5,,,,,1
lesize,34,,,4,,,,,1
lesize,35,,,4,,,,,1
lesize,36,,,4,,,,,1
lesize,37,,,4,,,,,1
lesize,38,,,4,,,,,1
lesize,39,,,4,,,,,1
lesize,40,,,4,,,,,1
lesize,41,,,8,,,,,1
lesize,42,,,8,,,,,1
lesize,43,,,8,,,,,1
lesize,44,,,8,,,,,1
lesize,45,,,8,,,,,1
lesize,46,,,8,,,,,1
lesize,47,,,8,,,,,1
lesize,48,,,8,,,,,1
lesize,49,,,8,,,,,1
lesize,50,,,8,,,,,1
lesize,51,,,5,,,,,1
lesize,52,,,4,,,,,1
lesize,53,,,4,,,,,1
lesize,54,,,4,,,,,1
lesize,55,,,5,,,,,1
lesize,56,,,4,,,,,1
lesize,57,,,4,,,,,1
lesize,58,,,4,,,,,1
lesize,59,,,3,,,,,1
lesize,60,,,6,,,,,1
！划分面1，依次单击关键点1，2，3进行映射
AMAP,1,1,2,3,
AMAP,2,1,3,4,
AMAP,3,1,4,6,
！面1到4，为隧道内开挖土体
AMAP,4,6,2,1,
！划分锚固加固区围岩单元，包括面5和6
AMAP,5,2,8,9,3
AMAP,6,3,9,10,4
AMAP,7,6,36,8,2
AMAP,8,4,10,36,6
！采用映射划分中心区域其他面
AMAP,9,8,11,12,9
AMAP,10,9,12,13,10
AMAP,11,10,13,37,36
AMAP,12,36,37,11,8
！划分周边区域面
amesh,13,24,1
SAVE
！设置将要创建单元的类型
TYPE,   2
！设置将要创建单元的材料
MAT,   2
！设置将要创建单元的截面
SECNUM,   1

! 通过两个节点创建梁单元
E,2,11
E,11,12
E,12,13
E,13,14
E,14,15
E,15,16
E,16,17
E,17,10
E,10,63
E,63,64
E,64,65
E,65,66
E,66,67
E,67,68
E,68,69
E,69,62
E,115,114
E,114,117
E,117,118
E,118,119
E,119,120
E,120,121
E,121,116
E,116,167
E,167,168
E,168,169
E,169,170
E,170,171
E,171,166
E,166,172
E,62,115
E,172,2
! 设置将要创建单元的类型
TYPE,   3
! 设置将要创建单元的材料

MAT,   3
! 设置将要创建单元的几何常数
REAL,   1
! 通过两个节点创建锚杆单元
E,2,211
E,211,212
E,212,210
E,11,223
E,223,230
E,230,214
E,12,224
E,224,231
E,231,215
E,13,225
E,225,232
E,232,216
E,14,226
E,226,233
E,233,217
E,15,227
E,227,234
E,234,218
E,16,228
E,228,235
E,235,219
E,17,229
E,229,236
E,236,220
E,10,221
E,221,222
E,222,213
E,63,247
E,247,254
E,254,238
E,64,248
E,248,255

E,255,239
E,65,249
E,249,256
E,256,240
E,66,250
E,250,257
E,257,241
E,67,251
E,251,258
E,258,242
E,68,252
E,252,259
E,259,243
E,69,253
E,253,260
E,260,244
E,62,245
E,245,246
E,246,237
/SOL
Time,1
NSEL,S,LOC,X,-50.1,-49.9
NSEL,A,LOC,X,49.9,50.1
! 在选择的节点上施加 X 方向约束
d,all,ux,0
Allsel
NSEL,S,LOC,Y,-34.1,-33.9
! 在选择的节点上施加 Y 方向约束
d,all,uy,0
! 在 Y 方向施加重力加速度
ACEL,0,10,0,
SAVE
! 采用全牛顿-拉普森法进行求解
NROPT,FULL,,
Allsel
! 选择 2 类单元

ESEL,S,TYPE,,2
! 选择 3 类单元
ESEL,A,TYPE,,3
! 对选择的单元给予"死属性"
Ekill,all
Allsel
FLST,2,32,1,ORDE,9
FITEM,2,2
FITEM,2,10
FITEM,2,-17
FITEM,2,62
FITEM,2,-69
FITEM,2,114
FITEM,2,-121
FITEM,2,166
FITEM,2,-172
D,P51X,,,,,,UZ,ROTX,ROTY,,,
allsel
Solve
Time,2
! 选择上台阶面
ASEL,S,,,1,2,1
! 选择下台阶面
ASEL,A,,,3,4,1
! 选择上台阶土体单元
ESLA,R
! 对选择的单元给予"死属性"
Ekill,all
! 选择 2 类单元
ESEL,S,TYPE,,2
! 选择 3 类单元
ESEL,A,TYPE,,3
! 对选择的单元给予"死属性"
Ekill,all
Allsel
F,2,FX,1.94E+05

F,10,FX,−4.71E−05
F,11,FX,1.89E+05
F,12,FX,1.71E+05
F,13,FX,1.48E+05
F,14,FX,1.21E+05
F,15,FX,9.26E+04
F,16,FX,6.24E+04
F,17,FX,3.13E+04
F,62,FX,−1.94E+05
F,63,FX,−3.13E+04
F,64,FX,−6.24E+04
F,65,FX,−9.26E+04
F,66,FX,−1.21E+05
F,67,FX,−1.48E+05
F,68,FX,−1.71E+05
F,69,FX,−1.89E+05
F,114,FX,−1.62E+05
F,115,FX,−1.92E+05
F,116,FX,−1.60E−06
F,117,FX,−1.22E+05
F,118,FX,−1.03E+05
F,119,FX,−8.02E+04
F,120,FX,−5.48E+04
F,121,FX,−2.79E+04
F,166,FX,1.62E+05
F,167,FX,2.79E+04
F,168,FX,5.48E+04
F,169,FX,8.02E+04
F,170,FX,1.03E+05
F,171,FX,1.22E+05
F,172,FX,1.92E+05
F,2,FY,1.19E+03
F,10,FY,3.38E+05
F,11,FY,7.85E+04
F,12,FY,1.49E+05
F,13,FY,2.09E+05

F,14,FY,2.57E+05
F,15,FY,2.93E+05
F,16,FY,3.18E+05
F,17,FY,3.33E+05
F,62,FY,1.19E+03
F,63,FY,3.33E+05
F,168,FX,1.57E+04
F,169,FX,2.29E+04
F,170,FX,2.94E+04
F,171,FX,3.49E+04
F,172,FX,5.48E+04
F,2,FY,3.39E+02
F,10,FY,9.65E+04
F,11,FY,2.24E+04
F,12,FY,4.26E+04
F,13,FY,5.96E+04
F,14,FY,7.33E+04
F,15,FY,8.37E+04
F,16,FY,9.09E+04
F,17,FY,9.51E+04
F,62,FY,3.39E+02
F,63,FY,9.51E+04
F,64,FY,9.09E+04
F,65,FY,8.37E+04
F,66,FY,7.33E+04
F,67,FY,5.96E+04
F,68,FY,4.26E+04
F,69,FY,2.24E+04
F,114,FY,−6.01E+04
F,115,FY,−2.21E+04
F,116,FY,−1.25E+05
F,117,FY,−9.29E+04
F,118,FY,−1.04E+05
F,119,FY,−1.13E+05
F,120,FY,−1.20E+05
F,121,FY,−1.24E+05

```
F,166,FY,-6.01E+04
F,167,FY,-1.24E+05
F,168,FY,-1.20E+05
F,169,FY,-1.13E+05
F,170,FY,-1.04E+05
F,171,FY,-9.29E+04
F,172,FY,-2.21E+04
Allsel
Solve
SAVE
Time,3
！选择2类单元
ESEL,S,TYPE,,2
！选择3类单元
ESEl,a,TYPE,,3
！对选择的单元给予"生属性"
Ealive,all
F,2,FX,5.55E+04
F,10,FX,-1.35E-05
F,11,FX,5.39E+04
F,12,FX,4.87E+04
F,13,FX,4.22E+04
F,14,FX,3.47E+04
F,15,FX,2.65E+04
F,16,FX,1.78E+04
F,17,FX,8.94E+03
F,62,FX,-5.55E+04
F,63,FX,-8.94E+03
F,64,FX,-1.78E+04
F,65,FX,-2.65E+04
F,66,FX,-3.47E+04
F,67,FX,-4.22E+04
F,68,FX,-4.87E+04
F,69,FX,-5.39E+04
F,114,FX,-4.62E+04
F,115,FX,-5.48E+04
F,116,FX,-4.57E-07
F,117,FX,-3.49E+04
F,118,FX,-2.94E+04
F,119,FX,-2.29E+04
F,120,FX,-1.57E+04
F,121,FX,-7.96E+03
F,166,FX,4.62E+04
F,167,FX,7.96E+03
F,168,FX,1.57E+04
F,169,FX,2.29E+04
F,170,FX,2.94E+04
F,171,FX,3.49E+04
F,172,FX,5.48E+04
F,2,FY,3.39E+02
F,10,FY,9.65E+04
F,11,FY,2.24E+04
F,12,FY,4.26E+04
F,13,FY,5.96E+04
F,14,FY,7.33E+04
F,15,FY,8.37E+04
F,16,FY,9.09E+04
F,17,FY,9.51E+04
F,62,FY,3.39E+02
F,63,FY,9.51E+04
F,64,FY,9.09E+04
F,65,FY,8.37E+04
F,66,FY,7.33E+04
F,67,FY,5.96E+04
F,68,FY,4.26E+04
F,69,FY,2.24E+04
F,114,FY,-6.01E+04
F,115,FY,-2.21E+04
F,116,FY,-1.25E+05
F,117,FY,-9.29E+04
F,118,FY,-1.04E+05
F,119,FY,-1.13E+05
```

F,120,FY, -1.20E+05
F,121,FY, -1.24E+05
F,166,FY, -6.01E+04
F,167,FY, -1.24E+05
F,168,FY, -1.20E+05
F,169,FY, -1.13E+05

F,170,FY, -1.04E+05
F,171,FY, -9.29E+04
F,172,FY, -2.21E+04
Allsel
Solve
SAVE

钢拱架和喷射混凝土分开计算,最终得到的结果如图7-41和图7-42所示。

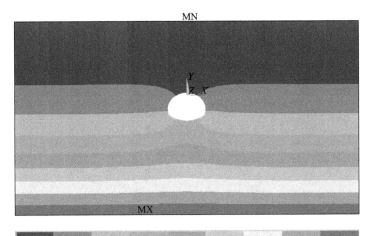

图7-41 钢拱架与喷混分开的竖向位移图(单位:m)

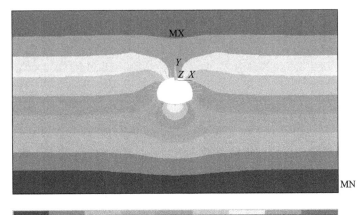

图7-42 钢拱架与喷混分开的竖向应力图(单位:Pa)

等效方法计算,最终结果如图7-43和图7-44所示。

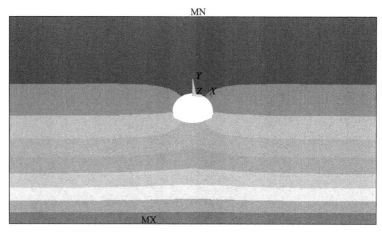

图 7-43　等效方法的竖向位移图(单位:m)

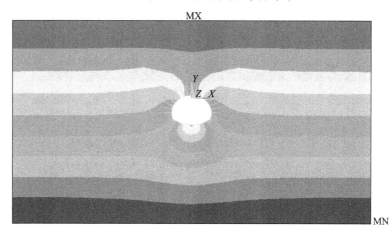

图 7-44　等效方法的竖向应力图(单位:Pa)

将两种方法计算结果中的 10 号节点的拱顶下沉对比(表 7-7),发现将钢拱架与喷射混凝土分开计算和利用等效方法进行计算所得的竖向位移和应力非常接近,拱顶下沉差值为 -0.0371m,可以忽略。由此可见,利用等效方法将钢拱架折算进混凝土中,结果合理,过程比较简便。

拱顶沉降对比　　　　　　　　　　　　　　表 7-7

钢拱架情况	拱顶变形(mm)
钢拱架和喷射混凝土分开计算	-0.866
钢拱架和喷射混凝土等效计算	-0.903

7.8 隧道支护闭合对其受力状态的影响分析

锚喷支护理论和新奥法理论都要求在隧道施工过程中,及时封闭成环,尤其是水文地质较差的情况下。支护的封闭成环改善了支护结构的受力状态,提高了围岩的稳定性和施工过程的安全性。本节以7.5节中的模型为例分析隧道初期支护闭合与否对拱顶沉降、支护受力影响,此处围岩弹性模量为 $E = 1.5 \times 10^9 \mathrm{Pa}$,模拟全断面开挖的施工方法。模拟施工过程时考虑应力释放:开挖,应力释放30%;施作初期支护,应力释放50%;具体命令流如下:

```
/TITLE,Mechanical analysis on railway
tunnel 1st lining  ！确定分析标题
/NOPR
！菜单过滤设置
/PMETH,OFF,0
KEYW,PR_SET,1
KEYW,PR_STRUC,1
！保留结构分析部分菜单
/COM,Preferences for GUI filtering have
been set to display:
/COM,  Structural
/PREP7
！设置实体单元(土体)类型
ET,1,PLANE182
KEYOPT,1,1,0
KEYOPT,1,3,2
KEYOPT,1,6,0
！设置梁单元(喷射混凝土)
ET,2,BEAM188
！设置梁单元(喷射混凝土)
ET,3,BEAM188
！设置杆单元(锚杆)
ET,4,LINK180
！设置杆单元(锚杆)几何常数
R,1,0.0005,,0
SECTYPE,  1,BEAM,RECT,,0
SECOFFSET,CENT
SECDATA,0.2,1,0,0,0,0,0,0,0,0,0,0
MPTEMP,,,,,,,,
MPTEMP,1,0
！输入弹性模量(围岩)
MPDATA,EX,1,,1.5e9
！输入泊松比(围岩)
MPDATA,PRXY,1,,0.32
！输入密度(围岩)
MPDATA,DENS,1,,2200
！输入弹性模量(喷射混凝土)
MPDATA,EX,2,,27.5e9
！输入泊松比(喷射混凝土)
MPDATA,PRXY,2,,0.2
！输入密度(喷射混凝土)
MPDATA,DENS,2,,2500
！输入弹性模量(锚杆)
MPDATA,EX,3,,200e9
！输入泊松比(锚杆)
MPDATA,PRXY,3,,0.3
！输入密度(锚杆)
MPDATA,DENS,3,,7800
```

SAVE
! 创建隧道轮廓线关键点
K,1,0,0,,
K,2,5.45,0,,
K,3,0,5.45,,
K,4,-5.45,0,,
K,5,-5.0838,-1.964,,
K,6,0,-4.15,,
K,7,5.0838,-1.964,,
! 创建锚杆加固区域关键点
K,8,8.45,0,,
K,9,0,8.45,,
K,10,-8.45,0,,
K,11,13,0,,
K,12,0,13,,
K,13,-13,0,,
K,14,-13,13,,
K,15,13,13,,
K,16,8.45,-8.45,,
K,17,-8.45,-8.45,,
K,18,-13,-13,,
K,19,13,-13,,
! 创建计算区域关键点
K,20,0,26,,
K,21,13,26,,
K,22,-13,26,,
K,23,-13,-34,,
K,24,13,-34,,
K,25,0,-34,,
K,26,50,-34,,
K,27,-50,-34,,
K,28,-50,26,,
K,29,50,26,,
K,30,50,13,,
K,31,50,0,,
K,32,50,-13,,
K,33,-50,-13,,
K,34,-50,0,,
K,35,-50,13,,
K,36,0,-8.45
K,37,0,-13
K,38,2.8653,-3.5371
K,39,-2.8653,-3.5371
SAVE
LARC,2,3,1,5.45,
! *绘制隧道轮廓线
LARC,3,4,1,5.45,
LARC,4,5,1,5.45,
LARC, 5, 6, 39
LARC,7,2,1,5.45,
LARC,8,9,1,8.45,
! *绘制锚杆加固区域线
LARC,9,10,1,8.45,
LSTR, 1, 2
! *绘制其他分割线
LSTR, 1, 3
LSTR, 1, 4
LSTR, 1, 6
LSTR, 2, 8
LSTR, 4, 10
LSTR, 8, 11
LSTR, 11, 15
LSTR, 15, 12
LSTR, 12, 9
LSTR, 12, 14
LSTR, 14, 13
LSTR, 13, 10
LSTR, 10, 17
LSTR, 13, 18
LSTR, 8, 16
LSTR, 11, 19
LSTR, 17, 36

LSTR,	36,	16		!采用线创建面,依次创建24个面
LSTR,	6,	36		Al, 8, 1, 9,
LSTR,	36,	37		Al, 9, 2, 10,
LSTR,	18,	37		Al, 10, 3, 4, 11,
LSTR,	37,	19		Al, 11, 60, 5, 8,
LSTR,	37,	25		Al, 12, 6, 59, 1,
LSTR,	19,	24		Al, 59, 7, 13, 2,
LSTR,	18,	23		Al, 27, 26, 23, 12, 5, 60,
LSTR,	14,	22		Al, 27, 25, 21, 13, 3, 4,
LSTR,	12,	20		Al, 14, 15, 16, 17, 6,
LSTR,	15,	21		Al, 17, 7, 20, 19, 18,
LSTR,	22,	20		Al, 20, 21, 25, 28, 29, 22,
LSTR,	20,	21		Al, 30, 24, 14, 23, 26, 28,
LSTR,	23,	25		Al, 39, 31, 29, 33,
LSTR,	25,	24		Al, 40, 32, 30, 31,
LSTR,	24,	26		Al, 41, 51, 42, 32,
LSTR,	19,	32		Al, 42, 52, 43, 24,
LSTR,	11,	31		Al, 43, 53, 44, 15,
LSTR,	15,	30		Al, 44, 54, 45, 36,
LSTR,	21,	29		Al, 16, 35, 38, 36,
LSTR,	22,	28		Al, 18, 34, 37, 35,
LSTR,	14,	35		Al, 47, 58, 46, 34,
LSTR,	13,	34		Al, 48, 57, 47, 19,
LSTR,	18,	33		Al, 49, 56, 48, 22,
LSTR,	23,	27		Al, 50, 55, 49, 33,
LSTR,	26,	32		SAVE
LSTR,	32,	31		!设置单元大小,即L1线划分成8个单元
LSTR,	31,	30		
LSTR,	30,	29		lesize,1,,,8,,,,,1
LSTR,	27,	33		!设置将要创建单元的类型
LSTR,	33,	34		TYPE, 1
LSTR,	34,	35		!设置将要创建单元的材料
LSTR,	35,	28		MAT, 1
LSTR,	3,	9		lesize,2,,,8,,,,,1
LARC,	6,	7,	38	lesize,3,,,2,,,,,1
SAVE				lesize,4,,,6,,,,,1

lesize,5,,,2,,,,,1
lesize,6,,,8,,,,,1
lesize,7,,,8,,,,,1
lesize,8,,,8,,,,,1
lesize,9,,,8,,,,,1
lesize,10,,,8,,,,,1
lesize,11,,,8,,,,,1
lesize,12,,,3,,,,,1
lesize,13,,,3,,,,,1
lesize,14,,,3,,,,,1
lesize,15,,,4,,,,,1
lesize,16,,,4,,,,,1
lesize,17,,,3,,,,,1
lesize,18,,,4,,,,,1
lesize,19,,,4,,,,,1
lesize,20,,,3,,,,,1
lesize,21,,,4,,,,,1
lesize,22,,,4,,,,,1
lesize,23,,,4,,,,,1
lesize,24,,,4,,,,,1
lesize,25,,,4,,,,,1
lesize,26,,,4,,,,,1
lesize,27,,,3,,,,,1
lesize,28,,,3,,,,,1
lesize,29,,,4,,,,,1
lesize,30,,,4,,,,,1
lesize,31,,,5,,,,,1
lesize,32,,,5,,,,,1
lesize,33,,,5,,,,,1
lesize,34,,,4,,,,,1
lesize,35,,,4,,,,,1
lesize,36,,,4,,,,,1
lesize,37,,,4,,,,,1
lesize,38,,,4,,,,,1
lesize,39,,,4,,,,,1
lesize,40,,,4,,,,,1
lesize,41,,,8,,,,,1
lesize,42,,,8,,,,,1
lesize,43,,,8,,,,,1
lesize,44,,,8,,,,,1
lesize,45,,,8,,,,,1
lesize,46,,,8,,,,,1
lesize,47,,,8,,,,,1
lesize,48,,,8,,,,,1
lesize,49,,,8,,,,,1
lesize,50,,,8,,,,,1
lesize,51,,,5,,,,,1
lesize,52,,,4,,,,,1
lesize,53,,,4,,,,,1
lesize,54,,,4,,,,,1
lesize,55,,,5,,,,,1
lesize,56,,,4,,,,,1
lesize,57,,,4,,,,,1
lesize,58,,,4,,,,,1
lesize,59,,,3,,,,,1
lesize,60,,,6,,,,,1
!划分面1,依次单击关键点1,2,3进行映射
AMAP,1,1,2,3,
AMAP,2,1,3,4,
AMAP,3,1,4,6,
!面1到4,为隧道内开挖土体
AMAP,4,6,2,1,
!划分锚固加固区围岩单元,包括面5和6
AMAP,5,2,8,9,3
AMAP,6,3,9,10,4
AMAP,7,6,36,8,2
AMAP,8,4,10,36,6
!采用映射划分中心区域其他面
AMAP,9,8,11,12,9
AMAP,10,9,12,13,10

AMAP,11,10,13,37,36
AMAP,12,36,37,11,8
！划分周边区域面
amesh,13,24,1
SAVE
！设置将要创建单元的类型
TYPE,   2
！设置将要创建单元的材料
MAT,   2
SECNUM,   1
！通过两个节点创建梁单元
E,2,11
E,11,12
E,12,13
E,13,14
E,14,15
E,15,16
E,16,17
E,17,10
E,10,63
E,63,64
E,64,65
E,65,66
E,66,67
E,67,68
E,68,69
E,69,62
E,62,115
E,115,114
E,114,117
E,171,166
E,166,172
E,172,2
！设置将要创建单元的类型
TYPE,   3
！设置将要创建单元的材料

MAT,   2
SECNUM,   1
E,117,118
E,118,119
E,119,120
E,120,121
E,121,116
E,116,167
E,167,168
E,168,169
E,169,170
E,170,171
！设置将要创建单元的类型
TYPE,   4
！设置将要创建单元的材料
MAT,   3
！设置将要创建单元的几何常数
REAL,   1
！通过两个节点创建梁单元
E,2,211
E,211,212
E,212,210
E,11,223
E,223,230
E,230,214
E,12,224
E,224,231
E,231,215
E,13,225
E,225,232
E,232,216
E,14,226
E,226,233
E,233,217
E,15,227
E,227,234

E,234,218
E,16,228
E,228,235
E,235,219
E,17,229
E,229,236
E,236,220
E,10,221
E,221,222
E,222,213
E,63,247
E,247,254
E,254,238
E,64,248
E,248,255
E,255,239
E,65,249
E,249,256
E,256,240
E,66,250
E,250,257
E,257,241
E,67,251
E,251,258
E,258,242
E,68,252
E,252,259
E,259,243
E,69,253
E,253,260
E,260,244
E,62,245
E,245,246
E,246,237
Allsel
FINISH

/SOL
Time,1
NSEL,S,LOC,X,−50.1,−49.9
NSEL,A,LOC,X,49.9,50.1
! 在选择的节点上施加 X 方向约束
d,all,ux
Allsel
NSEL,S,LOC,Y,−34.1,−33.9
! 在选择的节点上施加 Y 方向约束
d,all,uy
! 在 Y 方向施加重力加速度
ACEL,0,10,0,
SAVE
! 采用全牛顿-拉普森法进行求解
NROPT,FULL,,
Allsel
! 选择 2 类单元
ESEL,S,TYPE,,2
! 选择 3 类单元
ESEL,A,TYPE,,3
! 选择 4 类单元
ESEL,A,TYPE,,4
! 对选择的单元给予"死属性"
Ekill,all
Nsle,s,1
D,all,,,,,,UZ,ROTX,ROTY,,,
Allsel
Solve
Time,2
! 选择上台阶面
ASEL,S,,,1,2,1
! 选择下台阶面
ASEL,A,,,3,4,1
! 选择上台阶土体单元
ESLA,R
! 对选择的单元给予"死属性"

Ekill,all
! 选择 2 类单元
ESEL,S,TYPE,,2
! 选择 3 类单元(必须全部杀死)
ESEL,A,TYPE,,3
! 选择 4 类单元
ESEL,A,TYPE,,4
! 对选择的单元给予"死属性"
Ekill,all
Nsle,s,1
D,all,,,,,UZ,ROTX,ROTY,,,
Allsel
F,2,FX,1.94E+05
F,10,FX,-4.71E-05
F,11,FX,1.89E+05
F,12,FX,1.71E+05
F,13,FX,1.48E+05
F,14,FX,1.21E+05
F,15,FX,9.26E+04
F,16,FX,6.24E+04
F,17,FX,3.13E+04
F,62,FX,-1.94E+05
F,63,FX,-3.13E+04
F,64,FX,-6.24E+04
F,65,FX,-9.26E+04
F,66,FX,-1.21E+05
F,67,FX,-1.48E+05
F,68,FX,-1.71E+05
F,69,FX,-1.89E+05
F,114,FX,-1.62E+05
F,115,FX,-1.92E+05
F,116,FX,-1.60E-06
F,117,FX,-1.22E+05
F,118,FX,-1.03E+05
F,119,FX,-8.02E+04
F,120,FX,-5.48E+04

F,121,FX,-2.79E+04
F,166,FX,1.62E+05
F,167,FX,2.79E+04
F,168,FX,5.48E+04
F,169,FX,8.02E+04
F,170,FX,1.03E+05
F,171,FX,1.22E+05
F,172,FX,1.92E+05
F,2,FY,1.19E+03
F,10,FY,3.38E+05
F,11,FY,7.85E+04
F,12,FY,1.49E+05
F,13,FY,2.09E+05
F,14,FY,2.57E+05
F,15,FY,2.93E+05
F,16,FY,3.18E+05
F,17,FY,3.33E+05
F,62,FY,1.19E+03
F,63,FY,3.33E+05
F,64,FY,3.18E+05
F,65,FY,2.93E+05
F,66,FY,2.57E+05
F,67,FY,2.09E+05
F,68,FY,1.49E+05
F,69,FY,7.85E+04
F,114,FY,-2.10E+05
F,115,FY,-7.72E+04
F,116,FY,-4.38E+05
F,117,FY,-3.25E+05
F,118,FY,-3.63E+05
F,119,FY,-3.95E+05
F,120,FY,-4.18E+05
F,121,FY,-4.33E+05
F,166,FY,-2.10E+05
F,167,FY,-4.33E+05
F,168,FY,-4.18E+05

F,169,FY,-3.95E+05
F,170,FY,-3.63E+05
F,171,FY,-3.25E+05
F,172,FY,-7.72E+04
Allsel
Solve
SAVE
Time,3
! 选择 2 类单元
ESEL,S,TYPE,,2
! 如果闭合初期支护就需要激活仰拱初期支护
! ESEL,A,TYPE,,3
! 选择 4 类单元
ESEL,A,TYPE,,4
! 对选择的单元给予"生属性"
Ealive,all
allsel
F,2,FX,5.55E+04
F,10,FX,-1.35E-05
F,11,FX,5.39E+04
F,12,FX,4.87E+04
F,13,FX,4.22E+04
F,14,FX,3.47E+04
F,15,FX,2.65E+04
F,16,FX,1.78E+04
F,17,FX,8.94E+03
F,62,FX,-5.55E+04
F,63,FX,-8.94E+03
F,64,FX,-1.78E+04
F,65,FX,-2.65E+04
F,66,FX,-3.47E+04
F,67,FX,-4.22E+04
F,68,FX,-4.87E+04
F,69,FX,-5.39E+04
F,114,FX,-4.62E+04

F,115,FX,-5.48E+04
F,116,FX,-4.57E-07
F,117,FX,-3.49E+04
F,118,FX,-2.94E+04
F,119,FX,-2.29E+04
F,120,FX,-1.57E+04
F,121,FX,-7.96E+03
F,166,FX,4.62E+04
F,167,FX,7.96E+03
F,168,FX,1.57E+04
F,169,FX,2.29E+04
F,170,FX,2.94E+04
F,171,FX,3.49E+04
F,172,FX,5.48E+04
F,2,FY,3.39E+02
F,10,FY,9.65E+04
F,11,FY,2.24E+04
F,12,FY,4.26E+04
F,13,FY,5.96E+04
F,14,FY,7.33E+04
F,15,FY,8.37E+04
F,16,FY,9.09E+04
F,17,FY,9.51E+04
F,62,FY,3.39E+02
F,63,FY,9.51E+04
F,64,FY,9.09E+04
F,65,FY,8.37E+04
F,66,FY,7.33E+04
F,67,FY,5.96E+04
F,68,FY,4.26E+04
F,69,FY,2.24E+04
F,114,FY,-6.01E+04
F,115,FY,-2.21E+04
F,116,FY,-1.25E+05
F,117,FY,-9.29E+04
F,118,FY,-1.04E+05

F,119,FY,-1.13E+05	ESEL,S,TYPE,,2
F,120,FY,-1.20E+05	ESEL,A,TYPE,,3
F,121,FY,-1.24E+05	!创建梁单元内力表
F,166,FY,-6.01E+04	ETABLE,,SMISC,6
F,167,FY,-1.24E+05	ETABLE,,SMISC,19
F,168,FY,-1.20E+05	ETABLE,,SMISC,1
F,169,FY,-1.13E+05	ETABLE,,SMISC,14
F,170,FY,-1.04E+05	ETABLE,,SMISC,3
F,171,FY,-9.29E+04	ETABLE,,SMISC,16
F,172,FY,-2.21E+04	!绘制弯矩图
Allsel	PLLS,SMIS6,SMIS19,-0.3,0
Solve	!绘制轴力图
SAVE	PLLS,SMIS1,SMIS14,0.2,0
/POST1 !进入后处理器	!绘制剪力图
!选择二次衬砌混凝土梁单元	PLLS,SMIS3,SMIS16,0.2,0

初期支护(初支)不闭合与初期支护闭合的模型见图7-45。两种情况计算结果表明，初期支护没有封闭的情况下的拱顶下沉比封闭情况下大0.011mm。由图7-46、图7-47可知，初期支护的轴力、弯矩和剪力在封闭的情况下大于未封闭情况,封闭成环以后，初期支护的受力变得更加合理,围岩的变形受到控制。

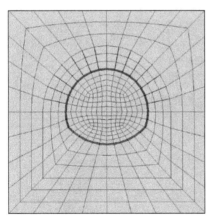

a)初期支护闭合   b)初期支护不闭合

图7-45 初期支护闭合情况模型图

通过以上两种方法的计算,得出初期支护弯矩、轴力、剪力对比图如图7-46~图7-48所示。

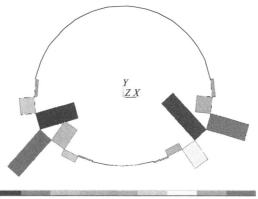

a) 初期支护闭合

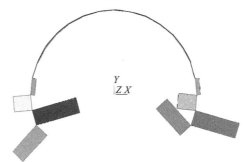

b) 初期支护不闭合

图 7-46　初期支护弯矩对比图（单位：N·m）

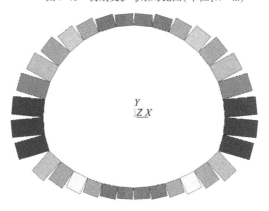

a) 初期支护闭合

图　7-47

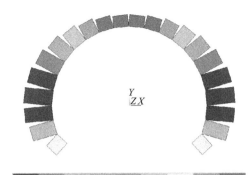

b) 初期支护不闭合

图 7-47 初期支护轴力对比图(单位:N)

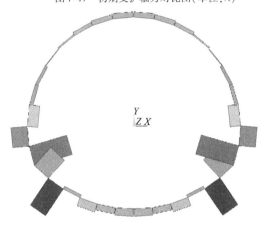

a) 初期支护闭合

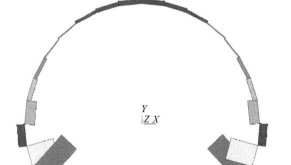

b) 初期支护不闭合

图 7-48 初期支护剪力对比图(单位:N)

1. 请详述应力释放的过程。
2. 台阶法开挖过程中,怎样将施工步骤转换为荷载步?
3. 注浆加固怎样模拟?
4. 将 7-5 中例 7-2 的初始围岩材料改为Ⅳ级围岩,请读者自行设计加固材料参数,模拟加固过程。

第8章

隧道施工过程的三维数值模拟

为了获得复杂地质条件下的隧道施工过程中围岩和支护结构的力学响应,准确体现掌子面的"空间效应",需要进行隧道施工过程的三维数值模拟分析。隧道施工过程的三维数值模拟对施工工艺、施工方法、支护参数、安全性评价等具有重要的支撑作用和指导意义,本章就常见单线隧道、交叉隧道等情况开展数值模拟分析。

8.1 区间隧道施工过程的三维模拟

8.1.1 工程概述

某城市地铁区间隧道的最大跨度 $B=5.3624\mathrm{m}$,最大高度 $H=6.673\mathrm{m}$,埋深为 $12.0\mathrm{m}$。隧道所处围岩级别为Ⅳ级围岩。该隧道属于小断面隧道,采用全断面法施工方法。计算边界时取左右边界为 4~5 倍隧道的跨度,下边界为 4~5 倍隧道的高度。仅考虑土体的自重应力,即重力加速度 $g=9.8\mathrm{m/s^2}$;在左右边界施加水平方向的约束,在下边界施加竖直方向的约束,上边界为自由边界。

提示:在进行隧道施工力学行为分析时,即开挖数值模拟分析过程中,第一步是自重应力场模拟,即施加重力加速度。但要注意的是该值必须为正,即在图上表现为方向向上,数值可以为 9.8,也可以为 10。如果重力加速度取负值,方向向下,则通过计算结果可以看出围岩承受向上的拉力,围岩在重力作用下向上隆起不符合实际。

为了提高计算速度,不考虑围岩的塑性性能。二次衬砌的厚度为40cm,采用C30钢筋混凝土;初期支护的厚度为20cm,采用C25喷射混凝土。材料计算参数见表8-1。隧道模型全长50m,每天开挖进尺为1m。本隧道采用全断面开挖的方法施工,每个循环施工步骤为:①开挖;②施作初期支护,距离掌子面1m;③施作二次衬砌,距离掌子面20m。在ANSYS模拟过程中,采用循环语句实现开挖、支护步骤,共循环50次,完成隧道开挖。在数值模拟中,Shell63单元模拟二次衬砌,Solid45单元模拟围岩和初期支护。隧道的断面尺寸简图如图8-1所示。

材料物理力学参数表　　　　　　　　　　　　　　　表8-1

围岩及结构	弹性模量(GPa)	重度(kN/m³)	泊松比	黏聚力(MPa)	内摩擦角(°)
Ⅳ级围岩	1.329	23.23	0.32	0.3	28
初期肢护	23	22.0	0.2	—	—
二次衬砌	31	25.0	0.2	—	—

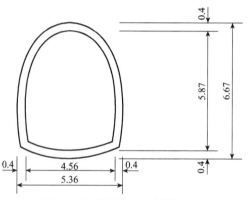

图8-1　隧道轮廓图(尺寸单位:m)

8.1.2　有限元模型的建立

建模基本思路:采用Mesh200单元建立线模型和面模型,然后将线模型拉伸为壳模型,面模型拉伸成体模型。

1. 启动ANSYS程序

(1)以交互方式从开始菜单启动ANSYS程序。路径:开始 > 主程序 > ANSYS > configure > ANSYS Products。

(2)设置工作路径和文件名。单击FileManagement选项卡,在目录中输入:D:Ansys-FX\CH8Examp,在项目名中输入Z8PTAWT。

(3)定义分析类型。路径:MainMenu > Preferences. 在系统弹出的对话框中,选中Structural(结构)复选项,然后单击OK按钮。此项设置表明本次进行的有限元分析为结构分析,可以过滤许多菜单,如关于热分析和磁场分析的菜单等。同时,程序的求解方法为 h-Method。计算命令流如下。

```
/TITLE,Mechanicalanalysisonsectionalmetrotunnelbasedonminemethod  ！确定分析标题
/NOPR ！菜单过滤设置
/PMETH,OFF,0
KEYW,PR_SET,1
KEYW,PR_STRUC,1                    ！保留结构分析部分菜单
```

2. 单元参数和几何参数定义

```
！定义相关几何参数
！以下为面 2 的几何参数,该面为矩形,最左下角顶点
！坐标为 x1 和 y1,矩形的宽度为 w1、高为 h1
！所有长度单位为 m
x1 = -12
y1 = -12
w1 = 28.9
h1 = 30.15
！面 3 的几何参数
x2 = -25
y2 = -12
w2 = 13
h2 = 30.15
！面 4 的几何参数
x3 = 16.9
y3 = -12
w3 = 13
h3 = 30.15
！面 5 的几何参数
x4 = -25
y4 = -30
w4 = 54.9
h4 = 18
！二次衬砌衬砌的厚度
th = 0.4
！取隧道纵向长度为 50m,每天开挖 5m,10 天施工完成
length_z = 50
！定义单元类型、实常数、材料属性
/prep7
```

！3-D 线单元 2 节点
et,1,mesh200,2
！3-D 面单元 4 节点
et,2,mesh200,6
！用于模拟支护结构的壳单元
et,3,SHELL63
！用于模拟围岩的三维实体单元
et,4,SOLID45
！壳单元的厚度,单位
r,1,th,th,th,th
！围岩材料属性
mp,ex,1,1.329e9
！泊松比,无单位
mp,prxy,1,0.32
mp,dens,1,2323
！初期支护 20cmC25 材料属性,弹性模型,单位 Pa
mp,ex,2,2.3e10
mp,prxy,2,0.2
mp,dens,2,2200
！二衬衬砌 40cmC30 材料属性,弹性模型,单位 Pa
mp,ex,3,3.1e10
mp,prxy,3,0.2
mp,dens,3,2500
Save

3. 建立几何模型

通过点-线-面的模式建立几何模型。
！关键点的序号按默认值从小到大递增
k,1,0,0
k,2,0,3.85
k,3,0.88,5.5
k,4,2.45,6.15
k,5,4.02,5.5
k,6,4.9,3.85
k,7,4.9,0
Save
！由两个端点,曲率中心上的任意一点以及半径生成弧线

larc,1,2,6,8.13
larc,2,3,6,3.21
larc,3,4,6,2.22
larc,4,5,2,2.22
larc,5,6,2,3.21
larc,6,7,2,8.13
larc,7,1,4,6
! 由 7 条圆弧线生成被挖去部分土体面,如图 8-2 所示
a,1,2,3,4,5,6,7
Save
k,8,−0.14142,−0.14142
k,9,−0.17142,3.949579
k,10,0.791379,5.688579
k,11,2.455579,6.377579
k,12,4.119779,5.688579
k,13,5.072579,3.949579
k,14,5.052579,−0.14142
larc,8,9,13,8.33
larc,9,10,13,3.41
larc,10,11,13,2.42
larc,11,12,8,2.42
larc,12,13,8,3.41
larc,13,14,8,8.33
larc,14,8,11,6.2
a,8,9,10,11,12,13,14
Save

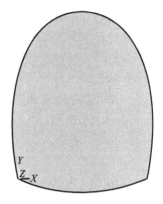

图 8-2 被开挖部分

Blc4,x1,y1,w1,h1   ！创建面 3
Blc4,x2,y2,w2,h2   ！创建面 4
Blc4,x3,y3,w3,h3   ！创建面 5
Blc4,x4,y4,w4,h4   ！创建面 6
/pnum,area,1   ！显示面编号
Aplot   ！显示面
Save
! 对 6 个面进行重叠操作
aovl,1,2,3,4,5,6
! 合并重复元素并保留低编号号码

nummrg,all,,,,low
！压缩各元素编号号码
numcmp,all
Save
l,8,15
l,14,16
l,13,17
l,9,18
！进行布尔操作,用所选择的14,28,29三条线分割面5
lsel,s,,,28,29,1
lsel,a,,,14
asbl,5,all
！用8,28,31三条线分割面
lsel,s,,,28,31,3
lsel,a,,,8
asbl,8,all
！用13,29,30三条线分割面
lsel,s,,,29,30,1
lsel,a,,,13
asbl,9,all
allsel
！合并重复元素并保留低编号号码
nummrg,all,,,,low
！压缩各元素编号号码
numcmp,all
Save

经过布尔运算后的面模型如图8-3所示。

4.建立网格模型

首先通过设定线的单元数量控制单元大小和数量,然后进行面的网格划分。

lsel,s,,,2,5,1   ！选择线2~5
Lcom,all   ！将线2~5合并为一条线
lesize,all,,,8   ！将合并的线的单元数设置为8
allsel

lsel,s,,,6,7,1   ！选择线6和7
lsel,a,,,1   ！再选线1
lesize,all,,,8   ！将选择的线的单元数设置为8

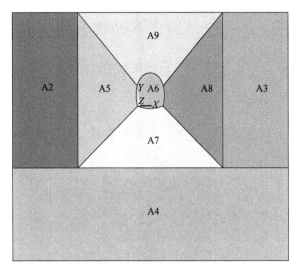

图 8-3 布尔运算后的面模型

allsel	
lsel,s,,,9,12,1	!选择线 9~12
Lcom,all	!将线 9~12 合并为一条线
lesize,all,,,8	!将合并的线的单元数设置为 8
allsel	
lsel,s,,,13,14,1	!选择线 13 和 14
lsel,a,,,8	!再选线 8
lesize,all,,,8	!将选择的线的单元数设置为 8
allsel	
lsel,s,,,15,20,1	!选择线 15~20
lesize,all,,,8	!设置单元数为 8
allsel	
lsel,s,,,28,31	!选择线 28~31
lesize,all,,,6	!设置单元数为 6
allsel	
lsel,s,,,22,25	!选择线 22~25
lesize,all,,,3	!设置单元数为 3
allsel	
lsel,s,,,26,27	!选择线 26~27
lesize,all,,,4	!设置单元数为 4
allsel	

```
lsel,s,,,21                    ! 选择线 21
lesize,all,,,14                ! 设置单元数为 14
allsel
type,2                         ! 选择单元类型 2
allsel
amesh,all
Save                           ! 保存数据库,所有面单位网格模型如图 8-4
                                 所示
```

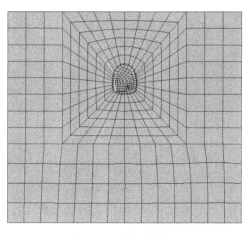

图 8-4　面单位网格模型

通过将划分单元的面沿着划分好单元尺寸的线拉伸生成三维几何模型及相应的单元网格模型。

```
Allsel                         ! 选择所有的元素
k,1000,,,-length_z             ! 定义一个辅助关键点
l,1,1000                       ! 定义一条辅助线
lesize,3,,,length_z            ! 设置单元数为 length_z
allsel                         ! 对面元素进行反向选择操作,得到当前有效面
                                 为 Z=0 的面
EXTOPT,ACLEAR,1                ! 清除面单元(被拉伸的面单元)
TYPE,4                         ! 设置单元类型 4,围岩实体单元
MAT,1                          ! 设置单元材料常数为 2
VDRAG,all,,,,,,3               ! 沿着线 3 拉伸面,为周围围岩实体单元网格
Allsel                         ! 选择所有元素,拉伸完毕后的模型如图 8-5 所
                                 示,整个实体有限元模型如图 8-6 所示
```

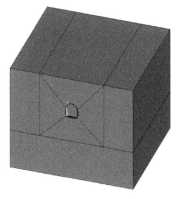 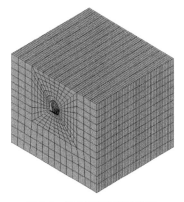

图 8-5　面拉伸成体的几何模型图　　　图 8-6　整个实体有限元模型

```
Vsel,s,,,1
Asel,s,,,10,13
type,3                    ！选择单元类型3,表示壳单元
real,1                    ！选择壳单元实常数
mat,3                     ！选择壳单元材料实常数
amesh,all                 ！对选择的面划分单元
Save                      ！保存数据库,壳单位网格模型如图8-7所示
```

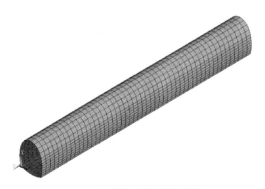

8-7　支护结构壳单元网格模型

```
！开挖部分土体的设置开挖组
Vsel,s,,,1,6,5            ！选择开挖的土体
Cm,kaiwa,volu
Allsel
Vsel,s,,,6                ！选择初期支护的体
Cm,chuzhi,volu
Save                      ！保存数据库
```

8.1.3　加载与求解

1. 施加边界、加载与自重应力场求解

(1) 定义分析选项。

/solu	！进入求解器
antype,static	！设置分析类型为静态分析
deltim,0.1,0.05,0.2	！设置时间步,总长0.1,最小0.05,最大0.2
autots,on	！使用自动时间步
pred,on	！打开时间步长预测器
lnsrch,on	！打开线性搜索
nlgeom,on	！打开大位移效果
nropt,full	！设定牛顿-拉普森选项
cnvtol,f,,0.02,2,0.5	！设定力收敛条件
Save	

(2) 施加边界条件。

asel,s,loc,x,x2	！选择左侧面
asel,a,loc,x,x2+w4	！选择右侧面
da,all,ux,0	！对左右面上所有节点施加 X 方向位移约束
allsel	！选择所有元素
asel,s,loc,y,y4	！选择底面
da,all,uy,0	！对底面上所有节点施加 Y 方向位移约束
allsel	
asel,s,loc,z,−length_z	！选择后面
asel,a,loc,z,0	！选择前面
da,all,uz,0	！对前后面上所有节点施加 Z 方向位移约束
allsel	！选择所有元素

(3) 施加重力加速度并求解自重应力场,然后写初应力场文件。

acel,,10	！施加重力加速度
save	
esel,s,type,,3	！选择单元类型3(壳单元)
ekill,all	！杀死单元类型3,即在隧道未修建前的自重应力场中不存在壳单元
allsel	！选择所有元素
Iswrite,1	！写初应力场文件
Solve	！进行自重地应力场模拟计算

Save,zizhong,db
FINISH

2. 隧道开挖过程的模拟分析

基本思路：将开挖单元设置为"死属性"，距离掌子面1m，激活初期支护结构单元，并赋予初期支护参数，距离掌子面20m，激活二衬衬砌壳单元。采用循环语句实现，设定每个循环开挖进尺1m，50m需要50个循环，其命令流如下。

/SOL！模拟隧道修建过程
Allsel
Esel,u,type,,3
Isfile,read,,ist,,1   ！读入初应力场文件
Solve
ALLSEL
*do,ii,1,50,1   ！循环开始
！以下进行开挖，先选择每次开挖的围岩单元，将其赋予"死属性"
Allsel
Cmsel,s,kaiwa
Nslv,s,1
nsel,r,loc,z,0.1-(ii-1)*1,-(1.1+(ii-1)*1)
esln,r,1
ekill,all
！以下进行初期支护结构的施加，先选择初期支护单元，将其赋予"生属性"，再赋予初期支护参数，距离掌子面1m
Allsel
Cmsel,s,chuzhi
Nslv,s,1
nsel,r,loc,z,1.1-(ii-1)*1,-0.1-(ii-1)*1
esln,r,1
esel,u,type,,3
ealive,all
mpchg,2,all
！以下进行二衬衬砌结构的施加，先选择支护结构壳单元，将其赋予"生属性"，距离掌子面20m
Allsel
Esel,s,type,,3
Nsle,s,1
nsel,r,loc,z,20.1-(ii-1)*1,18.9-(ii-1)*1

```
esln,r,1
ealive,all
allsel
Solve                              ! 求解
*enddo                             ! 循环结束
Save                               ! 保存数据库
```

8.1.4 后处理

支护结构位移和等效应力

```
/post1                             ! 进入后处理器
Esel,s,type,,3
SET,6,LAST,1,                      ! 设置第 5 次开挖进尺计算步
PLNSOL,U,Y,0,1                     ! 绘制 Y 方向的位移,如图 8-8a)所示
SET,26,LAST,1,                     ! 设置第 25 次开挖进尺计算步
PLNSOL,U,Y,0,1                     ! 绘制 Y 方向的位移,如图 8-8b)所示
SET,51,LAST,1,                     ! 设置第 50 次开挖进尺计算步
PLNSOL,U,Y,0,1                     ! 绘制 Y 方向的位移,如图 8-8c)所示
SET,6,LAST,1,                      ! 设置第 5 次开挖进尺计算步
PLNSOL,S,EQV,0,1                   ! 绘制等效应力,如图 8-9a)所示
SET,26,LAST,1,                     ! 设置第 25 次开挖进尺计算步
PLNSOL,S,EQV,0,1                   ! 绘制等效应力,如图 8-9b)所示
SET,51,LAST,1,                     ! 设置第 50 次开挖进尺计算步
PLNSOL,S,EQV,0,1                   ! 绘制等效应力,如图 8-9c)所示
```

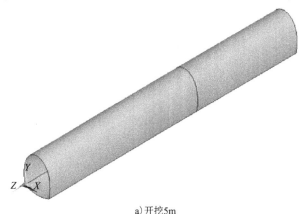

a) 开挖5m

图 8-8

b) 开挖25m

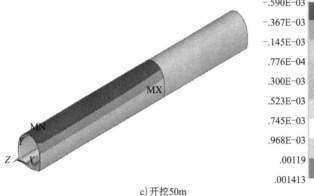

c) 开挖50m

图 8-8　开挖后隧道二次衬砌结构竖向变形

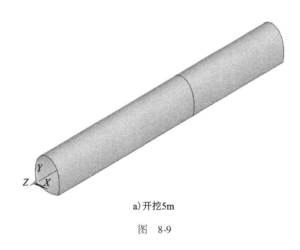

a) 开挖5m

图　8-9

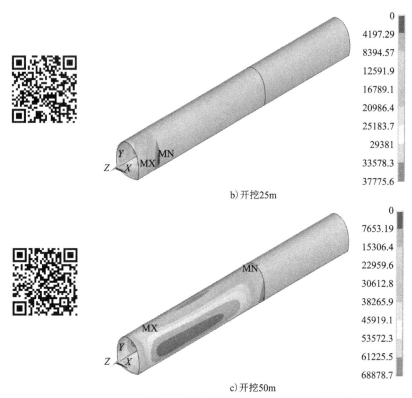

b) 开挖25m

c) 开挖50m

图 8-9　开挖后隧道二次衬砌结构等效应力分布

8.1.5　结果分析

由图 8-10 可得,地表沉降及洞内变形随着与掌子面距离关系呈现如下规律:掌子面开挖时,沉降最大,随着掌子面的前进,沉降量不断增大,但沉降速率明显减缓。

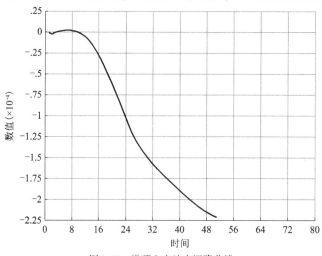

图 8-10　拱顶上方地表沉降曲线

由《混凝土结构设计规范》(GB 50010—2010)可知,C30 混凝土的抗压强度为 14.3MPa,抗拉强度为 1.43MPa。衬砌的最大拉应力为 0.072MPa,未超过抗拉强度。

8.2 二次衬砌施作时机与围岩稳定状态的关系

本节在 8.1 中模型的基础上,探究二次衬砌与掌子面的距离对围岩稳定性的影响,即二次衬砌施作时机与围岩稳定状态的关系。二次衬砌的位置与掌子面始终保持固定的距离,此距离的远近代表二次衬砌施作时间的早晚。

如图 8-11 所示,在隧道施工过程中,每一循环掘进 1m,在距掌子面 1m 处施作初期支护,在距掌子面一定距离处施作二次衬砌。8.1 节中模拟了二次衬砌距掌子面 20m 的工况。本节模拟二次衬砌距掌子面 30m 的工况,并进行两个工况的对比。

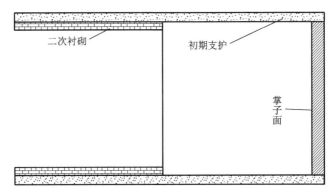

图 8-11 二次衬砌、初期支护与掌子面位置关系图

在下列循环语句中,根据距离的不同修改相应的命令流。

```
Allsel
Esel,s,type,,3
Nsle,s,1
nsel,r,loc,z,20.1-(ii-1)*1,18.9-(ii-1)*1
esln,r,1
ealive,all
```

其中,nsel,r,loc,z,20.1-(ii-1)*1,18.9-(ii-1)*1 即为二次衬砌与掌子面相距 20m 的情况;将 nsel,r,loc,z,20.1-(ii-1)*1,18.9-(ii-1)*1 修改为 nsel,r,loc,z,30.1-(ii-1)*1,28.9-(ii-1)*1,即为二次衬砌与掌子面相距 30m 的情况。具体命令流如下。

1. 启动 ANSYS 程序

/TITLE,Mechanicalanalysisonsectionalmetrotunnelbasedonminemethod！确定分析标题
/NOPR！菜单过滤设置
/PMETH,OFF,0
KEYW,PR_SET,1
KEYW,PR_STRUC,1   ！保留结构分析部分菜单

2. 单元参数和几何参数定义

！定义相关几何参数。
！以下为面 2 的几何参数,该面为矩形,最左下角顶点
！坐标为 $x1$ 和 $y1$,矩形的宽度为 $w1$、高为 $h1$
！所有长度单位为 m
x1 = -12
y1 = -12
w1 = 28.9
h1 = 30.15
！面 3 的几何参数
x2 = -25
y2 = -12
w2 = 13
h2 = 30.15
！面 4 的几何参数
x3 = 16.9
y3 = -12
w3 = 13
h3 = 30.15
！面 5 的几何参数
x4 = -25
y4 = -30
w4 = 54.9
h4 = 18
！二次衬砌的厚度
th = 0.4
！取隧道纵向长度为 50m,每天开挖 5m,10 天施工完成
length_z = 50
！定义单元类型、实常数、材料属性

```
/prep7
！3-D 线单元 2 节点
et,1,mesh200,2
！3-D 面单元 4 节点
et,2,mesh200,6
！用于模拟支护结构的壳单元
et,3,SHELL63
！用于模拟围岩的三维实体单元
et,4,SOLID45
！壳单元的厚度,单位为 m
r,1,th,th,th,th
！围岩材料属性
mp,ex,1,1.329e9
！泊松比,无单位
mp,prxy,1,0.32
mp,dens,1,2323
！初期支护 20cmC25 材料属性,弹性模型,单位 Pa
mp,ex,2,2.3e10
mp,prxy,2,0.2
mp,dens,2,2200
！二衬衬砌 40cmC30 材料属性,弹性模型,单位 Pa
mp,ex,3,3.1e10
mp,prxy,3,0.2
mp,dens,3,2500
Save
```

3. 建立几何模型

通过点-线-面的模式建立几何模型。

```
！关键点的序号按默认值从小到大递增
k,1,0,0
k,2,0,3.85
k,3,0.88,5.5
k,4,2.45,6.15
k,5,4.02,5.5
k,6,4.9,3.85
k,7,4.9,0
Save
```

! 由两个端点、曲率中心上的任意一点以及半径生成弧线
larc,1,2,6,8.13
larc,2,3,6,3.21
larc,3,4,6,2.22
larc,4,5,2,2.22
larc,5,6,2,3.21
larc,6,7,2,8.13
larc,7,1,4,6
! 由 7 条圆弧线生成被挖去部分土体面
a,1,2,3,4,5,6,7
Save
k,8,-0.14142,-0.14142
k,9,-0.17142,3.949579
k,10,0.791379,5.688579
k,11,2.455579,6.377579
k,12,4.119779,5.688579
k,13,5.072579,3.949579
k,14,5.052579,-0.14142
larc,8,9,13,8.33
larc,9,10,13,3.41
larc,10,11,13,2.42
larc,11,12,8,2.42
larc,12,13,8,3.41
larc,13,14,8,8.33
larc,14,8,11,6.2
a,8,9,10,11,12,13,14
Save
Blc4,x1,y1,w1,h1   ! 创建面 3
Blc4,x2,y2,w2,h2   ! 创建面 4
Blc4,x3,y3,w3,h3   ! 创建面 5
Blc4,x4,y4,w4,h4   ! 创建面 6
/pnum,area,1   ! 显示面编号
Aplot   ! 显示面
Save
! 对 6 个面进行重叠操作
aovl,1,2,3,4,5,6

！合并重复元素并保留低编号号码
nummrg,all,,,,low
！压缩各元素编号号码
numcmp,all
Save
l,8,15
l,14,16
l,13,17
l,9,18
！进行布尔操作,用所选择的14,28,29三条线分割面5
lsel,s,,,28,29,1
lsel,a,,,14
asbl,5,all
！用8,28,31三条线分割面
lsel,s,,,28,31,3
lsel,a,,,8
asbl,8,all
！用13,29,30三条线分割面
lsel,s,,,29,30,1
lsel,a,,,13
asbl,9,all
allsel
！合并重复元素并保留低编号号码
nummrg,all,,,,low
！压缩各元素编号号码
numcmp,all
Save

4. 建立网格模型

首先通过设定线的单元数量控制单元大小和数量,然后进行面的网格划分。

lsel,s,,,2,5,1	！选择线2~5
Lcom,all	！将线2~5合并为一条线
lesize,all,,,8	！将合并的线的单元数设置为8
allsel	
lsel,s,,,6,7,1	！选择线6和7
lsel,a,,,1	！再选线1
lesize,all,,,8	！将选择的线的单元数设置为8

allsel	
lsel,s,,,9,12,1	!选择线 9~12
Lcom,all	!将线 9~12 合并为一条线
lesize,all,,,8	!将合并的线的单元数设置为 8
allsel	
lsel,s,,,13,14,1	!选择线 13 和 14
lsel,a,,,8	!再选线 8
lesize,all,,,8	!将选择的线的单元数设置为 8
allsel	
lsel,s,,,15,20,1	!选择线 15~20
lesize,all,,,8	!设置单元数为 8
allsel	
lsel,s,,,28,31	!选择线 28~31
lesize,all,,,6	!设置单元数为 6
allsel	
lsel,s,,,22,25	!选择线 22~25
lesize,all,,,3	!设置单元数为 3
allsel	
lsel,s,,,26,27	!选择线 26~27
lesize,all,,,4	!设置单元数为 4
allsel	
lsel,s,,,21	!选择线 21
lesize,all,,,14	!设置单元数为 14
allsel	
type,2	!选择单元类型 2
allsel	
amesh,all	
Save	!保存数据库

通过将划分单元的面沿着划分好单元尺寸的线拉伸生成三维几何模型及相应的单元网格模型。

Allsel	!选择所有的元素
k,1000,,,-length_z	!定义一个辅助关键点
l,1,1000	!定义一条辅助线
lesize,3,,,length_z	!设置单元数为 length_z
allsel	!对面元素进行反向选择操作,得到当前有效面为 $Z=0$ 的面

EXTOPT,ACLEAR,1	! 清除面单元(被拉伸的面单元)
TYPE,4	! 设置单元类型4,围岩实体单元
MAT,1	! 设置单元材料常数为2
VDRAG,all,,,,,,3	! 沿着线3拉伸面,为周围围岩实体单元网格
Allsel	! 选择所有元素
Vsel,s,,,1	
Asel,s,,,10,13	
type,3	! 选择单元类型3,表示壳单元
real,1	! 选择壳单元实常数
mat,3	! 选择壳单元实材料常数
amesh,all	! 对选择的面划分单元
Save	! 保存数据库
	! 开挖部分土体的设置开挖组
Vsel,s,,,1,6,5	! 选择开挖的土体
Cm,kaiwa,volu	
Allsel	
Vsel,s,,,6	! 选择初期支护的体
Cm,chuzhi,volu	
Save	! 保存数据库

5. 加载与求解

1) 施加边界、加载与自重应力场求解

(1) 定义分析选项。

/solu	! 进入求解器
antype,static	! 设置分析类型为静态分析
deltim,0.1,0.05,0.2	! 时间步设置,总长0.1,最小0.05,最大0.2
autots,on	! 使用自动时间步
pred,on	! 打开时间步长预测器
lnsrch,on	! 打开线性搜索
nlgeom,on	! 打开大位移效果
nropt,full	! 设定牛顿-拉普森选项
cnvtol,f,,0.02,2,0.5	! 设定力收敛条件
Save	

(2) 施加边界条件。

asel,s,loc,x,x2	! 选择左侧面
asel,a,loc,x,x2+w4	! 选择右侧面
da,all,ux,0	! 对左右面上所有节点施加 X 方向位移约束

allsel	!选择所有元素
asel,s,loc,y,y4	!选择底面
da,all,uy,0	!对底面上所有节点施加 Y 方向位移约束
allsel	
asel,s,loc,z,-length_z	!选择后面
asel,a,loc,z,0	!选择前面
da,all,uz,0	!对前后面上所有节点施加 Z 方向位移约束
allsel	!选择所有元素

(3)施加重力加速度并求解自重应力场,然后写初应力场文件。

acel,,10	!施加重力加速度
save	
esel,s,type,,3	!选择单元类型3(壳单元)
ekill,all	!杀死单元类型3,即在隧道未修建前的自重应力场中不存在壳单元
allsel	!选择所有元素
Iswrite,1	!写初应力场文件
Solve	!进行自重地应力场模拟计算
Save,zizhong,db	
FINISH	

2)隧道开挖过程的模拟分析

基本思路:将开挖单元设置为"死属性",距离掌子面1m,激活初期支护结构单元,并赋予初支参数,距离掌子面20m,激活二次衬砌壳单元。采用循环语句实现,设定每个循环开挖进尺1m,50m需要50个循环,其命令流如下。

/SOL!模拟隧道修建过程

Allsel	
Esel,u,type,,3	
Isfile,read,,ist,,1	!读入初应力场文件
Solve	
ALLSEL	
*do,ii,1,50,1	!循环开始

!以下进行开挖,先选择每次开挖的围岩单元,将其赋予"死属性"

Allsel	
Cmsel,s,kaiwa	
Nslv,s,1	
nsel,r,loc,z,0.1-(ii-1)*1,-(1.1+(ii-1)*1)	
esln,r,1	

```
ekill,all
```
! 以下进行初期支护结构的施加,先选择初支单元,将其赋予"生属性",再赋予初支参数,距离掌子面1m。
```
Allsel
Cmsel,s,chuzhi
Nslv,s,1
nsel,r,loc,z,1.1-(ii-1)*1,-0.1-(ii-1)*1
esln,r,1
esel,u,type,,3
ealive,all
mpchg,2,all
```
! 以下进行二衬结构的施加,先选择支护结构壳单元,将其赋予"生属性",距离掌子面30m。
```
Allsel
Esel,s,type,,3
Nsle,s,1
nsel,r,loc,z,30.1-(ii-1)*1,28.9-(ii-1)*1
esln,r,1
ealive,all
allsel
Solve                          ! 求解
*enddo                         ! 循环结束
Save                           ! 保存数据库
```

由图8-12可知,二次衬砌距掌子面的距离越远,拱顶位移越大,因为二次衬砌施作时间越晚,围岩的形变越接近结束。二次衬砌施作时间越早,对围岩的变形控制越好,但是二次衬砌会受到更大的围岩压力。施工时应根据地质情况和围岩的稳定情况确定二次衬砌的施作时机。

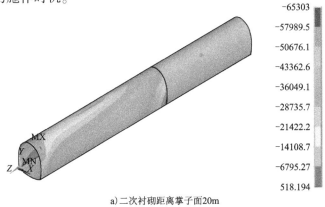

a) 二次衬砌距离掌子面20m

图 8-12

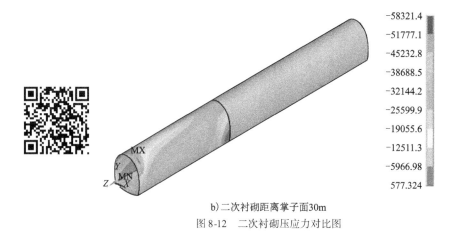

b) 二次衬砌距离掌子面 30m

图 8-12 二次衬砌压应力对比图

8.3 交叉隧道近接建筑物的模拟分析

8.3.1 工程概况

分析对象为隧道交叉口部位,地表存在两个建筑物。建筑物 1 的上部为砖混结构,下部为剪力墙结构,条形基础,基础宽为 0.8m,基础埋深 3.0m。建筑物 1 部分位于拟建隧道左侧正上方,基底距拟建隧道顶板距离为 10.66m,考虑 1m 开挖产生的塑性圈,顶板有效厚度为 9.66m。建筑物 2 的上部为砖混结构,下部为剪力墙结构,条形基础,基础宽为 0.8m,基础埋深 3.90m。建筑物 2 位于拟建隧道右侧,与隧道毛洞开挖右侧边线平面距离为 4.2~5.2m,基底距拟建隧道顶板距离为 7.5~8.5m,考虑 1m 开挖产生的塑性圈,顶板有效厚度为 6.5~7.5m。建筑物与隧道的关系如图 8-13 所示。

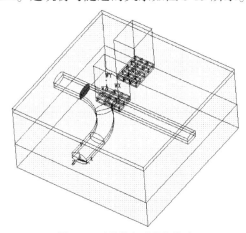

图 8-13 建筑物与隧道的关系

8.3.2 计算参数

围岩计算参数由勘察报告与《公路隧道设计规范 第一册 土建工程》(JTG 3370.1—2018)获得,见表8-2。隧道衬砌及地表建筑物的计算参数见表8-3。

围岩计算参数 表 8-2

岩土层编号	岩土类别	弹性模量(GPa)	重度(kN/m³)	泊松比	黏聚力(kPa)	摩擦角(°)
1	杂填土	0.008	19	0.45	—	—
2	砂岩	4.0	24.9	0.3	650	35.7
3	泥岩	1.5	24.8	0.35	300	31.84

建筑物计算参数 表 8-3

材料类型	弹性模量(GPa)	重度(kN/m³)	泊松比	备注
衬砌	31	25	0.2	厚30cm
建筑物	31/3	10	0.2	实际尺寸
条形基础	28	24	0.2	

8.3.3 数值模型

计算模型大小为100m×100m×50m,建筑物模型为实际尺寸。实体单元模拟建筑物和地层,壳单元模拟隧道衬砌。分析区域主要为砂岩,为了简化计算将围岩全部设为砂岩。模型四周施加水平约束,底部施加全约束,上部为自由。

(1)以交互方式从开始菜单启动 ANSYS 程序。路径:开始 > 主程序 > ANSYS > configure > ANSYS Products。

(2)设置工作路径和文件名。单击 File Management 选项卡,在目录中输入:D:Ansys-FX\CH8Examp,在项目名中输入 Z8PTAWT。

(3)定义分析类型。路径:Main Menu > Preferences。在系统弹出的对话框中,选中 Structural(结构)复选项,然后单击 OK 按钮。此项设置表明本次进行的有限元分析为结构分析,程序的求解方法 h-Method。

/TITLE,Mechanical analysis on sectional metro tunnel based on mine method! 确定分析标题

/clear

/config,fsplit,600

! 参数定义

Numfb = 10000

! 前处理

```
/prep7
Et,1,solid45
Et,2,mesh200
Et,3,shell63
Et,4,solid95
R,1
R,2,0.3,0.3,0.3,0.3
Mp,ex,1,8e6                ! 杂填土参数
Mp,prxy,1,0.45
Mp,dens,1,1900
Mp,ex,2,5.5e9              ! 砂岩参数
Mp,prxy,2,0.3
Mp,dens,2,2490
Mp,ex,3,1.5e9              ! 泥岩参数
Mp,prxy,3,0.35
Mp,dens,3,2480
Mp,ex,4,31e9               ! 衬砌参数
Mp,prxy,4,0.2
Mp,dens,4,2500
Mp,ex,5,31e9/3             ! 建筑物参数
Mp,prxy,5,0.2
Mp,dens,5,1000
Mp,ex,6,28e9               ! 桩基参数
Mp,prxy,6,0.2
Mp,dens,6,2400
! 模型参数
oneSgg=2.136               ! 模型尺寸
oneSgk=5.35*2
oneBqg=4.305
oneXgg=0.711+0.751
Jckx=-30.0                 !! 交叉口尺寸
Jcky=0.0
Jckz=-50.0
Wpoffs,-30,0,-50           !! 主隧道平面建模
Wprota,,,-90.0
Csys,4
```

K,1,0.0,oneSgg+oneBqg/2,0.0
K,2,0.0,-oneBqg/2-oneXgg,0.0
K,3,-oneSgk/2,oneBqg/2,0.0
K,4,oneSgk/2,oneBqg/2,0.0
K,5,-oneSgk/2,-oneBqg/2,0.0
K,6,oneSgk/2,-oneBqg/2,0.0
K,7,-oneSgk/2,0.0,0.0
K,8,oneSgk/2,0.0,0.0
Lstr,3,7
Lstr,7,8
Lstr,4,8
Larc,3,4,1
Lstr,7,5
Lstr,8,6
Larc,5,6,2
Al,1,2,3,4
Al,2,5,6,7
K,20001,0,0,0   !! 主隧道三维建模
K,20002,30-15*sqrt(2),0,-15*sqrt(2)
K,20003,30,0,-30
Larc,20003,20001,20002
Vdrag,1,,,,,,8
Cm,ztdst,volu
Vdrag,2,,,,,,8
Allsel
Cmsel,u,ztdst
Cm,ztdxt,volu
Allsel
Cm,jckztd,area
Save
oneSgg=1.6   !! 连接道1平面建模
oneSgk=8.2
oneBqg=4.305
oneXgg=0.534
Wpoffs,4.1-5.35,0,0
jishu=10000

```
K,jishu+1,0,oneSgg+oneBqg/2,0
K,JISHU+2,0,-oneBqg/2-oneXgg,0
K,JISHU+3,-oneSgk/2,oneBqg/2,0
K,JISHU+4,oneSgk/2,oneBqg/2,0
K,JISHU+5,-oneSgk/2,-oneBqg/2,0
K,JISHU+6,oneSgk/2,-oneBqg/2,0
K,JISHU+7,-oneSgk/2,0,0
K,JISHU+8,oneSgk/2,0,0
Lstr,jishu+3,jishu+7
Lstr,jishu+7,jishu+8
Lstr,jishu+4,jishu+8
Larc,jishu+3,jishu+4,jishu+1
Lstr,jishu+7,jishu+5
Lstr,jishu+8,jishu+6
Larc,jishu+5,jishu+6,jishu+2
Al,25,26,27,28
Allsel
Cmsel,u,jckztd
Cm,ljdst,area
Al,26,29,30,31
Allsel
Cmsel,u,jckztd
Cmsel,u,ljdst
Cm,ljdxt,area
Allsel
K,30001,0,0,0                !! 连接道1三维建模
K,30002,0,0,-22.63847
L,30001,30002
Vdrag,ljdst,,,,,,32          !! 拖动建体
Allsel
Cmsel,u,ztdst
Cmsel,u,ztdxt
Cmdele,ljdst
Cm,ljdst,volu
Vdrag,ljdxt,,,,,,32          !! 拖动建体
Allsel
```

```
Cmsel,u,ztdst
Cmsel,u,ztdxt
Cmsel,u,ljdst
Cmdele,ljdxt
Cm,ljdxt,volu
Allsel
Cmsel,s,ztdst
Cmsel,a,ljdst
Vadd,all
Cm,jckst,volu              !! 定义组
Cmsel,s,ztdxt
Cmsel,a,ljdxt
Vadd,all
Cm,jckxt,volu
allsel
Nummrg,all
Numcmp,all
allsel
save
Wpoffs,5.35-4.1,0,0
allsel
cm,jckm,area
k,10000,30,0,0             !! 通过布尔运算(工作面分割)细化模型
Kwpave,10000
Wprota,,,-asin(22.63847/35.35)*180/3.1415926
Allsel
Vsbw,all
Vsel,s,,,3,4
Vdele,all
Vsel,s,,,5
Cm,jckxt,volu
Vsel,s,,,6
Cm,jckst,volu              !! 拖动建体
Save
Aadd,17,20
aadd,5,11
```

```
allsel
aslv,s
cm,jckm,area
asel,inve
adele,all
allsel
aslv,s
lsla,s
cm,jckl,line
lsel,inve
lsel,u,,,43
ldele,all,,,1
allsel
save
nummrg,all
numcmp,all
allsel
aadd,1,2,15
lcomb,19,22
lsel,s,,,3,6,3
lsel,a,,,12
lsel,a,,,15,19,2
lsel,a,,,24,28,2
lesize,all,,,20
lsel,s,,,1,2
lsel,a,,,4,5
lsel,a,,,14,18,2
lsel,a,,,11
lsel,a,,,25,27,2
lesize,all,,,10
allsel
save
Wprota,,,asin(22.63847/35.35)*180/3.1415926
Wpoffs,-30,0,0
save
k,1001,0,0,0
```

k,1002,0,0,20
l,1001,1002
lesize,8,,,10
vdrag,4,,,,,,8
cmsel,u,jckst
cmsel,u,jckxt
cm,ztd3st,volu
vdrag,5,,,,,,8
cmsel,u,jckst
cmsel,u,jckxt
cmsel,u,ztd3st
cm,ztd3xt,volu
save
allsel
kwpave,11
k,2001,0,0,-100+22.63847+20
l,11,2001   ! 46
lesize,46,2
vdrag,7,,,,,,46
cmsel,u,jckst
cmsel,u,jckxt
cmsel,u,ztd3st
cmsel,u,ztd3xt
cm,ljdst,volu
vdrag,8,,,,,,46
cmsel,u,jckst
cmsel,u,jckxt
cmsel,u,ztd3st
cmsel,u,ztd3xt
cmsel,u,ljdst
cm,ljdxt,volu
kwpave,9
wprota,,,90
k,3001,0,0,20
l,9,3001
lsel,s,,,23,63,40

```
lesize,all,,,10
vdrag,11,,,,,,23,63
vsel,s,,,7
cm,ztd2st,volu
vsel,s,,,8
cm,ztd1st,volu
vdrag,12,,,,,,23,63
vsel,s,,,9
cm,ztd2xt,volu
vsel,s,,,10
cm,ztd1xt,volu
allsel
save
csys,0
wpave,0,0,0
allsel
nummrg,all
numcmp,all
oneSgg = 2.136                    !! 连接道三维建模
oneSgk = 5.35 * 2
oneBqg = 4.305
oneXgg = 0.711 + 0.751
wpoffs,-50,(oneSgg + oneBqg/2 + 13)-50,-100
Blc4,0,0,100,20,100               !! 围岩三维建模
Blc4,0,20,100,27,100
Blc4,0,47,100,3,100
wpave,0,0,0
allsel
cmsel,s,ztd1st
cmsel,a,ztd1xt
cmsel,a,ztd2st
cmsel,a,ztd2xt
cmsel,a,ztd3st
cmsel,a,ztd3xt
cmsel,a,jckst
cmsel,a,jckxt
```

```
cmsel,a,ljdst
cmsel,a,ljdxt
cm,sd,volu              !! 定义组
allsel
cmsel,u,sd
cm,wy,volu
allsel
vsbv,wy,sd,,,,keep      !! 布尔运算围岩与隧道分离
allsel
cmsel,u,sd
cm,wy,volu
allsel
vglue,all
wpoffs,-10,onesgg+onebqg/2+10,-78
save
allsel
cmsel,u,sd
cm,wy,volu
！建筑物1
Blc4,0,0,15,3,0.8       ！建筑物1
allsel
Cmsel,u,wy
Cmsel,u,sd
Cm,jzwtj1,volu
Vgen,2,jzwtj1,,,,,4.8
Vgen,2,jzwtj1,,,,,4.8*2
Vgen,2,jzwtj1,,,,,4.8*3
Vgen,2,jzwtj1,,,,,4.8*4
Cm,jzwtj1,volu
Blc4,0,0,0.8,3,20
Cmsel,u,jzwtj1
Cm,jzwtj2,volu
Vgen,2,jzwtj2,,,11.8/3+0.8,,
Vgen,2,jzwtj2,,,(11.8/3+0.8)*2,,
Vgen,2,jzwtj2,,,(11.8/3+0.8)*3,,
Cm,jzwtj2,volu
```

```
wpoffs,0,0,0.8
Blc4,0,0,15,3,4
Cmsel,u,jzwtj2
Cm,jzw1wy,volu
Vgen,2,jzw1wy,,,,,4.8
Vgen,2,jzw1wy,,,,,4.8*2
Vgen,2,jzw1wy,,,,,4.8*3
Cm,jzw1wy,volu
Allsel
save
Vsbv,jzwtj1,jzwtj2,,,keep
Cmsel,u,wy
Cmsel,u,sd
Cmsel,u,jzw1wy
Cm,jzw1tj,volu
Allsel
Vsbv,jzw1wy,jzwtj2,,,keep
Cmsel,u,wy
Cmsel,u,sd
Cmsel,u,jzw1tj
Cm,jzw1wy,volu
Cmsel,s,jzw1tj
Cmsel,a,jzw1wy
Cm,jzw1jc,volu
Allsel
Vsbv,wy,jzw1jc,,,keep
Allsel
Cmsel,u,jzw1jc
Cmsel,u,sd
Cm,wy,volu
wpoffs,0,3,-0.8
Blc4,0,0,15,3*10,20
Cmsel,u,jzw1jc
Cmsel,u,sd
Cmsel,u,wy
Cm,jzw1,volu
```

Allsel
Vglue,all
Vsel,s,,,65
Cm,jzw1,volu
Vsel,s,,,11
Vsel,a,,,24
Vsel,a,,,64
Cm,wy,volu
Allsel
Cmsel,u,wy
Cmsel,u,sd
Cmsel,u,jzw1
Cm,jzw1jc,volu
Vsel,s,,,14,18
Vsel,a,,,53,59
Cm,jzw1wy,volu
Cmsel,s,jzw1jc
Cmsel,u,jzw1wy
Cm,jzw1tj,volu
save
！建筑物2
wpoffs,0,-3,31　　　　！建筑物2
Blc4,0,0,18,3,0.8
allsel
Cmsel,u,wy
Cmsel,u,sd
Cmsel,u,jzw1tj
Cmsel,u,jzw1wy
Cmsel,u,jzw1
Cm,jzwtj1,volu
Vgen,2,jzwtj1,,,,,5.6
Vgen,2,jzwtj1,,,,,5.6*2
Cm,jzwtj1,volu
Blc4,0,0,0.8,3,12
Cmsel,u,jzwtj1
Cm,jzwtj2,volu

```
Vgen,2,jzwtj2,,,14.8/3+0.8,,
Vgen,2,jzwtj2,,,(14.8/3+0.8)*2,,
Vgen,2,jzwtj2,,,(14.8/3+0.8)*3,,
Cm,jzwtj2,volu
wpoffs,0,0,0.8
Blc4,0,0,18,3,4.8
Cmsel,u,jzwtj2
Cm,jzw2wy,volu
Vgen,2,jzw2wy,,,,,5.6
Cm,jzw2wy,volu
Allsel
Vsbv,jzwtj1,jzwtj2,,,keep
Cmsel,u,wy
Cmsel,u,sd
Cmsel,u,jzw1wy
Cmsel,u,jzw1tj
Cmsel,u,jzw1
Cmsel,u,jzw2wy
Cm,jzw2tj,volu
Allsel
Vsbv,jzw2wy,jzwtj2,,,keep
Cmsel,u,wy
Cmsel,u,sd
Cmsel,u,jzw1wy
Cmsel,u,jzw1tj
Cmsel,u,jzw1
Cmsel,u,jzw2tj
Cm,jzw2wy,volu
Cmsel,s,jzw2tj
Cmsel,a,jzw2wy
Cm,jzw2jc,volu
Allsel
Vsbv,wy,jzw2jc,,,keep
Allsel
Cmsel,u,sd
Cmsel,u,jzw1wy
Cmsel,u,jzw1tj
Cmsel,u,jzw1
Cmsel,u,jzw2tj
Cmsel,u,jzw2wy
Cm,wy,volu
wpoffs,0,3,-0.8
Blc4,0,0,18,3*9,12
Cmsel,u,jzw1jc
Cmsel,u,sd
Cmsel,u,wy
Cmsel,u,jzw1
Cmsel,u,jzw2tj
Cmsel,u,jzw2wy
Cm,jzw2,volu
Allsel
Vglue,all
Vsel,s,,,78
Cm,jzw2,volu
Vsel,s,,,11
Vsel,a,,,31
Vsel,a,,,79
Cm,wy,volu
Allsel
Cmsel,u,wy
Cmsel,u,sd
Cmsel,u,jzw1
Cmsel,u,jzw1tj
Cmsel,u,jzw1wy
Cmsel,u,jzw2
Cm,jzw2jc,volu
Vsel,s,,,12
Vsel,a,,,19,20
Vsel,a,,,71,73
Cm,jzw2wy,volu
Cmsel,s,jzw2jc
Cmsel,u,jzw2wy
```

```
Cm,jzw2tj,volu
Allsel
Save
Nummrg,all
Numcmp,all
save
cmsel,s,wy
aslv,s
lsla,s
kwpave,105        ！布尔运算细化模型便于划分网格
vsbw,wy
cm,wy,volu
kwpave,37
vsbw,wy
cm,wy,volu
kwpave,3
wprota,,,-90
vsbw,wy
cm,wy,volu
wprota,,,90
kwpave,24
wprota,,-90,
vsbw,wy
cm,wy,volu
wprota,,90,
kwpave,237
wpoffs,10,0,0
wprota,,,-90
vsbw,wy
cm,wy,volu
cmsel,s,ljdst
vsbw,ljdst
cm,ljdst,volu
cmsel,s,ljdxt
vsbw,ljdxt
cm,ljdxt,volu
```

```
wprota,,,90
save
allsel
!!!!!! 分网格
vsel,s,,,105,106    !!!!!! 分网格
cm,wg1,volu
aslv,s
cm,jc,area
a,334,293,32,349
a,29,285,340,348
a,34,282,331,346
a,33,345,327,290
cmsel,u,jc
cm,fg,area
cmsel,s,wg1
vsba,wg1,fg
FLST,5,26,4,ORDE,24
FITEM,5,117
FITEM,5,-118
FITEM,5,120
FITEM,5,548
FITEM,5,661
FITEM,5,-662
FITEM,5,664
FITEM,5,666
FITEM,5,669
FITEM,5,-670
FITEM,5,672
FITEM,5,-673
FITEM,5,676
FITEM,5,-679
FITEM,5,681
FITEM,5,683
FITEM,5,702
FITEM,5,-703
FITEM,5,713
```

FITEM,5,-714
FITEM,5,716
FITEM,5,718
FITEM,5,722
FITEM,5,724
LSEL,S,,,P51X
lesize,all,2
FLST,5,27,4,ORDE,21
FITEM,5,8
FITEM,5,22
FITEM,5,32
FITEM,5,34
FITEM,5,36
FITEM,5,39
FITEM,5,41
FITEM,5,91
FITEM,5,108
FITEM,5,579
FITEM,5,-582
FITEM,5,591
FITEM,5,-596
FITEM,5,598
FITEM,5,600
FITEM,5,607
FITEM,5,609
FITEM,5,612
FITEM,5,614
FITEM,5,629
FITEM,5,-630
LSEL,S,,,P51X
lesize,all,2
FLST,5,26,4,ORDE,24
FITEM,5,56
FITEM,5,65
FITEM,5,-66
FITEM,5,69

FITEM,5,77
FITEM,5,79
FITEM,5,89
FITEM,5,-90
FITEM,5,92
FITEM,5,114
FITEM,5,546
FITEM,5,557
FITEM,5,559
FITEM,5,561
FITEM,5,-564
FITEM,5,566
FITEM,5,573
FITEM,5,587
FITEM,5,589
FITEM,5,628
FITEM,5,650
FITEM,5,665
FITEM,5,667
FITEM,5,702
LSEL,S,,,P51X
lesize,all,2
FLST,5,20,4,ORDE,20
FITEM,5,85
FITEM,5,109
FITEM,5,533
FITEM,5,-534
FITEM,5,536
FITEM,5,538
FITEM,5,545
FITEM,5,547
FITEM,5,551
FITEM,5,553
FITEM,5,599
FITEM,5,601
FITEM,5,610

FITEM,5,615
FITEM,5,619
FITEM,5,633
FITEM,5,660
FITEM,5,674
FITEM,5,682
FITEM,5,684
LSEL,S,,,P51X
Lesize,all,4
FLST,5,16,4,ORDE,16
FITEM,5,81
FITEM,5,83
FITEM,5,86
FITEM,5,88
FITEM,5,113
FITEM,5,116
FITEM,5,119
FITEM,5,535
FITEM,5,539
FITEM,5,543
FITEM,5,560
FITEM,5,574
FITEM,5,597
FITEM,5,602
FITEM,5,671
FITEM,5,675
LSEL,S,,,P51X
Lesize,all,5
FLST,5,120,4,ORDE,117
FITEM,5,95
FITEM,5,−96
FITEM,5,99
FITEM,5,−100
FITEM,5,105
FITEM,5,107
FITEM,5,110
FITEM,5,112
FITEM,5,123
FITEM,5,−124
FITEM,5,127
FITEM,5,−128
FITEM,5,135
FITEM,5,−136
FITEM,5,139
FITEM,5,−140
FITEM,5,147
FITEM,5,−148
FITEM,5,151
FITEM,5,−152
FITEM,5,159
FITEM,5,−160
FITEM,5,163
FITEM,5,−164
FITEM,5,171
FITEM,5,174
FITEM,5,−176
FITEM,5,180
FITEM,5,−181
FITEM,5,183
FITEM,5,186
FITEM,5,188
FITEM,5,−189
FITEM,5,193
FITEM,5,195
FITEM,5,198
FITEM,5,200
FITEM,5,204
FITEM,5,−206
FITEM,5,211
FITEM,5,−213
FITEM,5,269
FITEM,5,−270

FITEM,5,273
FITEM,5,-274
FITEM,5,279
FITEM,5,282
FITEM,5,289
FITEM,5,292
FITEM,5,301
FITEM,5,303
FITEM,5,308
FITEM,5,310
FITEM,5,317
FITEM,5,320
FITEM,5,323
FITEM,5,325
FITEM,5,328
FITEM,5,330
FITEM,5,-331
FITEM,5,333
FITEM,5,337
FITEM,5,-338
FITEM,5,340
FITEM,5,342
FITEM,5,345
FITEM,5,-346
FITEM,5,349
FITEM,5,-350
FITEM,5,355
FITEM,5,358
FITEM,5,361
FITEM,5,-362
FITEM,5,365
FITEM,5,-366
FITEM,5,373
FITEM,5,-374
FITEM,5,377
FITEM,5,-378
FITEM,5,394
FITEM,5,-395
FITEM,5,398
FITEM,5,-399
FITEM,5,406
FITEM,5,-407
FITEM,5,410
FITEM,5,-411
FITEM,5,434
FITEM,5,437
FITEM,5,444
FITEM,5,447
FITEM,5,458
FITEM,5,461
FITEM,5,484
FITEM,5,486
FITEM,5,489
FITEM,5,-490
FITEM,5,494
FITEM,5,-495
FITEM,5,498
FITEM,5,-499
FITEM,5,502
FITEM,5,-503
FITEM,5,528
FITEM,5,-529
FITEM,5,552
FITEM,5,554
FITEM,5,565
FITEM,5,568
FITEM,5,585
FITEM,5,590
FITEM,5,613
FITEM,5,616
FITEM,5,663
FITEM,5,668

FITEM,5,680
FITEM,5,685
LSEL,S,,,P51X
Lesize,all,,,2
FLST,5,8,4,ORDE,8
FITEM,5,245
FITEM,5,247
FITEM,5,250
FITEM,5,252
FITEM,5,425
FITEM,5,-426
FITEM,5,531
FITEM,5,-532
LSEL,S,,,P51X
Lesize,all,4
Vsel,s,,,103,104
Aslv,s
Lsla,s
Cm,fg,volu
Cm,jc,area
A,334,35,38,332
A,327,42,44,325
A,297,45,43,299
A,302,300,41,37
Cmsel,u,jc
Cm,fgm,area
Cmsel,s,fg
Vsba,fg,fgm
Vsel,s,,,72,73
Aslv,s
Lsla,s
Cm,fg,volu
Cm,jc,area
A,3,26,284,309
A,5,28,280,306
A,4,25,292,302

A,6,27,291,299
Cmsel,u,jc
Cm,fgm,area
Cmsel,s,fg
Vsba,fg,fgm
FLST,5,56,4,ORDE,43
FITEM,5,45
FITEM,5,47
FITEM,5,49
FITEM,5,52
FITEM,5,54
FITEM,5,82
FITEM,5,84
FITEM,5,87
FITEM,5,106
FITEM,5,111
FITEM,5,115
FITEM,5,537
FITEM,5,540
FITEM,5,-542
FITEM,5,544
FITEM,5,549
FITEM,5,-550
FITEM,5,555
FITEM,5,-556
FITEM,5,558
FITEM,5,567
FITEM,5,583
FITEM,5,-584
FITEM,5,586
FITEM,5,588
FITEM,5,603
FITEM,5,-606
FITEM,5,623
FITEM,5,625
FITEM,5,627

FITEM,5,631
FITEM,5,-632
FITEM,5,634
FITEM,5,-641
FITEM,5,648
FITEM,5,651
FITEM,5,-654
FITEM,5,657
FITEM,5,659
FITEM,5,694
FITEM,5,-695
FITEM,5,705
FITEM,5,-708
LSEL,S,,,P51X
Lesize,all,,,10
FLST,5,8,4,ORDE,6
FITEM,5,620
FITEM,5,658
FITEM,5,686
FITEM,5,-689
FITEM,5,700
FITEM,5,-701
LSEL,S,,,P51X
Lesize,all,,,20
FLST,5,8,4,ORDE,6
FITEM,5,569
FITEM,5,-572
FITEM,5,617
FITEM,5,-618
FITEM,5,690
FITEM,5,-691
LSEL,S,,,P51X
Lesize,all,,,20
FLST,5,14,4,ORDE,10
FITEM,5,575
FITEM,5,-578
FITEM,5,621
FITEM,5,-622
FITEM,5,692
FITEM,5,-693
FITEM,5,696
FITEM,5,-699
FITEM,5,709
FITEM,5,728
LSEL,s,,,P51X
Lesize,all,,,20
FLST,5,4,4,ORDE,4
FITEM,5,646
FITEM,5,-647
FITEM,5,711
FITEM,5,-712
LSEL,S,,,P51X
Lesize,all,,,10
FLST,5,9,4,ORDE,8
FITEM,5,655
FITEM,5,-656
FITEM,5,704
FITEM,5,715
FITEM,5,719
FITEM,5,-721
FITEM,5,723
FITEM,5,725
LSEL,S,,,P51X
Lesize,all,,,10
FLST,5,3,4,ORDE,3
FITEM,5,43
FITEM,5,717
FITEM,5,726
LSEL,S,,,P51X
Lesize,all,,,20
FLST,5,6,4,ORDE,2
FITEM,5,729

```
FITEM,5,-734
LSEL,S,,,P51X
Lesize,all,2
FLST,5,4,4,ORDE,2
FITEM,5,642
FITEM,5,-645
LSEL,S,,,P51X
Lesize,all,,,10
FLST,5,2,4,ORDE,2
FITEM,5,608
FITEM,5,611
LSEL,S,,,P51X
Lesize,all,,,20
Allsel
Vglue,all
Allsel
Aglue,all
save
!!!!!!!!!!!!!!!!!!!!!! 划分网格
type,1
real,1
mat,1
cmsel,s,ztd1st
cmsel,a,ztd1xt
cmsel,a,ztd2st
cmsel,a,ztd2xt
cmsel,a,ztd3st
cmsel,a,ztd3xt
vsweep,all
vsel,s,,,5
vsel,a,,,66,67
vsel,a,,,69
cm,ljd,volu
vsel,s,,,66,67
cm,ljdst,volu
vsel,s,,,5
vsel,a,,,69
cm,ljdxt,volu
cmsel,s,ljd
vsweep,all
esize,1.5
cmsel,s,jzw1jc
cmsel,a,jzw2jc
vsweep,all
esize,4
cmsel,s,jzw1
cmsel,a,jzw2
vsweep,all
save
cmsel,s,ztd1st
cmsel,a,ztd1xt
cmsel,a,ztd2st
cmsel,a,ztd2xt
cmsel,a,ztd3st
cmsel,a,ztd3xt
cmsel,a,jckst
cmsel,a,jckxt
cmsel,a,ljd
cm,sd,volu
cmsel,s,jzw1
cmsel,a,jzw1jc
cmsel,a,jzw2
cmsel,a,jzw2jc
cm,jzw,volu
allsel
cmsel,u,sd
cmsel,u,jzw
cm,wy,volu
cmsel,s,wy
vsel,u,,,102
vsel,u,,,107,110
vsweep,all
```

```
allsel
MSHAPE,1,3
Vsel,s,,,107,109,2
cmsel,a,jckst
cmsel,a,jckxt
vmesh,all
SMRT,10
vsel,s,,,102
vsel,a,,,108,110,2
vmesh,all
allsel
save
type,3
real,2
mat,4
asel,s,,,39,42,3
asel,a,,,41
cm,ztd1sc,area
amesh,all
asel,s,,,48,50
cm,ztd1xc,area
amesh,all
asel,s,,,34
asel,a,,,36,37
cm,ztd2sc,area
amesh,all
asel,s,,,44,46
cm,ztd2xc,area
amesh,all
asel,s,,,16,17
asel,a,,,9,10
cm,jcksc,area
amesh,all
asel,s,,,3,6,3
asel,a,,,13,14
cm,jckxc,area
amesh,all
asel,s,,,2
asel,a,,,15,19,4
cm,ztd3sc,area
amesh,all
asel,s,,,21,23
cm,ztd3xc,area
amesh,all
asel,s,,,502,504
asel,a,,,488,490
cm,ljdsc,area
amesh,all
asel,s,,,495,497
asel,a,,,482,484
cm,ljdxc,area
amesh,all
save
/sol                    !自重场求解
Wpave,0,0,0
Wpoffs,-50,13+2.136+4.305/2-50,0
Csys,4
Nsel,s,loc,x,-0.05,0.05
Nsel,a,loc,x,99.95,100.05
D,all,ux
Nsel,s,loc,z,-99.95,-100.05
Nsel,a,loc,z,-0.05,0.05
D,all,uz
Nsel,s,loc,y,-0.05,0.05
D,all,all
Acel,0,10,0
```

```
nropt,full                  !设定牛顿-拉普森选项
Allsel
Esel,u,type,,3
Mpchg,2,all
allsel
Cmsel,s,jzw1
Cmsel,a,jzw2
Eslv,s
Esel,a,type,,3
Ekill,all
Allsel
Iswrite,1                   !写初应力场文件
Solve
Save,zizhong,db
FINISH
!自重
/SOL                        !模拟地表建筑物修建过程
Time,1
Allsel
Esel,u,type,,3
Isfile,read,,ist,,1
Allsel
Solve
Time,2
Cmsel,s,jzw1
Cmsel,a,jzw2
Eslv,s
Ealive,all
Mpchg,5,all
Cmsel,s,jzw1tj
Cmsel,a,jzw2tj
Eslv,s
Mpchg,6,all
Allsel
Iswrite,1
```

```
Solve
Save,jianzhuwu,db
Finish
/sol                        !模拟隧道开挖支护过程
Time,1
Allsel
Esel,u,type,,3
Isfile,read,,ist,,1
Allsel
Solve
Save,chushi,db
Csys,0
Wpave,0,0,0
*do,i,1,5                   !开挖主通道1上部
Cmsel,s,ztd1st
Eslv,s
Nsle,s
Nsel,r,loc,z,-2*(i-1)+0.1,-2*i-0.1
Esln,s,1
Ekill,all
Cmsel,s,ztd1sc
Esla,s
Nsle,s
Nsel,r,loc,z,-2*(i-1)+0.1,-2*i-0.1
Esln,s,1
Ealive,all
allsel
solve
*enddo
*do,i,1,5                   !开挖主通道1下部
Cmsel,s,ztd1st
Eslv,s
Nsle,s
Nsel,r,loc,z,-2*(i+5-1)+0.1,-2*(i+5)-0.1
Esln,s,1
Ekill,all
```

```
Cmsel,s,ztd1sc
Esla,s
Nsle,s
Nsel,r,loc,z,-2*(i+5-1)+0.1,-2*(i+5)-0.1
Esln,s,1
Ealive,all
allsel
Cmsel,s,ztd1xt
Eslv,s
Nsle,s
Nsel,r,loc,z,-2*(i-1)+0.1,-2*i-0.1
Esln,s,1
Ekill,all
Cmsel,s,ztd1xc
Esla,s
Nsle,s
Nsel,r,loc,z,-2*(i-1)+0.1,-2*i-0.1
Esln,s,1
Ealive,all
allsel
solve
*enddo
*do,i,1,5                    ！开挖主通道2上部
Local,11,1,-30,0,-20,,-90,
Aaa=asin(22.63847/35.35)*180/3.1415926
Cmsel,s,ztd2st
Eslv,s
Nsle,s
Nsel,r,loc,y,(90-aaa)/10*(i-1)-1,(90-aaa)/10*i+1
Esln,s,1
Ekill,all
Cmsel,s,ztd2sc
Esla,s
Nsle,s
Nsel,r,loc,y,(90-aaa)/10*(i-1)-1,(90-aaa)/10*i+1
Esln,s,1
```

```
Ealive,all
allsel
csdele,11
allsel
Cmsel,s,ztd1xt
Eslv,s
Nsle,s
Nsel,r,loc,z,-2*(i+5-1)+0.1,-2*(i+5)-0.1
Esln,s,1
Ekill,all
Cmsel,s,ztd1xc
Esla,s
Nsle,s
Nsel,r,loc,z,-2*(i+5-1)+0.1,-2*(i+5)-0.1
Esln,s,1
Ealive,all
allsel
solve
*enddo
*do,i,1,5                    !开挖主通道2下部
Local,11,1,-30,0,-20,,-90,
Aaa=asin(22.63847/35.35)*180/3.1415926
Cmsel,s,ztd2st
Eslv,s
Nsle,s
Nsel,r,loc,y,(90-aaa)/10*(i+5-1)-1,(90-aaa)/10*(i+5)+1
Esln,s,1
Ekill,all
Cmsel,s,ztd2sc
Esla,s
Nsle,s
Nsel,r,loc,y,(90-aaa)/10*(i+5-1)-1,(90-aaa)/10*(i+5)+1
Esln,s,1
Ealive,all
allsel
Cmsel,s,ztd2xt
```

```
Eslv,s
Nsle,s
Nsel,r,loc,y,(90-aaa)/10*(i-1)-1,(90-aaa)/10*i+1
Esln,s,1
Ekill,all
Cmsel,s,ztd2xc
Esla,s
Nsle,s
Nsel,r,loc,y,(90-aaa)/10*(i-1)-1,(90-aaa)/10*i+1
Esln,s,1
Ealive,all
allsel
solve
*enddo
I=1                              !开挖交叉口上部
Local,11,1,-30,0,-20,,-90
Aaa=asin(22.63847/35.35)*180/3.1415926
Cmsel,s,jckst
Eslv,s
Nsle,s
Nsel,r,loc,y,90-aaa-1,90-aaa+aaa/25*(i-1)+1
Esln,s,1
Ekill,all
Cmsel,s,jcksc
Esla,s
Nsle,s
Nsel,r,loc,y,90-aaa-1,90-aaa+aaa/25*(i-1)+1
Esln,s,1
Ealive,all
allsel
Cmsel,s,ztd2xt
Eslv,s
Nsle,s
Nsel,r,loc,y,(90-aaa)/10*(i+5-1)-1,(90-aaa)/10*(i+5)+1
Esln,s,1
Ekill,all
```

Cmsel,s,ztd2xc
Esla,s
Nsle,s
Nsel,r,loc,y,(90−aaa)/10*(i+5−1)−1,(90−aaa)/10*(i+5)+1
Esln,s,1
Ealive,all
allsel
solve
*do,i,2,5
Cmsel,s,jckst
Eslv,s
Nsle,s
Nsel,r,loc,y,90−aaa−1,90−aaa+aaa/25*(i−1)+1
Esln,s,1
Cm,stykw,element
Cmsel,s,jckst
Eslv,s
Nsle,s
Nsel,r,loc,y,90−aaa−1,90−aaa+aaa/25*i+1
Esln,s,1
Cm,stkw,element
Cmsel,u,stykw
Ekill,all
Cmsel,s,jcksc
Esla,s
Nsle,s
Nsel,r,loc,y,90−aaa−1,90−aaa+aaa/25*(i−1)+1
Esln,s,1
Cm,jckysc,element
Cmsel,s,jckysc
Esla,s
Nsle,s
Nsel,r,loc,y,90−aaa−1,90−aaa+aaa/25*i+1
Esln,s,1
Cm,jckzsc,element
Cmsel,u,jckysc

Ealive,all
allsel
Cmsel,s,ztd2xt
Eslv,s
Nsle,s
Nsel,r,loc,y,(90−aaa)/10*(i+5−1)−1,(90−aaa)/10*(i+5)+1
Esln,s,1
Ekill,all
Cmsel,s,ztd2xc
Esla,s
Nsle,s
Nsel,r,loc,y,(90−aaa)/10*(i+5−1)−1,(90−aaa)/10*(i+5)+1
Esln,s,1
Ealive,all
allsel
solve
*enddo
I=1　　　　　　　　　！开挖交叉口下部
Cmsel,s,jckst
Eslv,s
Nsle,s
Nsel,r,loc,y,90−aaa−1,90−aaa+aaa/25*(i+5−1)+1
Esln,s,1
Cm,stykw,element
Cmsel,s,jckst
Eslv,s
Nsle,s
Nsel,r,loc,y,90−aaa−1,90−aaa+aaa/25*(i+5)+1
Esln,s,1
Cm,stkw,element
Cmsel,u,stykw
Ekill,all
Cmsel,s,jcksc
Esla,s
Nsle,s
Nsel,r,loc,y,90−aaa−1,90−aaa+aaa/25*(i+5−1)+1

Esln,s,1
Cm,jckysc,element
Cmsel,s,jckysc
Esla,s
Nsle,s
Nsel,r,loc,y,90 − aaa − 1,90 − aaa + aaa/25 * (i + 5) + 1
Esln,s,1
Cm,jckzsc,element
Cmsel,u,jckysc
Ealive,all
allsel
Cmsel,s,jckxt
Eslv,s
Nsle,s
Nsel,r,loc,y,90 − aaa − 1,90 − aaa + aaa/25 * (i − 1) + 1
Esln,s,1
Ekill,all
Cmsel,s,jckxc
Esla,s
Nsle,s
Nsel,r,loc,y,90 − aaa − 1,90 − aaa + aaa/25 * (i − 1) + 1
Esln,s,1
Ealive,all
allsel
solve
*do,i,2,20
Cmsel,s,jckst
Eslv,s
Nsle,s
Nsel,r,loc,y,90 − aaa − 1,90 − aaa + aaa/25 * (i + 5 − 1) + 1
Esln,s,1
Cm,stykw,element
Cmsel,s,jckst
Eslv,s
Nsle,s
Nsel,r,loc,y,90 − aaa − 1,90 − aaa + aaa/25 * (i + 5) + 1

```
Esln,s,1
Cm,stkw,element
Cmsel,u,stykw
Ekill,all
Cmsel,s,jcksc
Esla,s
Nsle,s
Nsel,r,loc,y,90 - aaa - 1,90 - aaa + aaa/25 * (i + 5 - 1) + 1
Esln,s,1
Cm,jckysc,element
Cmsel,s,jckysc
Esla,s
Nsle,s
Nsel,r,loc,y,90 - aaa - 1,90 - aaa + aaa/25 * (i + 5) + 1
Esln,s,1
Cm,jckzsc,element
Cmsel,u,jckysc
Ealive,all
allsel
Cmsel,s,jckxt
Eslv,s
Nsle,s
Nsel,r,loc,y,90 - aaa - 1,90 - aaa + aaa/25 * (i - 1) + 1
Esln,s,1
Cm,xtykw,element
Cmsel,s,jckxt
Eslv,s
Nsle,s
Nsel,r,loc,y,90 - aaa - 1,90 - aaa + aaa/25 * i + 1
Esln,s,1
Cm,xtkw,element
Cmsel,u,xtykw
Ekill,all
Cmsel,s,jckxc
Esla,s
Nsle,s
```

```
Nsel,r,loc,y,90 - aaa - 1,90 - aaa + aaa/25 * (i - 1) + 1
Esln,s,1
Cm,jckyxc,element
Cmsel,s,jckyxc
Esla,s
Nsle,s
Nsel,r,loc,y,90 - aaa - 1,90 - aaa + aaa/25 * i + 1
Esln,s,1
Cm,jckzsc,element
Cmsel,u,jckysc
Ealive,all
allsel
solve
*enddo
*do,i,1,5                    ！开挖主通道3上部
csdele,11
Cmsel,s,ztd3st
Eslv,s
Nsle,s
Nsel,r,loc,y, - 30 - 2 * (i - 1) + 0.1, - 30 - 2 * i - 0.1
Esln,s,1
Ekill,all
Cmsel,s,ztd3sc
Esla,s
Nsle,s
Nsel,r,loc,y, - 30 - 2 * (i - 1) + 0.1, - 30 - 2 * i - 0.1
Esln,s,1
Ealive,all
Local,11,1, - 30,0, - 20,, - 90,
Aaa = asin(22.63847/35.35) *180/3.1415926
allsel
Cmsel,s,jckxt
Eslv,s
Nsle,s
Nsel,r,loc,y,90 - aaa - 1,90 - aaa + aaa/25 * (i + 20 - 1) + 1
Esln,s,1
```

```
Cm,xtykw,element
Cmsel,s,jckxt
Eslv,s
Nsle,s
Nsel,r,loc,y,90-aaa-1,90-aaa+aaa/25*(i+20)+1
Esln,s,1
Cm,xtkw,element
Cmsel,u,xtykw
Ekill,all
Cmsel,s,jckxc
Esla,s
Nsle,s
Nsel,r,loc,y,90-aaa-1,90-aaa+aaa/25*(i+20-1)+1
Esln,s,1
Cm,jckyxc,element
Cmsel,s,jckyxc
Esla,s
Nsle,s
Nsel,r,loc,y,90-aaa-1,90-aaa+aaa/25*(i+20)+1
Esln,s,1
Cm,jckzsc,element
Cmsel,u,jckysc
Ealive,all
allsel
solve
*enddo
csdele,11                    !开挖主通道3下部
*do,i,1,5
Cmsel,s,ztd3st
Eslv,s
Nsle,s
Nsel,r,loc,y,-30-2*(i+5-1)+0.1,-30-2*(i+5)-0.1
Esln,s,1
Ekill,all
Cmsel,s,ztd3sc
Esla,s
```

Nsle,s
Nsel,r,loc,y,-30-2*(i+5-1)+0.1,-30-2*(i+5)-0.1
Esln,s,1
Ealive,all
allsel
Cmsel,s,ztd3xt
Eslv,s
Nsle,s
Nsel,r,loc,y,-30-2*(i-1)+0.1,-30-2*i-0.1
Esln,s,1
Ekill,all
Cmsel,s,ztd3xc
Esla,s
Nsle,s
Nsel,r,loc,y,-30-2*(i-1)+0.1,-30-2*i-0.1
Esln,s,1
Ealive,all
allsel
solve
*enddo
*do,i,1,5   !开挖连接道上部
Kwpave,11
Csys,4
Cmsel,s,ljdst
Eslv,s
Nsle,s
Nsel,r,loc,x,2*(i-1)-0.1,2*i+0.1
Esln,s,1
Ekill,all
Cmsel,s,ljdsc
Esla,s
Nsle,s
Nsel,r,loc,x,2*(i-1)-0.1,2*i+0.1
Esln,s,1
Ealive,all
allsel

```
Csys,0
wpave,0,0,0
Cmsel,s,ztd3xt
Eslv,s
Nsle,s
Nsel,r,loc,y,-30-2*(i+5-1)+0.1,-30-2*(i+5)-0.1
Esln,s,1
Ekill,all
Cmsel,s,ztd3xc
Esla,s
Nsle,s
Nsel,r,loc,y,-30-2*(i+5-1)+0.1,-30-2*(i+5)-0.1
Esln,s,1
Ealive,all
allsel
solve
*enddo
Kwpave,11                    ！开挖连接道下部
Csys,4
*do,i,1,25
Cmsel,s,ljdst
Eslv,s
Nsle,s
Nsel,r,loc,x,2*(i+5-1)-0.1,2*(i+5)+0.1
Esln,s,1
Ekill,all
Cmsel,s,ljdsc
Esla,s
Nsle,s
Nsel,r,loc,x,2*(i+5-1)-0.1,2*(i+5)+0.1
Esln,s,1
Ealive,all
allsel
Cmsel,s,ljdxt
Eslv,s
Nsle,s
```

Nsel,r,loc,x,2*(i-1)-0.1,2*i+0.1
Esln,s,1
Ekill,all
Cmsel,s,ljdxc
Esla,s
Nsle,s
Nsel,r,loc,x,2*(i-1)-0.1,2*i+0.1
Esln,s,1
Ealive,all
allsel
solve
*enddo

三维模型如图 8-14 所示,有限元网格模型如图 8-15 所示。

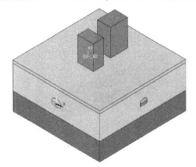
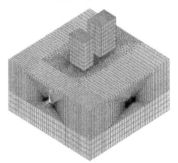

图 8-14　三维模型　　　　　图 8-15　有限元网格模型

(4) 数值计算结果。

计算结果见图 8-16~图 8-30。建筑物变形情况见表 8-4。

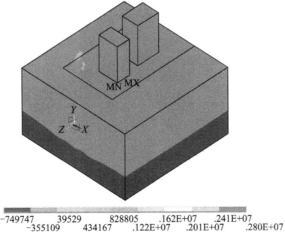

图 8-16　隧道建成后体系第一主应力场(单位:Pa)

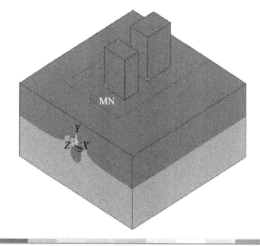

图 8-17　隧道建成后体系第三主应力场(单位:Pa)

图 8-18　隧道建成后衬砌等效应力(单位:Pa)

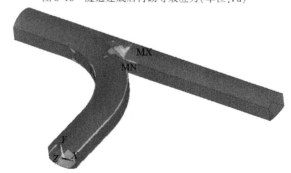

图 8-19　隧道建成后衬砌第一主应力(单位:Pa)

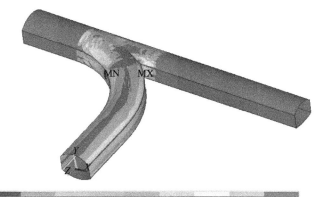

```
-.626E+07      -.484E+07      -.343E+07      -.202E+07      -609091
      -.555E+07      -.414E+07      -.273E+07      -.131E+07      96674
```

图 8-20　隧道建成后衬砌第三主应力(单位:Pa)

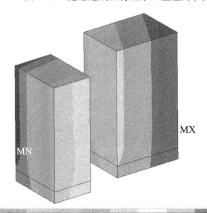

```
-.572E-03      -.436E-03      -.300E-03      -.164E-03      -.274E-04
      -.504E-03      -.368E-03      -.232E-03      -.955E-04      -.408E-04
```

图 8-21　隧道建成后建筑物竖向位移场(单位:m)

```
-.658E-03      -.513E-03      -.368E-03      -.223E-03      -.776E-04
      -.586E-03      -.440E-03      -.295E-03      -.150E-03      -.498E-05
```

图 8-22　隧道建成后建筑物水平位移场-X(单位:m)

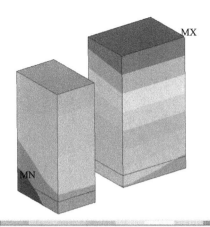

图 8-23　隧道建成后建筑物水平位移场-Z(单位:m)

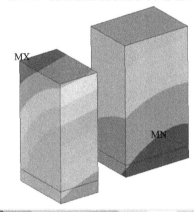

图 8-24　隧道建成后建筑物的总位移场(单位:m)

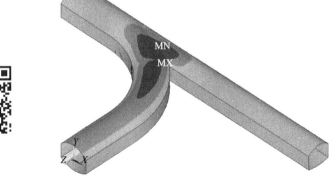

图 8-25　隧道建成后衬砌竖向位移场(单位:m)

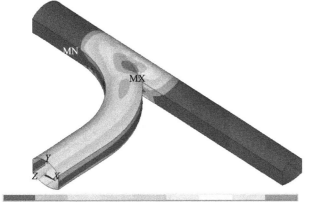

图 8-26　隧道建成后隧道衬砌的总位移场(单位:m)

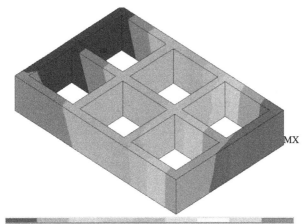

图 8-27　6 号建筑物桩基最终沉降量(单位:m)

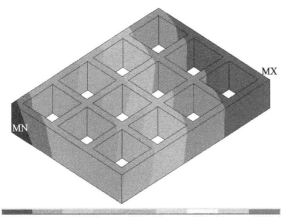

图 8-28　10 号建筑物桩基最终沉降量(单位:m)

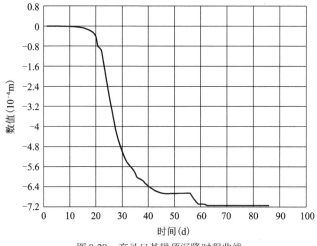

图 8-29 交叉口某拱顶沉降时程曲线

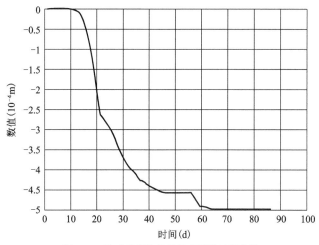

图 8-30 地表建筑物条基某点沉降时程曲线

建筑物变形情况　　　　表 8-4

建(构)筑物	平均沉降值(mm)		建筑物局部倾斜	
	计算值	警戒值	计算值	警戒值
建筑物 1	0.546	8	0.112‰	0.001
建筑物 2	0.273	8	0.035‰	0.001

8.3.4 结果分析

(1)通过体系受力图可以看出:整个体系的受力较均匀。隧道施工过程中应对几何突变较多的交叉口部位进行加固和处理。

(2)从建筑物的变形图可见:位于交叉口附近的两栋建筑物均向交叉口方向倾斜,建筑物最大沉降量为0.726mm,建筑物最大位移量为1.713mm。

(3)由隧道衬砌结构的变形图可见,隧道交叉口处的变形量较其他区段要大很多,交叉口衬砌最大变形出现在拱顶,为1.824mm,交叉口处拱顶最大沉降为1.203mm。

(4)由建筑物的各个关键部位的变形趋势和表8-4可见,位于交叉口附近的两栋建筑物均向交叉口方向倾斜。

(5)由图8-29、图8-30可见,随隧道施工掌子面不断推进,隧道拱顶沉降和地表建筑物沉降有一个影响范围,即掌子面距离该拱顶控制点或该建筑物不超过3倍的洞跨。在掌子面不断推进远离控制点过程中,拱顶沉降及建筑物变形逐渐趋于稳定。

1. 在自重应力场分析时,重力加速度为$10\text{m}/\text{s}^2$或者$9.8\text{m}/\text{s}^2$,为什么不取$-10\text{m}/\text{s}^2$或者$-9.8\text{m}/\text{s}^2$,使重力加速度向下?
2. 什么是开挖面支承的"空间效应"?
3. 将8.1中初始围岩材料改为Ⅳ级围岩,请读者自行设计材料参数,模拟施工过程。

第9章 扩容隧道数值模拟

9.1 概述

随着我国经济不断发展、人口不断增多、道路交通日益拥堵,特别是早期建设的隧道因设计等级低、容量小,往往成为道路交通的瓶颈,急需改建扩容。经过长期的基础建设实践,目前新建公路隧道设计施工方法都非常成熟,但是面临已有隧道容量不足需要扩建的问题。国内大部分公路隧道改扩建可分为三大类,即新建、原位改扩建及洞外接线改造。新建,即利用原隧道外侧再新建隧道的形式;原位改扩建,即在原有隧道的基础上扩大隧道断面、增加行车道;洞外接线改造,即已建隧道可满足正常运营需要,但隧道接线组合不当,易发生交通事故,需对洞外接线进行调整、改造,或者进出口边坡和仰坡过高、过陡,存在安全隐患,需接长明洞或加固洞口不稳定坡体。

公路隧道改扩建,应满足道路交通运输功能,在改扩建过程中,应遵循以下原则。

(1)遵循"安全、经济、环保"的原则,合理选择改扩建方案。

隧道处于地质围岩体内,对已建隧道进行改扩建,其围岩已经扰动,受力状态复杂,其技术难度比新建隧道大。对于既有隧道,需充分掌握已建隧道的所有技术资料与运营状态,遵循"安全、经济、环保"的原则,进行充分技术经济比较,合理确定方案。

(2)有利于交通组织,减少对原有道路交通的影响。

隧道改扩建势必会对原有交通产生一定的影响,在设计中应根据改扩建工程规模与工期来确定是封闭交通还是实行交通管制施工。当实行交通管制施工时,应有专人管理,施工用风、水、电要合理布置,并做好各项避险措施。有必要时制定合理的分流措施,以确保改扩建工程的顺利实施与车辆的安全通行。

(3) 节约用地,有利于工程的可持续发展。

在山区,由于地形狭窄、地质条件复杂、生态环境脆弱、土地宝贵,路线走廊带也就成为不可再生的资源。在确定隧道改扩建方案时,还应考虑对已建公路、铁路等的影响,合理确定改扩建工程规模与工程布局,节约土地,兼顾长远进一步扩容的需要。

(4) 充分利用原有工程,降低工程造价。

当有条件时,应尽可能地利用原有工程,对原建隧道进行改造,或者将原隧道直接利用,如可作为高速公路的上行或下行线,另辟新线作为另一幅上行或下行线,以降低工程费用。

9.2 新建隧道与原位改扩建隧道的形式

9.2.1 新建隧道

此类方案,是原有道路交通量已经饱和,采取另建新线的方式来增加车道,提高道路的服务水平。该方式对原交通基本没有影响,目前高速公路基本上都是采用新增隧道方案。对于低等级公路,有些隧道线形差、事故率高或病害严重,影响行车安全,经综合比较后,也可采用新线方案。

一般来说,由于原隧道位置已固定,考虑左右线合理间距的要求,新增的隧道走廊带也可相对固定。平纵线位及进出洞口位置相对明确,需在此基础上进行优化设计,主要考虑左右线间距和纵坡两方面。

(1) 间距控制

新建隧道与既有隧道间距一般应满足表 9-1 的要求,以尽量减小新建隧道施工对已建隧道的影响。

分离式双洞隧道的最小净距　　　　　表 9-1

围岩级别	I	II	III	IV	V	VI
最小净距(m)	$1.0 \times B$	$1.5 \times B$	$2.0 \times B$	$2.5 \times B$	$3.5 \times B$	$4.0 \times B$

注:B 为隧道开挖断面的宽度。

(2) 纵坡控制

左右线相互高差应结合地形地质、洞门设置、横向联络通道等因素,控制在合理范围内。

9.2.2 原位改扩建隧道

对已建隧道进行改扩建,可分为以下 4 种情况:①隧道内原有机电设施已不能适应交通量增长的需要,需提高监控设施规模等级,或是原有隧道内采用的是喷锚衬砌,渗漏水严重或有落石隐患或仅安装了简易照明、通风,需施工隧道二次衬砌并完善运营管理设施;②随着道路等级的提高,原有隧道平纵线形已不能满足需要,局部改造可满足改建要求;③需增加行车道宽度,将已建隧道进行扩挖;④已建隧道内出现衬砌开裂、漏水等病害,危及结构和行车安全,需对病害进行整治。

(1) 与新建隧道的区别

隧道原位改扩建是指在原有隧道的基础上,拆除原有支护结构后对周围围岩体进行扩挖,以增大隧道断面,形成符合使用要求的新隧道,从而提升其服务水平。原位改扩建与新建隧道施工方法、施工工序、支护措施有较大不同。原位改扩建需要破坏既有隧道支护结构,施工风险大,不同的改扩建形式和方法对围岩稳定性影响大,又因交通限制的影响需要加快施工进度。因此,对隧道原位扩建形式和合理施工方法开展深入研究对指导施工、加快进度、保证工程安全稳定、控制投资规模,具有深远的理论意义和巨大的社会经济效益。

(2) 面临的主要问题

目前国内外对隧道原位改扩建虽有一定的研究,但还没有形成成熟的理论体系和完善的设计、施工方案以及相应的配套技术。隧道原位改扩建由于需要拆除原有隧道的支护结构,改扩建隧道对围岩的扰动比较特殊,施工过程很复杂,其中的围岩应力-应变变化规律和支护结构以及隧道相互之间的影响并不清晰。如何考虑隧道围岩扰动历史的影响,施工顺序如何安排,既有衬砌采用什么方法拆除,改扩建过程中围岩和支护结构的变形规律和受力状态如何分布等依然是公路隧道改扩建面临的主要问题。

9.3 原位扩容隧道数值模拟

9.3.1 工程概况

中梁山隧道群分为宋家沟1号、宋家沟2号、中梁山隧道等3座隧道,隧道结构均采用复合式衬砌,隧道洞口及明洞段采用整体式模筑衬砌,暗挖段采用新奥法原理设计。中梁山隧道扩容工程中,宋家沟1号隧道左线为原位扩建隧道,原隧道净宽10.8m,单洞两车道。现将其扩建成净宽20.08m的单向四车道,扩容隧道断面设计如图9-1所示。

9.3.2 前处理

本例计算参数由地勘报告获得,见表9-2。

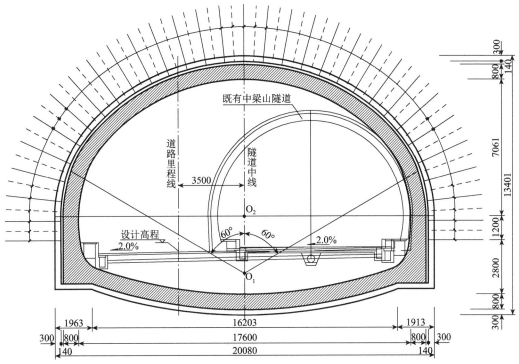

图 9-1 原位扩容隧道设计图(尺寸单位:mm)

计算参数　　　　　　　　　　　　　　　表 9-2

模拟实体	材料类型	弹性模量(Pa)	泊松比	密度(kg/m³)	实常数
围岩	V 级围岩	2.00×10^9	0.4	1900	
锚杆		2.00×10^{11}	0.3	7800	0.0005
衬砌	C30	3.00×10^{10}	0.2	2500	0.5,0.0104,0.5(原始)
					0.8,0.04267,0.8(扩容)
喷射混凝土	C25	2.80×10^{10}	0.2	2400	0.2,0.000667,0.2(原始)
					0.2,0.000667,0.2(扩容)

本节主要介绍计算过程以及模拟使用的单元。原位扩建隧道,既有隧道的修建已经对岩层产生扰动,因此在计算过程中要严格按照第 7 章所述应力释放过程来模拟扩容隧道的修建。此处所涉及加固等知识,请参考第 7 章相关内容。PLANE42 单元模拟围岩;BEAM188 单元模拟喷射混凝土及二次衬砌(通过不同单元编号及截面编号区别);LINK180 单元模拟锚杆。此处模拟全断面施工,共有 7 个工况。

(1)初始地应力计算:首先将原始隧道初期支护及二次衬砌单元、扩容隧道初期支护及二次衬砌单元杀死,计算围岩的自重应力场。此步骤需要进入后处理选择原始隧道洞周单元,通过 nforce 命令提取单元节点力,以便于后续步骤中的应力释放。

(2)原隧道开挖:将原隧道范围内的围岩(2 号单元)杀死,洞周节点初始地应力释放

30%(应力释放见第 7 章)并计算。

(3)原隧道初期支护施作:将原隧道初期支护(4 号单元)激活,洞周节点初始地应力释放 50%(应力释放见第 7 章)并计算。

(4)原隧道二次衬砌施作:将原隧道二次衬砌(7 号单元)激活,洞周节点应力释放 20%并计算。

(5)扩容部分开挖:将原隧道初期支护和衬砌(4 号、7 号)单元杀死,扩容隧道开挖范围内的围岩(3 号单元)杀死,洞周节点地应力释放 30%并计算。

(6)扩容隧道初期支护施作:将扩容隧道的喷射混凝土(5 号单元)和锚杆(6 号单元)激活,洞周节点应力释放 50%并计算。

(7)扩容隧道二次衬砌施作:将扩容隧道二次衬砌(8 号单元)激活,洞周节点应力释放 20%并计算。

启动 ANSYS 程序:

以交互方式从开始菜单启动 ANSYS 程序,路径:开始 > 主程序 > ANSYS > Ccnfigure ANSYS Products。

设置工作路径和文件名。单击 File Management 选项卡,在目录中输入 D:\AnsysFX\CH9Exampl,在项目名中输入 Z9DT TGPJG。

定义分析类型,路径:Main Menu > Preference。在系统弹出的对话框中,选中 Structural(结构)复选项,单击 OK 按钮。此项设置表明本次进行的有限元分析为结构分析,求解方法为 h-Method。

(1)创建单元。

```
/prep7
ET,1,PLANE182
KEYOP T,1,1,0
KEYOP T,1,3,2
KEYOP T,1,6,0
ET,2,PLANE182
KEYOP T,2,1,0
KEYOP T,2,3,2
KEYOP T,2,6,0
ET,3,PLANE182
KEYOP T,3,1,0
KEYOP T,3,3,2
KEYOP T,3,6,0
ET,4,BEAM188          !原初期支护
ET,5,BEAM188          !扩容初期支护
ET,6,LINK180
```

```
ET,7,BEAM188                    ! 原二次衬砌
ET,8,BEAM188                    ! 扩容二次衬砌
R,1,0.0005,,0                   ! 设置锚杆几何常数
SECTYPE,   1,BEAM,RECT,,0
SECOFFSET,CENT
SECDATA,0.2,1,0,0,0,0,0,0,0,0,0,0
SECTYPE,   2,BEAM,RECT,,0
SECOFFSET,CENT
SECDATA,0.4,1,0,0,0,0,0,0,0,0,0,0
MP TEMP,,,,,,,
MP TEMP,1,0
MPDATA,EX,1,,2e9               ! 弹性模量(围岩)
MPDATA,PRXY,1,,0.4             ! 泊松比(围岩)
MPDATA,DENS,1,,1900            ! 密度(围岩)
MPDATA,EX,2,,2e9               ! 弹性模量(围岩)
MPDATA,PRXY,2,,0.4             ! 泊松比(围岩)
MPDATA,DENS,2,,1900.001        ! 密度(围岩)
MPDATA,EX,3,,2e9               ! 弹性模量(围岩)
MPDATA,PRXY,3,,0.4             ! 泊松比(围岩)
MPDATA,DENS,3,,1900.002        ! 密度(围岩)

! 喷射混凝土参数
MPDATA,EX,4,,28e9
MPDATA,PRXY,4,,0.2
MPDATA,DENS,4,,2400

! 喷射混凝土参数
MPDATA,EX,5,,28e9
MPDATA,PR XY,5,,0.2
MPDATA,DENS,5,,2400.001

! 二次衬砌参数
MPDATA,EX,6,,30e9
MPDATA,PRXY,6,,0.2
MPDATA,DENS,6,,2500
! 锚杆参数
```

MPDATA,EX,7,,200e9
MPDATA,PRXY,7,,0.3
MPDATA,DENS,7,,7800
SAVE

(2) 建立几何模型(图9-2、图9-3)。

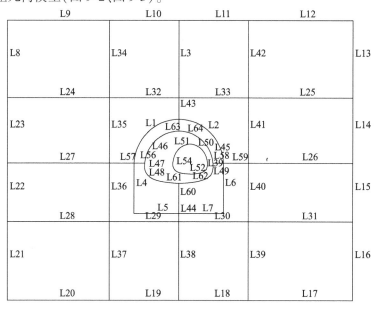

图9-2 几何线模型

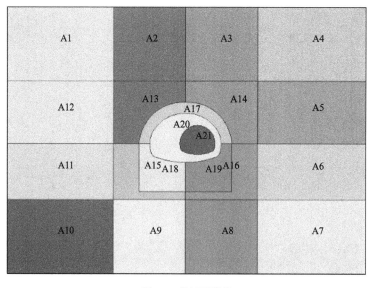

图9-3 几何面模型

！创建关键点
k,1,75126.380,-29628.760,.000,
k,2,75136.280,-29628.760,.000,
k,3,75133.450,-29621.830,.000,
k,4,75136.090,-29626.850,.000,
k,6,75113.310,-29621.830,.000,
k,7,75123.380,-29617.600,.000,
k,8,75120.380,-29628.760,.000,
k,10,75110.480,-29628.760,.000,
LARC,   10,   7,   6
LARC,   2,   7,   3
k,12,75123.380,-29611.830,.000,
k,13,75123.380,-29591.830,.000,
l,12,13
k,14,75110.480,-29641.660,.000,
l,10,14
k,15,75123.380,-29641.660,.000,
l,14,15
k,16,75136.280,-29641.660,.000,
l,2,16
l,16,15
k,17,75073.380,-29611.830,.000,
k,18,75073.380,-29591.830,.000,
l,17,18
k,19,75103.380,-29591.830,.000,
l,18,19
l,19,13
k,20,75143.380,-29591.830,.000,
l,13,20
k,21,75173.380,-29591.830,.000,
l,20,21
k,22,75173.380,-29611.830,.000,
l,21,22
k,23,75173.380,-29628.760,.000,
l,22,23
k,24,75173.380,-29643.860,.000,
l,23,24
k,25,75173.380,-29663.860,.000,
l,24,25
k,26,75143.380,-29663.860,.000,
l,25,26
k,27,75123.380,-29663.860,.000,
l,26,27
k,28,75103.380,-29663.860,.000,
l,27,28
k,29,75073.380,-29663.860,.000,
l,28,29
k,30,75073.380,-29643.860,.000,
l,29,30
k,31,75073.380,-29628.760,.000,
l,30,31
l,31,17
k,32,75103.380,-29611.830,.000,
l,17,32
k,33,75143.380,-29611.830,.000,
l,33,22
k,34,75143.380,-29628.760,.000,
l,23,34
k,35,75133.280,-29628.760,.000,
k,36,75103.380,-29628.760,.000,
l,31,36
k,37,75113.480,-29628.760,.000,
k,38,75103.380,-29643.860,.000,
l,30,38
k,39,75123.380,-29643.860,.000,
l,38,39
k,40,75143.380,-29643.860,.000,
l,39,40
l,40,24
l,32,12
l,12,33
l,19,32

l,32,36
l,36,38
l,38,28
l,39,27
l,40,26
l,34,40
l,34,33
l,33,20
l,12,7
l,39,15
k,43,75131.310,-29623.930,.000,
k,44,75115.450,-29623.930,.000,
k,46,75113.700,-29630.780,.000,
k,47,75115.200,-29632.480,.000,
k,48,75131.580,-29632.480,.000,
k,49,75133.080,-29630.780,.000,
k,50,75132.770,-29626.150,.000,
LARC,35,43,50
k,51,75123.380,-29620.600,.000,
k,52,75113.990,-29626.150,.000,
LARC,44,37,52
k,53,75113.540,-29629.770,.000,
LARC,37,46,53
k,54,75114.220,-29631.830,.000,
LARC,46,47,54
k,55,75123.390,-29633.860,.000,
k,56,75132.550,-29631.830,.000,
LARC,48,49,56
k,57,75133.230,-29629.770,.000,
k,58,75131.310,-29630.320,.000,
k,59,75122.060,-29630.320,.000,
k,60,75126.690,-29623.810,.000,
k,61,75130.680,-29625.870,.000,
k,62,75122.700,-29625.870,.000,
LARC,58,60,61
LARC,60,59,62

k,63,75130.480,-29629.890,.000,
k,65,75131.000,-29630.670,.000,
k,66,75122.900,-29629.890,.000,
k,67,75122.520,-29630.750,.000,
k,68,75122.140,-29630.450,.000,
k,69,75130.870,-29630.750,.000,
k,70,75126.690,-29631.680,.000,
LARC,67,69,70
LARC,69,58,65
LARC,59,67,68
LARC,49,35,57
LSTR,   37,   10
LSTR,   10,   36
LSTR,   35,   2
LSTR,   2,   34
LSTR,   55,   15
LARC,47,55,51,24,
LARC,55,48,51,24,
LARC,44,51,62,10,
LARC,43,51,62,10
Al,8,9,24,34,   ! 创建面
AL,3,10,32,34,
AL,3,11,33,42,
AL,12,13,25,42,
AL,14,25,26,41,
AL,15,26,31,40,
AL,16,17,31,39,
AL,18,30,38,39,
AL,19,29,37,38,
AL,20,21,28,37,
AL,22,27,28,36,
AL,23,24,27,35,
AL,1,32,35,57,43,
AL,2,33,41,43,59,
AL,4,5,29,36,44,57,
AL,6,7,30,40,44,59,

AL,1,2,45,46,58,56,63,64
AL,4,5,47,48,60,61,56,
AL,6,7,55,49,62,60,58,
FLST,2,15,4
FITEM,2,51
FITEM,2,50
FITEM,2,52
FITEM,2,54
FITEM,2,53
FITEM,2,64
FITEM,2,63
FITEM,2,46
FITEM,2,47
FITEM,2,48
FITEM,2,61
FITEM,2,62
FITEM,2,49
FITEM,2,55
FITEM,2,45
AL,P51X
AL,50,51,52,53,54,

(3)划分单元网格(图9-4)

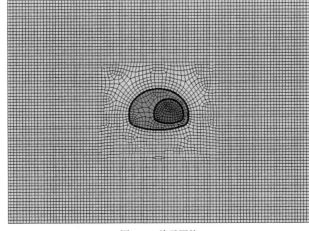

图9-4 单元网格

LESIZE,ALL,1,,,,1,,,1,   !设置   TYPE, 2
单元尺寸   MAT,   2

```
MSHKEY,0
CM,_Y,AREA
ASEL,,,,         21
CM,_Y1,AREA
CMSEL,S,_Y
AMESH,_Y1
CMDELE,_Y
CMDELE,_Y1
CMDELE,_Y2
MSHKEY,0
TYPE,            3
MAT,             3
MSHKEY,0
CM,_Y,AREA
ASEL,,,,         20
CM,_Y1,AREA
CMSEL,S,_Y
AMESH,_Y1
CMDELE,_Y
CMDELE,_Y1
CMDELE,_Y2
MSHKEY,0
TYPE,            1
MAT,             1
ASEL,,,,         17
AMAP,17,35,2,10,37
allsel
MSHKEY,0
FLST,5,2,5,ORDE,2
FITEM,5,18
FITEM,5,-19
CM,_Y,AREA
ASEL,,,,P51X
CM,_Y1,AREA
CMSEL,S,_Y
AMESH,_Y1
CMDELE,_Y
CMDELE,_Y1
CMDELE,_Y2
MSHKEY,0
FLST,5,4,5,ORDE,2
FITEM,5,13
FITEM,5,-16
CM,_Y,AREA
ASEL,,,,P51X
CM,_Y1,AREA
CMSEL,S,_Y
AMESH,_Y1
CMDELE,_Y
CMDELE,_Y1
CMDELE,_Y2
MSHKEY,0
FLST,5,12,5,ORDE,2
FITEM,5,1
FITEM,5,-12
CM,_Y,AREA
ASEL,,,,P51X
CM,_Y1,AREA
CMSEL,S,_Y
AMESH,_Y1
CMDELE,_Y
CMDELE,_Y1
CMDELE,_Y2
TYPE,            4
MAT,             4
SECNUM,          1
FLST,2,5,4,ORDE,2
FITEM,2,50
FITEM,2,-54
LMESH,P51X
TYPE,            5
MAT,             5
```

SECNUM, 1
FLST,2,10,4,ORDE,5
FITEM,2,45
FITEM,2,-49
FITEM,2,55
FITEM,2,61
FITEM,2,-64
LMESH,P51X
TYPE, 6
MAT, 7
REAL, 1
E,125,342
E,342,343
E,343,309
*do,I,0,4
E,130-I,373+i
*enddo
*do,I,0,8
E,116+I,378+i
*enddo
E,107,387
*do,I,0,7
E,115-I,388+i
*enddo
E,106,396
*do,I,0,4
E,165-I,397+i
*enddo
E,158,340
*do,I,0,28
E,373+I,344+i
*enddo
E,340,341
*do,I,0,13
E,344+I,311+i
*enddo

E,358,310
*do,I,0,13
E,359+I,339-i
*enddo
E,341,325
TYPE, 7
MAT, 6
SECNUM, 2
E,1,3
*do,I,0,7
E,3+I,4+i
*enddo
E,11,2
E,2,13
*do,I,0,7
E,13+I,14+i
*enddo
E,21,12
E,12,22
E,22,24
*do,I,0,6
E,24+I,25+i
*enddo
E,31,23
E,23,1
TYPE, 8
MAT, 6
SECNUM, 2
E,107,124
*do,I,0,7
E,124-I,123-i
*enddo
E,116,126
*do,I,0,3
E,126+I,127+i
*enddo

E,130,125
E,125,132
E,132,133
E,133,131
E,131,135
E,135,136
E,136,134
E,134,138
*do,I,0,6
E,138+I,139+i
*enddo
E,145,137
E,137,147
*do,I,0,6
E,147+I,148+i
*enddo
E,154,146

E,146,156
E,156,157
E,157,155
E,155,159
E,159,160
E,160,158
E,158,161
*do,I,0,3
E,161+I,162+i
*enddo
E,165,106
E,106,108
*do,I,0,6
E,108+I,109+i
*enddo
E,115,107

9.3.3 加载与求解

（1）初始地应力场的计算。
/SOL
ANTYPE,0
Nsel,s,loc,x,kx(29)−0.01,kx(29)+0.01
Nsel,a,loc,x,kx(25)−0.01,kx(25)+0.01
D,all,ux
Nsel,s,loc,y,ky(29)−0.01,ky(29)+0.01
D,all,all
ALLSEL,ALL
ACEL,0,10,0,　　　　　！施加重力加速度
time,1
NROPT,FULL,,　　　　　！全牛顿-辛普森法
ESEL,S,TYPE,,4
ESEL,A,TYPE,,5
ESEL,A,TYPE,,6
ESEL,A,TYPE,,7
ESEL,A,TYPE,,8

```
ekill,all
NSLE,s,1
D,ALL,,,,,,UZ,ROTX,ROTY,,,
allsel
SOLVE
```
! 手动选择原隧道开挖单元及洞室周边节点(图9-5),列出节点反力
```
/Post1
Asel,s,,,21
Esla,s,1
Lsel,s,,,50,54
Nsll,s,1
Nforce,all
FINISH
```

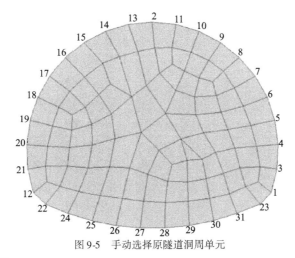

图9-5 手动选择原隧道洞周单元

(2)原隧道施工。
```
/SOL
time,2
ESEL,S,TYPE,,2           ! 选择原始隧道岩体(即2类单元)杀死
ekill,all                F,5,FX,285880
! 释放30%应力             F,6,FX,261240
allsel                   F,7,FX,228690
F,1,FX,226590            F,8,FX,189910
F,2,FX,-1                F,9,FX,146230
F,3,FX,305900            F,10,FX,99260
F,4,FX,301420            F,11,FX,50190
```

F,12,FX,-226660
F,13,FX,-50246
F,14,FX,-99470
F,15,FX,-145740
F,16,FX,-189280
F,17,FX,-228970
F,18,FX,-261660
F,19,FX,-286020
F,20,FX,-301630
F,21,FX,-305550
F,22,FX,-136850
F,23,FX,136780
F,24,FX,-111230
F,25,FX,-80710
F,26,FX,-49028
F,27,FX,-16415
F,28,FX,16457
F,29,FX,49042
F,30,FX,80640
F,31,FX,111090
F,1,FY,-169540
F,2,FY,394870
F,3,FY,-67886
F,4,FY,19761
F,5,FY,102690
F,6,FY,177800

F,7,FY,242970
F,8,FY,297360
F,9,FY,340060
F,10,FY,370510
F,11,FY,388710
F,12,FY,-173740
F,13,FY,389270
F,14,FY,370580
F,15,FY,340200
F,16,FY,298550
F,17,FY,243670
F,18,FY,177730
F,19,FY,103320
F,20,FY,19992
F,21,FY,-66794
F,22,FY,-348530
F,23,FY,-343490
F,24,FY,-470820
F,25,FY,-488460
F,26,FY,-500010
F,27,FY,-506030
F,28,FY,-506240
F,29,FY,-499800
F,30,FY,-488180
F,31,FY,-471030
SOLVE

（3）原隧道初期支护施作。
/SOL
time,3
! 选择原始隧道初期支护单元（即4类单元）激活
ESEL,S,TYPE,,4
ealive,all
allsel
! 释放50%应力
F,1,FX,64740

F,2,FX,0
F,3,FX,87400
F,4,FX,86120
F,5,FX,81680
F,6,FX,74640
F,7,FX,65340
F,8,FX,54260
F,9,FX,41780
F,10,FX,28360

F,11,FX,14340

F,12,FX,−64760

F,13,FX,−14356

F,14,FX,−28420

F,15,FX,−41640

F,16,FX,−54080

F,17,FX,−65420

F,18,FX,−74760

F,19,FX,−81720

F,20,FX,−86180

F,21,FX,−87300

F,22,FX,−39100

F,23,FX,39080

F,24,FX,−31780

F,25,FX,−23060

F,26,FX,−14008

F,27,FX,−4690

F,28,FX,4702

F,29,FX,14012

F,30,FX,23040

F,31,FX,31740

F,1,FY,−48440

F,2,FY,112820

F,3,FY,−19396

F,4,FY,5646

F,5,FY,29340

F,6,FY,50800

F,7,FY,69420

F,8,FY,84960

F,9,FY,97160

F,10,FY,105860

F,11,FY,111060

F,12,FY,−49640

F,13,FY,111220

F,14,FY,105880

F,15,FY,97200

F,16,FY,85300

F,17,FY,69620

F,18,FY,50780

F,19,FY,29520

F,20,FY,5712

F,21,FY,−19084

F,22,FY,−99580

F,23,FY,−98140

F,24,FY,−134520

F,25,FY,−139560

F,26,FY,−142860

F,27,FY,−144580

F,28,FY,−144640

F,29,FY,−142800

F,30,FY,−139480

F,31,FY,−134580

SOLVE

(4) 原隧道修建二次衬砌。

time,4

ESEL,S,TYPE,,7

! 选择原始隧道二次衬砌(即 7 类单元)激活

ealive,all

allsel

! 释放 20% 的力

F,1,FX,0

F,2,FX,0

F,3,FX,0

F,4,FX,0

F,5,FX,0

F,6,FX,0

F,7,FX,0

F,8,FX,0

F,9,FX,0

F,10,FX,0
F,11,FX,0
F,12,FX,0
F,13,FX,0
F,14,FX,0
F,15,FX,0
F,16,FX,0
F,17,FX,0
F,18,FX,0
F,19,FX,0
F,20,FX,0
F,21,FX,0
F,22,FX,0
F,23,FX,0
F,24,FX,0
F,25,FX,0
F,26,FX,0
F,27,FX,0
F,28,FX,0
F,29,FX,0
F,30,FX,0
F,31,FX,0
F,1,FY,0
F,2,FY,0
F,3,FY,0
F,4,FY,0
F,5,FY,0
F,6,FY,0
F,7,FY,0
F,8,FY,0
F,9,FY,0
F,10,FY,0
F,11,FY,0

(5)扩容隧道开挖。
/SOL
time,5

F,12,FY,0
F,13,FY,0
F,14,FY,0
F,15,FY,0
F,16,FY,0
F,17,FY,0
F,18,FY,0
F,19,FY,0
F,20,FY,0
F,21,FY,0
F,22,FY,0
F,23,FY,0
F,24,FY,0
F,25,FY,0
F,26,FY,0
F,27,FY,0
F,28,FY,0
F,29,FY,0
F,30,FY,0
F,31,FY,0
SOLVE
！手动选择扩容隧道洞周单元,列出
  节点反力
/POST1
Asel,s,,,20
Esla,s,1
Lsel,s,,,45,49
Lsel,a,,,55
Lsel,a,,,61,64
Nsll,s,1
Nforce,all
FINISH

!选择原始隧道初期支护、二次衬砌以及扩容隧道围岩(即4,7,3类单元)杀死

ESEL,S,TYPE,,4
ESEL,A,TYPE,,7
ESEL,A,TYPE,,3
ekill,all
allsel
!释放30%的应力
F,106,FX,1.43E+05
F,107,FX,3.56E+04
F,108,FX,1.26E+05
F,109,FX,1.06E+05
F,110,FX,9.81E+04
F,111,FX,8.48E+04
F,112,FX,8.20E+04
F,113,FX,7.35E+04
F,114,FX,6.14E+04
F,115,FX,4.41E+04
F,116,FX,-2.01E+05
F,117,FX,-1.85E+05
F,118,FX,-1.55E+05
F,119,FX,-1.24E+05
F,120,FX,-9.36E+04
F,121,FX,-6.33E+04
F,122,FX,-3.37E+04
F,123,FX,-4.59E+03
F,124,FX,2.25E+04
F,125,FX,-2.77E+05
F,126,FX,-2.15E+05
F,127,FX,-2.43E+05
F,128,FX,-2.67E+05
F,129,FX,-2.88E+05
F,130,FX,-3.04E+05
F,131,FX,-2.63E+05
F,132,FX,-2.44E+05
F,133,FX,-2.47E+05
F,134,FX,-1.40E+05
F,135,FX,-2.53E+05
F,136,FX,-1.92E+05
F,137,FX,1.40E+05
F,138,FX,-1.23E+05
F,139,FX,-1.12E+05
F,140,FX,-9.84E+04
F,141,FX,-8.04E+04
F,142,FX,-5.13E+04
F,143,FX,-3.26E+03
F,144,FX,4.03E+04
F,145,FX,9.78E+04
F,146,FX,4.93E+04
F,147,FX,1.27E+05
F,148,FX,1.00E+05
F,149,FX,6.56E+04
F,150,FX,2.11E+04
F,151,FX,-6.05E+03
F,152,FX,-5.31E+04
F,153,FX,-8.58E+04
F,154,FX,-6.67E+04
F,155,FX,3.29E+05
F,156,FX,1.78E+05
F,157,FX,2.95E+05
F,158,FX,3.13E+05
F,159,FX,3.23E+05
F,160,FX,3.01E+05
F,161,FX,3.16E+05
F,162,FX,2.79E+05
F,163,FX,2.44E+05
F,164,FX,2.09E+05
F,165,FX,1.69E+05
F,106,FY,2.59E+05
F,107,FY,3.42E+05
F,108,FY,2.64E+05

F,109,FY,2.60E+05
F,110,FY,2.62E+05
F,111,FY,2.70E+05
F,112,FY,2.75E+05
F,113,FY,2.92E+05
F,114,FY,3.09E+05
F,115,FY,3.26E+05
F,116,FY,2.93E+05
F,117,FY,3.25E+05
F,118,FY,3.43E+05
F,119,FY,3.57E+05
F,120,FY,3.65E+05
F,121,FY,3.70E+05
F,122,FY,3.70E+05
F,123,FY,3.66E+05
F,124,FY,3.57E+05
F,125,FY,9.08E+03
F,126,FY,2.52E+05
F,127,FY,2.13E+05
F,128,FY,1.67E+05
F,129,FY,1.16E+05
F,130,FY,6.09E+04
F,131,FY,-1.12E+05
F,132,FY,-2.62E+04
F,133,FY,-5.15E+04
F,134,FY,-4.46E+05
F,135,FY,-2.25E+05
F,136,FY,-3.40E+05
F,137,FY,-4.36E+05

F,138,FY,-5.11E+05
F,139,FY,-5.29E+05
F,140,FY,-5.49E+05
F,141,FY,-5.70E+05
F,142,FY,-5.89E+05
F,143,FY,-5.92E+05
F,144,FY,-5.74E+05
F,145,FY,-5.31E+05
F,146,FY,-5.50E+05
F,147,FY,-3.36E+05
F,148,FY,-2.75E+05
F,149,FY,-2.34E+05
F,150,FY,-2.10E+05
F,151,FY,-2.13E+05
F,152,FY,-2.49E+05
F,153,FY,-3.42E+05
F,154,FY,-5.06E+05
F,155,FY,-1.59E+05
F,156,FY,-4.37E+05
F,157,FY,-3.25E+05
F,158,FY,2.75E+04
F,159,FY,-6.15E+04
F,160,FY,-2.04E+04
F,161,FY,7.92E+04
F,162,FY,1.32E+05
F,163,FY,1.73E+05
F,164,FY,2.13E+05
F,165,FY,2.38E+05
ALLSEL

(6)扩容隧道初期支护施作。

time,6

! 选择扩容隧道喷混（即 5 类单元）激活

ESEL,S,TYPE,,5

! 选择扩容隧道锚杆（即 6 类单元）激活

ESEL,A,TYPE,,6
ealive,all
allsel
! 释放50%的应力
F,106,FX,4.09E+04
F,107,FX,1.02E+04

$F,108,FX,3.60E+04$

$F,109,FX,3.03E+04$

$F,110,FX,2.80E+04$

$F,111,FX,2.42E+04$

$F,112,FX,2.34E+04$

$F,113,FX,2.10E+04$

$F,114,FX,1.75E+04$

$F,115,FX,1.26E+04$

$F,116,FX,-5.74E+04$

$F,117,FX,-5.30E+04$

$F,118,FX,-4.43E+04$

$F,119,FX,-3.55E+04$

$F,120,FX,-2.67E+04$

$F,121,FX,-1.81E+04$

$F,122,FX,-9.63E+03$

$F,123,FX,-1.31E+03$

$F,124,FX,6.43E+03$

$F,125,FX,-7.91E+04$

$F,126,FX,-6.16E+04$

$F,127,FX,-6.94E+04$

$F,128,FX,-7.64E+04$

$F,129,FX,-8.23E+04$

$F,130,FX,-8.69E+04$

$F,131,FX,-7.50E+04$

$F,132,FX,-6.98E+04$

$F,133,FX,-7.06E+04$

$F,134,FX,-4.00E+04$

$F,135,FX,-7.24E+04$

$F,136,FX,-5.48E+04$

$F,137,FX,3.99E+04$

$F,138,FX,-3.51E+04$

$F,139,FX,-3.20E+04$

$F,140,FX,-2.81E+04$

$F,141,FX,-2.30E+04$

$F,142,FX,-1.47E+04$

$F,143,FX,-9.30E+02$

$F,144,FX,1.15E+04$

$F,145,FX,2.79E+04$

$F,146,FX,1.41E+04$

$F,147,FX,3.63E+04$

$F,148,FX,2.86E+04$

$F,149,FX,1.87E+04$

$F,150,FX,6.03E+03$

$F,151,FX,-1.73E+03$

$F,152,FX,-1.52E+04$

$F,153,FX,-2.45E+04$

$F,154,FX,-1.90E+04$

$F,155,FX,9.41E+04$

$F,156,FX,5.09E+04$

$F,157,FX,8.43E+04$

$F,158,FX,8.96E+04$

$F,159,FX,9.23E+04$

$F,160,FX,8.61E+04$

$F,161,FX,9.04E+04$

$F,162,FX,7.96E+04$

$F,163,FX,6.96E+04$

$F,164,FX,5.97E+04$

$F,165,FX,4.82E+04$

$F,106,FY,7.41E+04$

$F,107,FY,9.78E+04$

$F,108,FY,7.53E+04$

$F,109,FY,7.44E+04$

$F,110,FY,7.49E+04$

$F,111,FY,7.72E+04$

$F,112,FY,7.87E+04$

$F,113,FY,8.35E+04$

$F,114,FY,8.84E+04$

$F,115,FY,9.30E+04$

$F,116,FY,8.36E+04$

$F,117,FY,9.28E+04$

$F,118,FY,9.81E+04$

$F,119,FY,1.02E+05$

F,120,FY,1.04E+05
F,121,FY,1.06E+05
F,122,FY,1.06E+05
F,123,FY,1.05E+05
F,124,FY,1.02E+05
F,125,FY,2.59E+03
F,126,FY,7.21E+04
F,127,FY,6.07E+04
F,128,FY,4.77E+04
F,129,FY,3.33E+04
F,130,FY,1.74E+04
F,131,FY,-3.19E+04
F,132,FY,-7.48E+03
F,133,FY,-1.47E+04
F,134,FY,-1.27E+05
F,135,FY,-6.44E+04
F,136,FY,-9.72E+04
F,137,FY,-1.25E+05
F,138,FY,-1.46E+05
F,139,FY,-1.51E+05
F,140,FY,-1.57E+05
F,141,FY,-1.63E+05
F,142,FY,-1.68E+05
F,143,FY,-1.69E+05

(7)扩容隧道修建二次衬砌。

/SOL
time,7
！选择扩容隧道二次衬砌(即8类单元)激活
ESEL,S,TYPE,,8
ealive,all
allsel
！释放余下20%的力
F,106,FX,0
F,107,FX,0
F,108,FX,0

F,144,FY,-1.64E+05
F,145,FY,-1.52E+05
F,146,FY,-1.57E+05
F,147,FY,-9.60E+04
F,148,FY,-7.86E+04
F,149,FY,-6.68E+04
F,150,FY,-6.00E+04
F,151,FY,-6.10E+04
F,152,FY,-7.12E+04
F,153,FY,-9.76E+04
F,154,FY,-1.44E+05
F,155,FY,-4.54E+04
F,156,FY,-1.25E+05
F,157,FY,-9.29E+04
F,158,FY,7.86E+03
F,159,FY,-1.76E+04
F,160,FY,-5.84E+03
F,161,FY,2.26E+04
F,162,FY,3.76E+04
F,163,FY,4.95E+04
F,164,FY,6.09E+04
F,165,FY,6.79E+04
ALLSEL
SOLVE

F,109,FX,0
F,110,FX,0
F,111,FX,0
F,112,FX,0
F,113,FX,0
F,114,FX,0
F,115,FX,0
F,116,FX,0
F,117,FX,0
F,118,FX,0
F,119,FX,0

F,120,FX,0

F,121,FX,0

F,122,FX,0

F,123,FX,0

F,124,FX,0

F,125,FX,0

F,126,FX,0

F,127,FX,0

F,128,FX,0

F,129,FX,0

F,130,FX,0

F,131,FX,0

F,132,FX,0

F,133,FX,0

F,134,FX,0

F,135,FX,0

F,136,FX,0

F,137,FX,0

F,138,FX,0

F,139,FX,0

F,140,FX,0

F,141,FX,0

F,142,FX,0

F,143,FX,0

F,144,FX,0

F,145,FX,0

F,146,FX,0

F,147,FX,0

F,148,FX,0

F,149,FX,0

F,150,FX,0

F,151,FX,0

F,152,FX,0

F,153,FX,0

F,154,FX,0

F,155,FX,0

F,156,FX,0

F,157,FX,0

F,158,FX,0

F,159,FX,0

F,160,FX,0

F,161,FX,0

F,162,FX,0

F,163,FX,0

F,164,FX,0

F,165,FX,0

F,106,FY,0

F,107,FY,0

F,108,FY,0

F,109,FY,0

F,110,FY,0

F,111,FY,0

F,112,FY,0

F,113,FY,0

F,114,FY,0

F,115,FY,0

F,116,FY,0

F,117,FY,0

F,118,FY,0

F,119,FY,0

F,120,FY,0

F,121,FY,0

F,122,FY,0

F,123,FY,0

F,124,FY,0

F,125,FY,0

F,126,FY,0

F,127,FY,0

F,128,FY,0

F,129,FY,0

F,130,FY,0

F,131,FY,0

F,132,FY,0
F,133,FY,0
F,134,FY,0
F,135,FY,0
F,136,FY,0
F,137,FY,0
F,138,FY,0
F,139,FY,0
F,140,FY,0
F,141,FY,0
F,142,FY,0
F,143,FY,0
F,144,FY,0
F,145,FY,0
F,146,FY,0
F,147,FY,0
F,148,FY,0
F,149,FY,0
F,150,FY,0
F,151,FY,0
F,152,FY,0
F,153,FY,0
F,154,FY,0
F,155,FY,0
F,156,FY,0
F,157,FY,0
F,158,FY,0
F,159,FY,0
F,160,FY,0
F,161,FY,0
F,162,FY,0
F,163,FY,0
F,164,FY,0
F,165,FY,0
ALLSEL
SOLVE
SAVE
FINISH

9.3.4 后处理

通过 7 个施工步骤模拟,可以得到各个施工步完成后的变形、应力、二次衬砌弯矩、剪力、轴力和锚杆轴力等结果。用以下命令流可以得到最后一步施工完成后的相应结果,对应的结果图见图 9-6 ~ 图 9-11。图 9-12 为拱顶沉降随施工步变化图。

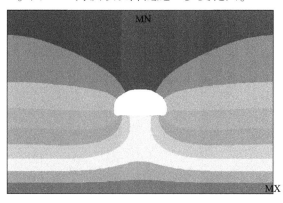

图 9-6 Y 方向位移(单位:m)

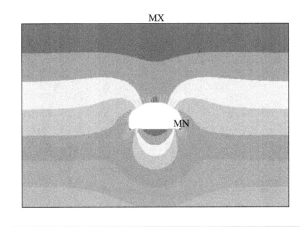

图 9-7　Y 方向应力分布(单位:Pa)

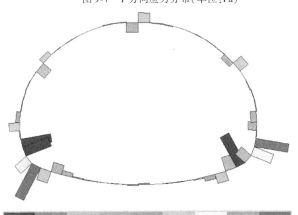

图 9-8　二次衬砌弯矩(单位:N·m)

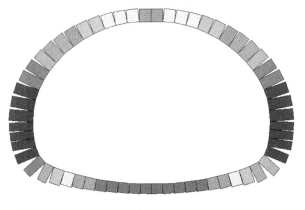

图 9-9　二次衬砌轴力(单位:N)

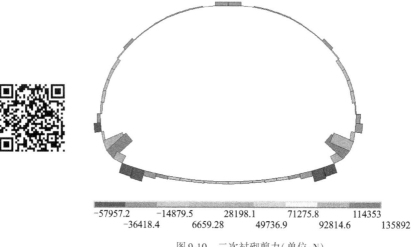

图 9-10　二次衬砌剪力(单位:N)

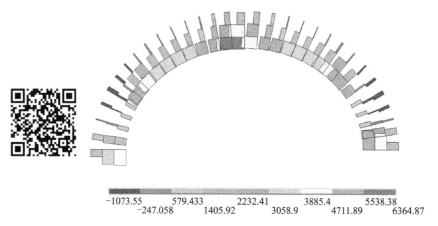

图 9-11　锚杆轴力(单位:N)

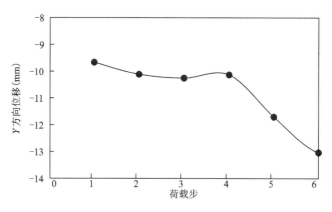

图 9-12　拱顶沉降变形曲线

```
/post1
ESEL,S,LIVE
PLNSOL,U,Y,0,1              ! Y方向位移
PLNSOL,S,Y,0,1              ! Y方向应力
ESEL,S,TYPE,,8              ! 选择二次衬砌混凝土梁单元
ETABLE,,SMISC,6             ! 创建梁单元内力表
ETABLE,,SMISC,19
ETABLE,,SMISC,1
ETABLE,,SMISC,14
ETABLE,,SMISC,3
ETABLE,,SMISC,16
PLLS,SMIS6,SMIS19,-0.3,0    ! 画弯矩图
PLLS,SMIS1,SMIS14,0.2,0     ! 画轴力图
PLLS,SMIS3,SMIS16,0.2,0     ! 画剪力图
ESEL,S,TYPE,,6              ! 选择锚杆杆单元
ETABLE,,SMISC,1             ! 创建梁单元内力表
PLLS,SMIS1,SMIS1,0.2,0      ! 画轴力图
```

9.3.5 结果分析

(1)截面强度验算:结合各计算工况的结果,可按照第6章强度验算方法进行验算。

(2)变形分析:在扩容隧道施工过程中,拱顶沉降最大值为3.4mm,小于预留变形量,满足要求。

通过以上分析可知,该扩容方案可行。

1.公路隧道改扩建面临的主要问题有哪些?

2.公路隧道改扩建形式有哪些?

3.将9.3节案例的中国岩等级改为Ⅵ级,请读者通过计算,设计出经济合理的隧道衬砌参数。

参 考 文 献

[1] 王焕定,陈少峰,边文凤.有限单元法基础及 MATLAB 编程[M].北京:高等教育出版社,2012.
[2] 徐干成.地下工程支护结构[M].北京:水利水电出版社,2003.
[3] 关宝树.隧道力学概论[M].成都:西南交通大学出版社,1993.
[4] 张向东.隧道力学[M].徐州:中国矿业大学出版社,2010.
[5] 王勖成.有限单元法[M].北京:清华大学出版社,2003.
[6] 梁醒培.应用有限元分析[M].北京:清华大学出版社,2010.
[7] 中华人民共和国交通运输部.公路隧道设计规范 第一册 土建工程:JTG 3370.1—2018[S].北京:人民交通出版社股份有限公司,2019.
[8] 中华人民共和国交通部.公路隧道设计规范:JTG/T D70—2004[S].北京:人民交通出版社,2004.
[9] 中华人民共和国交通运输部.公路隧道设计细则:JTG/T D70—2010[S].北京:人民交通出版社,2010.
[10] 高峰,谭绪凯.隧道围岩注浆加固效应模拟方法研究[J].铁道工程学报,2014,31(11):82-86.
[11] 彭念.原位扩建隧道围岩力学响应机理研究[D].重庆:重庆大学,2010.
[12] 张志常.公路隧道大断面改扩建施工开挖方案[J].低碳世界,2017(25):233-234.
[13] 黄伦海,钱七虎.公路隧道大断面改扩建施工开挖方案研究[J].现代隧道技术,2016,53(5):145-153.
[14] 卢晓玲,秦洲,韩常领,等.公路隧道改扩建设计[J].公路,2008(7):233-237.
[15] 李杰.即有公路隧道原位改扩建设计的研究[J].绿色环保建材,2016(12).
[16] 周敏,曹海明.隧道改扩建设计要点探讨[J].山西建筑,2018(10).
[17] 李志业,曾艳华.地下结构设计原理与方法[M].成都:西南交通大学出版社,2003.
[18] 高峰,孙常新.隧道开挖模拟的支撑荷载法研究[J].中国公路学报,2010,23(4):70-77.